歷／史／並／不／如／煙

七七事變真相揭秘

李惠蘭 著

致讀者

我自一九五四年正式從事歷史教學工作，此時，奉行的是陳伯達的兩本書。一本是《竊國大盜袁世凱》，主旨是批判北洋政府。另一本爲《人民公敵蔣介石》，則是批判南京政府統治下的中國，令我印象最深的是抗日戰爭時期的歷史，如：九一八事變，使東北淪陷的「不抵抗令」，就是蔣介石下達的，甚至聲稱這份電報保存在張于鳳至的保險櫃中，以致蔣介石不敢處死張學良。沒想到，張學良晚年在美國接見記者，主動承擔了「不抵抗」的責任，澄清了事實，我才感到上當受騙已經四十年了。

對於七七事變歷史影響最大的則是張廉雲的槍手林治波著的《抗戰軍人之魂——張自忠將軍傳》，將多名抗日戰爭名將的政績和戰功集中於張自忠一人身上，干擾了這段歷史的研究。但是，發生過的歷史已經留下它自己的痕跡——檔案、文獻、文物……謊言即便重複一千遍，也不是眞理！

我年瀝九旬，名利、迫害、詆毀都已置之度外，留下此書，供後人思考探討吧！

作者謹誌

主要內容

本書介紹了「九一八事變」以及僞滿洲國成立之後的華北危局，並記述了在江河即將變色時，軍人、政客等各式各樣角色的表現。同時，對一系列亟待解決的爭議性問題進行嚴肅探討，對一些不爲人知的歷史眞相加以客觀呈現。如《香月細目》是怎樣簽訂的？爲什麼戰爭伊始佟麟閣與趙登禹兩位將軍就殉國了？天津和北京爲什麼一天之內就淪陷了？日軍進入北平到底是在哪一天？七七事變後的二十一天裡，中日之間爲什麼打打停停，而宋哲元和戰不定的原因是什麼？張自忠留平後做了什麼？張自忠自殺的原因……本書將悉數揭秘。

序

日本對中國侵略的歷史，也是中華民族浴血抗戰的歷史，更是凝聚愛國志士鮮血與淚水的歷史。七七事變是中國全面抗戰的開端，它的歷史既不是國民黨的歷史，也不是共產黨的歷史，更不是任何一位歷史人物的家史。七七事變史是國史，是中華民族的歷史。每一個中華子孫都有權力去思考、去分析、去研究。

關於這段歷史，海峽兩岸許多學者有了大量的研究成果，但在二〇一七年參加臺灣的國際學術會議後，感到兩岸學者關於七七事變前後的許多重要細節並未予以足夠重視，例如：七七事變發生後，蔣介石命令宋哲元赴保定以戰逼和，宋哲元反而去了天津，爲什麼？《香月細目》的簽訂人之一張允榮到底是什麼身分？盧溝橋槍聲響起後，社會上流行的歌謠是「三十七師打，三十八師看」，這到底是怎麼回事？張自忠留平期間，未曾參加抗戰，究竟做了什麼事？這些問題還需要進一步探討，我作爲一名歷史教師，應該把這些問題調查清楚，今願將自己多年來積累的重要史料、圖像彙集成冊，編成《七七事變眞相揭秘——歷史並不如煙》一書，拋磚引玉，共同研究。

李惠蘭

二〇二一年六月二十二日

於天津

目錄

CONTENTS

第二編　七七事變後的和戰之爭

第三編　將星隕落

前言

抗日戰爭是中華民族近代所經歷的最重要的事件之一，在這場戰爭中，中國人民付出了巨大的犧牲，爭取到了大國地位，故而，海峽兩岸對抗日戰爭歷史都十分重視。

大陸方面，每年的九月十八日，瀋陽市上空都會響起勿忘「九一八」的防空警報，以此來銘記那十四年抗戰的開始。二〇一四年，中華人民共和國還通過立法確立每年的十二月十三日是南京大屠殺死難者紀念日。每逢這一天，各地人民都會自發組織起來，悼念我們慘遭殺害的同胞。

在臺灣，關於正面戰場二十二次大規模會戰的研究也碩果纍纍。

但是無論是大陸方面，還是臺灣方面，對於七七事變期間，平津一日之內迅速淪陷這等國恥的紀念活動卻很少，尤其是七七事變期間日軍採取的誘和策略更是缺少相應的研究，本書從這個角度出發，結合史料進行對七七事變歷史細節的還原，以史爲鑒。

第一編 華北危局

第一章 「九一八事變」後日本繼續入侵

第一節 東北偽滿洲國及其「國界」

「九一八事變」後，日本以武力強佔了中國的東北三省，為進一步實現吞併中國的野心，決定成立偽滿洲國。一九三二年三月，作為日本羽翼下的傀儡政權——偽滿洲國在長春宣布成立。清遜帝溥儀在日方的脅迫之下就任偽執政，並發表「滿洲國」成立宣言，隨後，根據日方提供的名單，又任命了一批偽政府官員。到一九三四年三月，溥儀在長春「祭天」稱帝，偽年號為「康德」，將偽滿洲國改稱「滿洲帝國」。同年十二月，又將遼寧、吉林、黑龍江和熱河劃分為奉天、安東、錦州、吉林、間島、龍江、濱河、黑河、三江、熱河、興安東、興安西、興安南、興安北等十四個省和新京、哈爾濱兩個特別市，一個特別區（中東鐵路沿線）。當時的國民政府對此絕不承認，一再發表宣言與聲明，稱「對於東三省成立傀儡政府，始終認為叛亂機關，其一切非法行為並應由日本政府負其全責」。偽滿洲國的成立旨在分裂和掠奪中國，日本的殖民統治

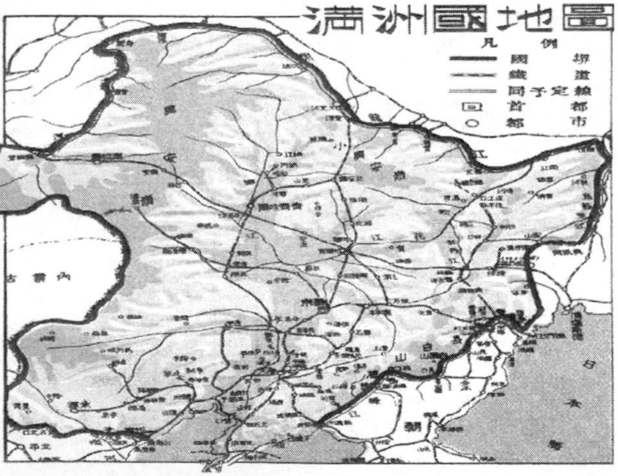

這是 1933 年「長城抗戰」時由日軍背包中繳獲的「大滿洲國」地圖

日軍樹立的「王道樂土大滿洲國」界碑

給中國人民帶來沉重的災難。

在日軍的計畫中，偽滿洲國只是其欲圖侵吞整個中國的跳板。他們早在發動「九一八事變」之初，就已經確定了準備侵佔熱河省的計畫。在偽「東北行政委員會」發表〈獨立宣言〉及偽「滿洲國」發表的〈建國宣言〉中都將尚未淪陷的熱河視作偽滿洲國疆域。不僅如此，在喜峰口抗戰中，第二十九軍曾在被擊斃的日軍軍官身邊搜出了一份「大滿洲國」地圖，其中甚至還將北平、天津、濟南等地區列入了偽滿洲國的勢力範圍。

第二節　華北危局之形成

熱河省和東北其他三省一樣，自一開始就被日本列為偽滿洲國的「國土」。在佔領東北三省之後，日本又開始對華北進行侵犯，欲圖打開山海關，並吞佔熱河，之後則將戰火引向平津。

日本關東軍先是妄圖借助時任熱河省主席兼東北邊防軍副司令官的湯玉麟之手，不戰而取熱河，但是湯玉麟雖然抗日無能，卻不想賣國。為此，日方又派關東軍松井清助大佐直接操控以甘珠爾紮布為首的偽蒙古自治軍進攻熱河，不過很快就為內蒙古獨立軍擊敗，松井清助也被擊斃。於是，日本關東軍另外尋機捏造事實，釀成了所謂的「石本失蹤事件」。

一九三二年七月，日軍稱日方從事秘密任務的石本權四郎，在乘坐從熱河北票開往遼寧錦州的火車，駛經兩省交界之南嶺與朝陽寺之間時，被一支番號不明的地方部隊所阻，並遭扣押。以此為藉口，日本駐錦州之第八師團部隊，派出裝甲車開往熱河境內之朝陽寺進擊，與當時的駐軍二十九軍三十七師趙登禹領導的第一〇九旅二一四團第三營遭遇，發生戰鬥，中國軍隊不敵，退守南嶺。日機又飛至朝陽進行轟炸和掃射。不久，又向熱河省政府提出無理要求：限七日救出石本，交還日方。對此，國民政府軍事委員會的一項軍事報告中，曾作如下的說明：

日軍先以參謀眞崎在錦州發表宣言，必用武力侵熱。果於二十一年七月間，藉口石本失蹤事，向熱省府要求五項，經嚴詞拒絕後，乃唆使漢奸在朝陽暴動，同時派大部別動隊鐵甲車飛機，向朝陽一帶緊急轟炸。但我董（福亭）旅已嚴行戒備，並以日軍無辜挑釁，即予抵抗，並破壞南嶺隧道，移在該處佈防，使日軍鐵甲車不得西進。二十六日，又向我猛撲，抗戰甚烈。至八月七日再向熱河省政府提出「哀的美敦書」，要求四十八小時交還石本，且加種種恫嚇。中國已洞灼其奸，知爲「九一八」後第二步進犯之大陰謀，當令各軍戮力抗擊，並由外部電國聯及各友邦注意。暴日知已有備，事遂稍戢。

當時，日本方面，關東軍兵力尚不足，同時也憚於國際方面的不良影響；中國方面，儘管國民政府下令抵抗，但是張學良與湯玉麟等對日決心不夠堅決，因此雙方都沒有做進一步的衝突。

到一九三二年八月，日本參謀本部將關東軍司令官本莊繁調職，而由武藤信義接任。武藤曾於「一·二八事變」時在上海率部對華作戰，以主張武力侵略中國而為日本陸相荒木貞夫所賞識。同時，武藤還兼任日本駐偽滿「大使」。他曾公開聲言：依據〈日滿

日本關東軍司令武藤信義

協定書〉，日本關東軍有為「滿洲國」取得其「領土」熱河的義務，不斷對山海關作試探性進攻，熱河前線情勢頓時又告緊張。一九三二年十二月八日，日本關東軍第八師團的裝甲列車開到山海關，炮擊中國守軍第九旅的司令部。中國外交部長羅文幹向日本外交部提出抗議。日本外相內田康哉卻完全不顧事實，謊稱「日本裝甲列車因添裝炭水，向山海關車站前進，貴國（中國）方面無故開槍射擊，故而還擊」。一九三三年一月一日晚，日軍對山海關發動攻擊。兩天後，在日本陸海空聯合作戰的攻擊下，攻陷山海關。守軍何杜國旅石世安團安德馨營，用大刀與敵人肉搏，無一投降，幾全部殉難。

山海關是連接東北和華北的門戶，是歷朝歷代的兵家必爭之地。根據《辛丑條約》的規定，共有十一個列強國家可以駐兵山海關，後陸續撤回，唯日本獨留。日軍攻佔山海關，其目的在於「壓迫平津，使熱河歸其掌握」。山海關失守後，日軍加緊侵略熱河的腳步。張學良曾向軍事委員會報告日軍準備攻熱情形：

> 頃據探報，日本急欲行其滿蒙政策。連日派出熟諳中國語言文字之日人多名，附以華人潛赴各王旗，秘密運動。以便將來攻熱之時，用爲內應……現由遼寧兵工廠及其本國各廠趕造載重汽車五千輛，每輛可載陸軍二十名，並裝設機關槍二架，新式七生五口徑砲一門，車之周圍互以鋼板，上用鐵棚以避槍彈，以備爲將來攻熱之用。

一九三三年一月十日，日軍侵佔九門口（今河北省撫寧縣），日本陸相荒木貞夫公然宣稱「熱河為滿洲國之一部」[1]，其侵吞熱河、進犯華北的野心更加昭然若揭。二月十日，日本關東軍司令官武藤信義布置熱

1 張篷舟，《近五十年來中國與日本》（第一卷）（成都：四川人民出版社，一九八五年），頁八十四。

日軍佔領東北後對「抗聯」戰士的屠殺

河作戰計畫要旨，並宣稱：「攻佔熱河的目的，在於使熱河省真正成為滿洲國的領域，並為消滅擾亂滿洲國的禍根即華北張學良的勢力創造條件，進而確立滿洲國的基礎。」

二月十七日，日本內閣正式通過進攻熱河的決議。軍事委員會北平分會電令「第三軍團移駐熱河一境，接第四軍團義院口至喇嘛洞一帶之防務」，並要求「各軍團需確區聯絡，對當面之敵情嚴密搜索，妥為警備」，以確保熱東防務。二月二十一日，日軍侵佔熱河南嶺，熱河之戰由此爆發。

當時的熱河省主席是湯玉麟。湯玉麟是張作霖的拜把兄弟，奉系元老。一九二八年，張作霖被日軍炸死，其子張學良掌握了奉系領導權，他宣布東北易幟。湯玉麟為中國國民黨熱河省黨務指導委員會主委、東北政務委員會委員、熱河省主席兼中國國民革命軍三十六師師長。一九三三年初，日軍大舉進攻熱河，軍事委員會在北方組織了八個軍團。先任命湯玉麟兼任第五十五軍軍長，繼又宣布他為第五軍團總指揮、熱河省駐防軍上將總司令。在武藤信義下達對熱河進行總攻的命令後，日軍數日之內接連佔領北票、開魯、朝陽、凌南、凌原、赤峰等要地。三月三日，肩負守土抗戰之責的湯玉麟竟棄承德而逃，次日日軍便以第八師團先頭部隊一二八名騎兵兵不血刃，長驅直入佔領承德。

1928 年臂纏黑紗的張學良，宣布東北易幟。

熱河迅速失陷的原因是多方面的，既有湯玉麟主政熱河時橫徵暴斂，導致喪失民心，還有東北軍內部的權力鬥爭，再加上日軍的離間計。

湯玉麟自一九二八年十二月被任命為熱河省主席，直至他不戰而逃，其主政熱河長達數年之久。在此期間，湯玉麟將熱河省看作是自己的獨立王國，胡作非為。湯玉麟為了聚斂財富，大肆搜刮民財，巧立各種稅收名目，還在熱河省組織農民種植鴉片，從中牟取暴利。百姓對他恨之入骨，稱他為「土匪省長」。湯玉麟的軍隊也由一支虎軍蛻變為一支一手拿步槍、一手拿煙槍的「雙槍兵」，戰鬥力大大減弱。以湯玉麟如此惡名，不可能指望熱河百姓幫助他抵抗日軍，而他的「雙槍兵」也沒有實力與日軍一拼。

作為張學良的盟叔，湯玉麟經常直呼其小名，張學良對這位長輩也無可奈何。「九一八事變」後，日軍步步緊逼，熱河形勢危急。張學良坐鎮北平，卻無力組織北方軍隊抵抗日軍，湯玉麟本就不把張學良放在眼裡，再加上張學良「不抵抗」而放棄東北，湯更加蔑視張的領導地位。在湯玉麟被任命為第五軍團總指揮、熱河省駐防軍上將總司令後，蔣介石很不信任他，希望張學良換將。一九三三年二月十六日，張學良在北平主持軍事會議，湯玉麟信誓旦旦地承諾會守衛熱河，但又不服從張學良的指揮。張學良一方面不滿湯玉麟蔑視自己的態度，另一方面也認為湯玉麟能力不夠，所以決定臨陣換將。由於吸食鴉片，張學良無力出征，便讓他另一個盟叔張作相（吉林省原政府主席）出任第二方面軍總指揮，並給予十五萬元負責熱河防務，湯玉麟為副職。張作相原與湯玉麟平級現又成為湯的領導，湯玉麟覺得太

1933 年 3 月 4 日，日軍攻佔承德。此照片由方軍提供。

沒面子，又覺得張學良是借此機會奪了自己的兵權，因而將帥之間發生矛盾。

日軍準備以武力奪取熱河的同時，也積極採取離間的手段分化中國軍隊的力量。一九三二年三月九日偽滿洲國成立後，日軍以「滿洲國」參議府副議長之職拉攏湯玉麟，利誘他投降。三月二十九日，日軍單方面宣布湯玉麟為「滿洲國」參議府副議長、熱河省長兼熱河軍區司令，但被湯玉麟拒絕。一九三三年，日軍準備武力進攻熱河前大量散發湯玉麟已經出任「滿洲國」參議府副議長的傳單。由於當時資訊不發達，中國方面一時難辨真假。在日軍進攻熱河時，察哈爾的中國軍隊（二十九軍）不知湯玉麟是否投敵，不敢貿然救援，甚至連湯部的一些愛國將領都離湯而去，這使得湯更沒有堅守承德的勇氣了。

一九三三年初，張作相抵達熱河前線，湯玉麟根本不配合張作相的指揮。熱河省的軍隊已經三個月沒有發餉，士兵要求先發餉再打仗。此時的熱河前線，將帥失和，軍心動搖，部隊對戰事無信心、無準備，張作相面對此困局也束手無策。武藤信義下達對熱河進行總攻的命令後，三月三日，張作相、湯玉麟棄承德而逃。

承德失陷後，全國輿論譁然，各界強烈要求懲辦主帥張學良和熱河省政府主席湯玉麟，蔣介石也面臨巨大的壓力。三月十一日，張學良在社會輿論的壓力下通電辭職，軍事委員會派軍政部長何應欽暫代張學良的職務指揮「長城抗戰」。而湯玉麟因忙著把自己的財產運抵天津寓所，因而落了個棄城逃跑的罪名，受到國民政府的通緝。日本關東軍既得熱河，志盈氣滿，遂又揮師南侵長城各隘。逼近長城各口的日軍如果突破此道防線，一馬平川的華北大平原便無險可守，而平、津將直接暴露在日軍的炮火之下。

面對日軍侵略，軍事委員會委員長蔣介石將北方的軍隊與北上的中央軍編為八個軍團沿長城佈防。

第五軍團總指揮
湯玉麟（東北軍）

第三軍團總指揮
宋哲元（原西北軍）

第一軍團總指揮
于學忠（東北軍）

軍事委員會委員長
蔣介石

第七軍團總指揮
傅作義（晉軍）

第四軍團總指揮
萬福麟（東北軍）

第二軍團總指揮、
第三十二軍軍長
商震（晉軍）

代行委員長何應欽

第八軍團總指揮
楊傑（中央軍）

一九三三年　長城抗戰戰鬥序列

抗日戰鬥序列

委員長　蔣中正

參謀長　黃紹雄

代行委員長職權　何應欽

副參謀長　王綸

第一軍團	第二軍團	第三軍團	第四軍團	第七軍團	第八軍團	第四十一軍
總指揮 參謀長 砲兵指揮官	總指揮 參謀長 砲兵指揮官	總指揮 副指揮 參謀長	總指揮 參謀長	總指揮 參謀長	總指揮 參謀長	
于學忠 劉志幹 王如華	商震 呂濟 喬方	宋哲元 秦德純 龐炳勳 張維藩	萬福麟 王景福	傅作義	楊傑	孫魁元　軍長 馮養田　參謀長
第五十一軍（五師）	第三十二軍（五師） 第五十七軍（四師）	第二十九軍（三師） 第四十軍（步二旅騎一師）	第五十三軍（八師）	第五十九軍（三旅） 第六十一軍（三旅） 騎兵第一軍（二旅）	第十七軍（步二師騎一旅） 第二十六軍（一師一旅） 第六十七軍（步三師一旅）	陸軍第一百十七旅　旅長 陸軍第一百十八旅　旅長 補充第一旅　旅長

第六軍團因力量太弱未能組成

湯玉麟小傳

湯玉麟

湯玉麟（一八七一—一九四九），字閣臣，綽號二虎，遼寧阜新人。湯玉麟生於一個貧苦人家，少年時給人扛小活，因趕車拉腳遭搶劫，遂鋌而走險，落草為寇，稱霸遼西，曾救過張作霖一命，二人因此結為兄弟。後來張作霖邀湯玉麟入夥合辦保險隊（保鏢），張作霖的勢力逐步擴大，湯玉麟遂成為奉系的起家勳臣之一。一九〇二年，張作霖、張景惠、湯玉麟、張作相共同組織商務團接受了清政府的招安，湯玉麟成為清政府的下級軍官左哨哨長。一九〇七年，湯玉麟升任馬隊管帶。辛亥革命後，湯玉麟任陸軍第二十七師騎兵團團長，一九一四年，升任陸軍第五十三旅少將旅長，次年又升為中將旅長。一九二一年五月，湯玉麟出任奉天東邊鎮守使兼左路巡防隊統領，及東北陸軍第十一混成旅旅長、剿匪司令，率部駐紮在鳳城。一九二二年四月，第一次直奉戰爭爆發，湯玉麟率部入關參戰。奉軍戰敗後退出關外，湯玉麟改任第七混成旅旅長兼奉天東邊鎮守使。一九二四年，湯玉麟率部參加第二次直奉戰爭。一九二五年，任東三省國防軍第十一師師長。一九二五年十一月，奉軍內部發生「郭松齡倒戈事件」，湯玉麟率軍阻擋郭松齡，促使郭松齡最終失敗。一九二六年三月，張作霖與吳佩孚握手言和，湯玉麟率部攻佔張家口，進攻馮玉祥的國民軍，國民軍被迫向西北轉移。張作霖進北京組織安國軍政府，湯玉麟因功升任安國軍第五方面軍第十二軍軍長，兼任熱河都統。一九二八年底，東北易幟，湯玉麟成為東北政務委員會委員、熱河省主席兼中國國民革命軍三十六師師長。湯玉麟視熱河省為自己的獨立王國，搜刮百姓，種植鴉片，擴充軍隊，人稱「土匪省長」。一九三二年一月，國民政府任命湯玉麟為北平政務委員會委員，八月，又被任命為軍事委員會北平分會委員。一九三三年二月，擔任第五十五軍軍長、第五軍團總指揮、熱河省駐防軍上將總司令。張學良臨陣換將，張作相出任第二方面軍總指揮，湯玉麟降為副職。三月，日軍進攻熱河省，湯玉麟棄承德逃往察哈爾。熱河省丟失後，全國輿論譁然。三月八日，國民政府正式宣布對湯玉麟「褫職查辦」，並下令通緝。一九三三年五月，湯玉麟率部加入察哈爾民眾抗日同盟軍，被任命為察東游擊司令。一九三三年十月，湯玉麟同意接受宋哲元的改編，出任第二十九軍總參議，從此失去軍權。國民政府得知湯玉麟並未投敵，又放棄軍權，接受改編，所以撤銷了對他的通緝。一九三四年，湯玉麟解去一切職務，回到天津寓所，在天津投資建惠中飯店，後人從商，抗日戰爭期間日軍多次許湯高官厚祿，均遭湯拒絕。一九四九年二月病死於天津，終年七十八歲。

第二章　長城抗戰二十九軍嶄露頭角

日軍先後攻陷山海關和熱河之後，華北形勢危急。國民政府軍事委員會決定，將華北地區二十餘萬軍隊組織起來編成八個軍團進行抵抗，由蔣介石、張學良、何應欽領導。各軍團從山海關西連喜峰口、冷口、羅文峪，延至古北口長城沿線設防。八個軍團中表現較為突出的則是宋哲元領導的第二十九軍。

第一節　第二十九軍的由來與創建

第二十九軍由西北軍一部改編而來，西北軍的創始人是馮玉祥。一九三〇年「中原大戰」後，西北軍潰敗，各路殘兵敗將避居山西一隅，其中來自西北軍各派系的將領宋哲元、張維藩、馮治安、張自忠、趙登禹、李文田、何基灃、蕭振瀛等八人，共議集合力量，重新創辦一支新的軍隊，共推宋哲元為軍長。組織各自手下的部隊，很快就形成一個新的軍，這些骨幹力量如張維藩、李文田、何基灃等人都是受過嚴格軍事教育，而另幾位則是西北軍中的少壯派，每個人都有領軍作戰的經驗。很快，陸軍大學畢業的秦德純和曾任過軍長的劉汝明帶兵加入，還有原宋哲元的財政廳長過之翰自願前來擔任軍需官，少將軍醫謝振平也來投靠，所以他們剛組建

西北軍創始人馮玉祥

就是一支生龍活虎的正規軍。當時，流散在山西的宋哲元部每月僅靠閻錫山撥的十六萬晉鈔，根本無法維持開支，經過商議，蕭振瀛以新軍代表的身分北上赴天津謁見張學良。張學良久慕宋哲元的指揮才能，決定收編這支能征善戰的隊伍（據說發了五十萬銀元的軍費），並贈宋哲元一把將軍指揮刀，刀柄上刻有「張學良贈」的銘文，刀鞘和刀柄上雕刻有花紋，十分精緻（現存北京中國人民革命軍事博物館），部隊改稱為東北邊防軍第三軍。宋哲元為軍長，馮治安為第一師師長，張自忠為第二師師長。

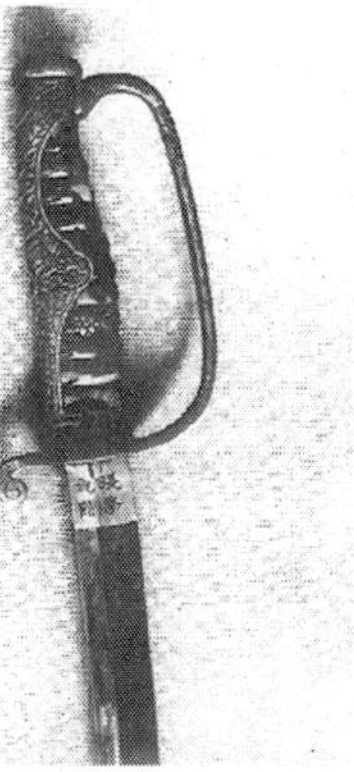

張學良贈宋哲元將軍指揮刀（此刀現存於北京中國人民革命軍事博物館）

不久，全國軍隊統一編制，宋哲元所部被編為國民革命軍第二十九軍。此時，二十九軍下轄三個師：馮治安的三十七師、張自忠的三十八師，和劉汝明的暫編第二師，全軍共四萬人左右，分駐晉、察兩省。

根據劉振三（一九〇三—一九七一，係張自忠部將，曾先後任二十九軍三十八師二二五團團長、三十八師一一三旅旅長、五十九軍一八〇師師長）回憶當年西北軍被收編的一些細節，其〈西北軍被收編的前前後後〉[1]稱：

劉振三

> 我上回在宋哲元將軍的座談會上，曾談到留在晉南西北軍的殘餘，後來改編為二十九軍的經過。進入晉南的西北軍殘部，以張自忠的二十五師，以

1 劉振三，〈細說張自忠將軍的一生〉，《傳記文學》第三十一卷第三期（臺北），頁一四—一五。

及劉子亮（汝明）和孫良誠（少雲）的部隊比較完整，其他都是一些零星的部隊。上晉南的西北軍的部隊長的名字，我幾乎都可以背得下來。其中以劉子亮、孫良誠以及劉驥（菊村）的資格最老，劉菊村在十六混成旅，馮上將當旅長時，他就當參謀長了，他那時是第三十軍軍長，卻只剩了一團人進入晉南，駐在絳縣。劉亮公（劉汝明）則駐在聞喜縣和大青關。（按劉之回憶錄曾說是運城、解縣及虞鄉三處，司令部設解縣，以後移運城。駐聞喜的是過之綱。）還有一個鮑剛，原是方振武的第五軍，他和張人傑他們駐在冀城縣。趙登禹是師長下來的，還有兩個團的番號，兵也不多，他到了運城。張故上將（按：即張自忠）帶了二十五師一直到了曲沃縣，也駐過運城，但駐曲沃較久。總計各部隊的殘部還有四、五萬人。

西北軍「五虎上將」之一的宋哲元

這時候孫長官連仲派人到過晉南，孫良誠也在那裡活動，都有意來收拾這個殘破的局面，都沒成。孫良誠這個人驍勇善戰，對西北軍有功，可是學識上差一點兒。他首先去見張漢卿張少帥，想來收拾這個殘局。張少帥沒有同意，以後即把張故上將找了去，想把這個責任交給他。

我那時因為受傷，正在北平養病。我身中兩槍，子彈從胸前貫通出來，到了晉南，裡面的傷倒是好了，外面的傷老是不封口，於是張故上將就把我送到北平，進入首善醫院治療。張少帥找他去的時候，他只帶了兩個傳令員，沒有幫手，我那時已經好了，就幫著他，應付各方面來往的函電。張上將去見張少帥，漢卿先生要他負責晉南的殘局，他當時未作肯定的承諾，回來後即與石敬亭（筱山）先生商議。石先生和張上將的感情最好，他就向張先生建議，說：「這個爛攤子你收拾不了。孫良誠和劉汝明他們的資歷都比你老，你帶不了他們。為今之計，最好是把宋明軒給找回來。」張先生同意了[2]。

張文穆也回憶了「中原大戰」後西北軍改編的情況。據他回憶，西北軍在討伐蔣介石失利後，入山西境內，散駐在晉南一帶，各自為政，不相統屬。宋哲元和孫良誠雖然都曾任過軍方重職，但是此時已經喪失大量兵力。各部潰軍中，張自忠部裝備較精良，人數較多，計有黃維綱和佟澤光兩旅，共約六千餘人，但張名微望淺，無力領導各路潰軍。劉汝明資望次於宋哲元，一九一二年馮玉祥任左路備補軍前營營長時，劉汝明為該營前哨正目，馮治安尚是伙夫，而宋哲元已為中營前哨哨長。一九二二年，馮任陸軍檢閱使時，宋任第二十五混成旅旅長，劉任第三團團長，歸宋節制。北伐時，宋任國民革命軍第二集團軍第四方面軍總指揮兼陝西省主席，後又代馮為總司令，劉係國民革命軍第二集團軍第二軍軍長。討蔣失利，劉汝明親率所部，從河南寶豐繞道退入晉南後，劉部在名義上雖說是一個軍，但實際只有四千多人，軍隊又少於張自忠。至於其他將領如：趙登禹、王治邦、呂秀文、湯傳聲、支應遴等，名微眾寡，更不足道了。

這時西北軍將領欲請張學良改編必須具備以下三個條件：第一，需擁有多數部隊；第二，需得馮玉祥同意；第三，需經張學良核准。

當時在西北軍將領中確實具備這些條件的，以宋哲元較有希望。宋哲元為人不愛財，部下對他多有好感。馮玉祥雖知宋哲元不善應變，但對他信任，並寄以重任。而宋哲元與張學良早有聯繫，張學良亦頗器重宋哲元。那時，宋曾對張文穆說：「我本擬解甲歸田，從此不再問政治，只因孫殿英在晉南欲乘危吸收

---

2 張自忠一九二六年投晉之前屬於鹿鍾麟、石敬亭、石友三、張俊聲等長官的屬下。

本軍的零星部隊，我為維護團體起見，不得不出面收集舊部，接洽改編。」於是，宋哲元和不甘示弱的孫良誠憑藉各人的舊關係，開始派遣代表，分赴各部隊進行聯繫。趙登禹部因與宋哲元關係較好遂隸宋哲元麾下。呂秀文部從山東退入陝西後，每月的餉項由宋從優劃撥。因此，趙、呂兩部（趙部約三千人，呂部約二千人，計共五千餘人）首先表示擁宋。同時，宋部王治邦和湯傳聲兩部（王部約二千多人，湯部一千五百多人）合計近四千人，再加馮玉祥手槍隊四、五百人，總計近萬人，可以拼湊成一師。宋既有了基本隊伍，於是，鼓起勇氣，又派佟麟閣和劉自誠到張自忠部進行聯繫。之後孫良誠為爭取張自忠部，也不惜給張自忠饋金贈車。張自忠雖曾對人表示說：「可惜孫紹雲（孫良誠，字紹雲）的汽車和洋錢送得晚了！」但他並不了解宋哲元，所以，一時擁護誰頗難決定。為此，張自忠特親赴天津舊英租界五十二號路平安里六號（即今天津市和平區長沙路八十三號），找老長官石敬亭商議。石對張自忠說：「宋老成可依，孫輕佻難與共事。」宋曾說：「這次張自忠率部歸附，全係筱山大哥（石敬亭字筱山，行大。故宋呼為『筱山大哥』）之力。」同時，張自忠在天津還就此事請教過鹿鍾麟。鹿也對張說「可與宋共事」。於是張自忠決意擁宋。宋得張自忠部擁戴，如虎添翼，兵員益多，軍威大振[3]。

3　趙政民主編，《中原大戰內幕》（山西人民出版社，一九九四年版），頁五八—五九。

宋哲元 小傳

任第一集團軍總司令時的宋哲元

宋哲元（一八八五—一九四〇），山東樂陵人，宋家本是書香門第，但到了他父親這一代，因清朝「文字獄」影響而終身不能做官，一生以在有錢人家任私塾教師，靠菲薄的薪金維持家庭生活。宋哲元自幼隨父當書僮，受到極嚴格的經史教育，儒家思想銘刻於心。十七歲時回家伴母，為養活兩弟兩妹，他除了教私塾之外，還到城裡染坊做染工，幫母親賒棉紡線，春節時賣對聯補助家庭。二十三歲因父親在陸建章家任塾師，得知袁世凱武備學堂招生消息，而由山東徒步走到北京，從此走上了戎馬之路。

袁世凱死後軍閥混戰，馮玉祥的十六混成旅異軍突起，發展為西北軍，一度擴張達四十萬人，佔據了多個省份，馮玉祥成了中國風雲人物。宋哲元由武備學堂任學兵時，就在馮玉祥的二營聽命，後來隨馮玉祥西北軍的不斷征戰而屢立戰功，十年時間由士兵升為將軍，亦曾出任邊疆大吏。一九二五年任熱河都統時，曾在承德種下一片桑林，鼓勵民間養蠶繅絲改善生活。一九二七年任陝西省主席期間，提出「民為貴」口號，提倡婦女放足，解放勞動力。他三十八歲時就是西北軍的「五虎上將」，統帥著十一萬人馬的方面軍總司令。「中原大戰」後西北軍失敗，一群散兵游勇避居山西一隅，眾人商量重組新軍，共舉宋哲元為軍長，經蕭振瀛策劃，投靠張學良，被收編為東北軍邊防軍第三軍，下轄兩個師，第一師馮治安為師長，第二師張自忠為師長，堅持在山西練兵，鍛造大刀，訓練夜行軍、急行軍，明確軍人之天職是保家衛國，後來按全國統一編制，這支軍隊被稱為國民革命軍陸軍第二十九軍。宋軍長提出了這支軍隊的原則：「從此槍口不對內，中國人不打中國人。」

一九三一年「九一八事變」後，宋哲元向張學良上書請纓抗戰，未准。一九三三年「長城抗戰」時，宋哲元被任命為第三軍團總指揮，他提出的口號是「寧為戰死鬼，不做亡國奴」。他率領三個師（即馮治安的三十七師、張自忠的三十八師以及劉汝明的暫編第二師）開赴前線，負責超過二百華里防線，用大刀和手榴彈和日本軍的機關槍大炮拼命，以近戰、夜戰的戰略戰術奪回了已被敵人佔領的喜峰口，從而保住了北平、天津。一九三三年，宋哲元派秦德純赴張家口說服老首長馮玉祥回泰山，並收編了察哈爾民眾抗日同盟軍。一九三五年六月，宋哲元被撤察哈爾省主席職務，八月被任命為平津衛戍司令，後被任為河北省主席，實際已控制了冀察平津兩省兩市的大權，從此也成為日本特務機關長土肥原賢二的拉攏對象。土肥原希望以誘和手段通過宋哲元，兵不血刃地拿下華北。冀察政務委員會成立後，宋哲元任委員長。在此近兩年時間，日本土肥原賢二和香月清司採取了多種威逼利誘手段迫使宋哲元就範，在「華北王」的高官厚祿面前，宋哲元沒有屈服，日本轉向引誘其他將領而造成二十九軍內部分裂。從七七事變開始，將領之間就是和、戰兩派，出現「三十七師打，三十八師看」的局面，但在緊要關頭，宋哲元拒絕香月清司的最後通牒，下令二十九軍抵抗，成為全面抗戰之始。一九三七年七月二十八日張自忠留平重組政權，宋哲元率秦德純、馮治安、張維藩、陳繼淹等離平赴保定報到後，在馬廠（今河北省青縣）收容隊伍。三十八師副師長李文田和一三二師劉汝珍在極端困難情況下向宋哲元報到，二十九軍保存了一支強勁的抗日力量。一九三七年八月六日，蔣介石以第一戰區司令長官的名義任命宋哲元為第一集團軍總司令，二十九軍升格（三十七師升為七十七軍，三十八師升為五十九軍，一四三師升為六十八軍）共六萬人左右，加上原在華北駐紮的東北軍及各系統的雜牌軍共十二萬人，全歸宋哲元指揮，任務是保衛平綏鐵路和隴海鐵路中段。八月份蔣介石給第一集團軍配上了捷克式步槍一萬支，高射炮十二門及自來得手槍四百支。宋哲元率部隊在河北省堅持了五個月，退到豫北又堅持了三個月，因心力交瘁，積勞成疾，血壓高、腎病又轉為肝癌。不得已辭去第一集團軍總司令及第一戰區副司令長官職務，到大後方休養。一九四〇年四月五日，宋哲元病逝於四川綿陽。國民政府追贈他為一級上將。國共兩黨領導人蔣介石、周恩來都送了輓聯。

第二節　宋哲元山西練兵

在從山西到駐察哈爾的兩年時間裡，宋哲元吸取「中原大戰」的慘痛教訓，他決心不再打內戰，提出「從此槍口不對內，中國人不打中國人」，聲明「軍人之天職是保衛國家」。「九一八」國難發生後，宋哲元曾率領龐炳勳、呂秀文、劉汝明等七位將領，發出抗日通電，表示：「哲元等分屬軍人，責在保國，謹率所部枕戈待命，甯為戰死鬼，不作亡國奴，奮鬥犧牲，誓血此恥[4]。」「甯為戰死鬼，不作亡國奴」遂成了第二十九軍的軍魂。他定二十九軍的軍歌用的是岳飛的〈滿江紅〉，以激勵戰士的愛國心。

宋哲元曾領導過多次戰役，有豐富的作戰經驗和練兵經驗。他的軍隊的訓練，分戰技訓練與精神訓練兩方面。第二十九軍的戰技訓練仍以舊西北軍的訓練為依據，特別重體能及射擊。例如急行軍，經常夜間開拔，最高速度達到一晝夜行軍一八〇華里，所以該軍有「飛毛腿」之稱。全軍上下一致，雖然經費困難，但是寧可軍官欠餉，也要冬天給士兵穿棉衣，每人配備兩雙鞋。

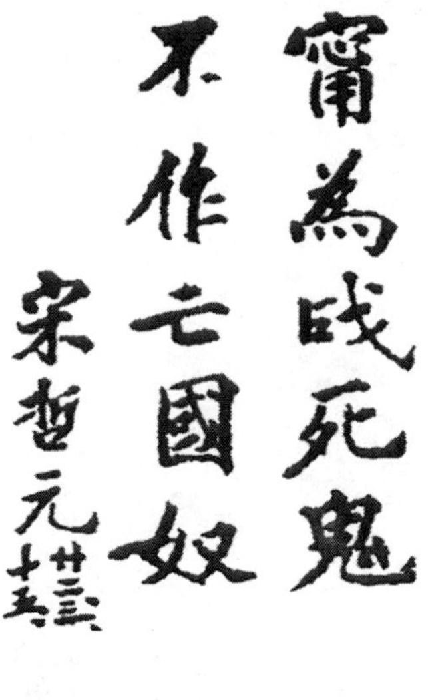

其精神訓練則除了西北軍的訓練教材（如《精神書》及《簡明軍律》之外，另行增加了新的內容，即政治教育、愛國教育與道德教育。宋哲元尤其重視對戰士的愛國思想教育，經常下連隊講述「國家興亡，匹夫有責」的道理。為了進一步加強這種愛國主義精神的訓練，第二十九軍還將五月七日定為國恥紀念日（五月七日是日本向袁世凱提出最後通牒的日子），每逢這一天便舉行演講，並在饅頭上印有「勿忘國恥」四個字，強調國難家仇。每日早晚點名時，長官必向部下作包含了愛國思想和戰略要術的問

4　孫湘德、宋景憲主編，〈第二十九軍華北抗日戰鬥經過〉，《宋故上將哲元將軍遺集》（臺北：傳記文學出版社，一九八五年），頁六三六。

二十九軍練兵（引自 1933 年鄒韜奮主編《生活畫報》）

話[5]，使士兵銘記在心。第二十九軍正是抱定這種愛國精神才在戰事中浴血鏖戰，屢挫敵軍。

二十九軍點名時問話內容如下：

問：「東北是哪一國的地方？」

答：「是我們中國的！」

問：「東三省被日本佔去了你們痛恨嗎？」

答：「十分痛恨。」

問：「我們的國家快要亡了，你們還不警醒嗎？」、「你們應當怎麼辦？」

答：「我們早就警醒了，我們一定要團結一致共同奮鬥。」

天津《大公報》的主筆，曾公開評論宋哲元「長於治軍」。並列舉第二十九軍的五項特徵：第一，該軍為民國以來有歷史的部隊；第二，訓練有素；第三，多年曾受相當的政治教育；第四，中下級軍官俱以勇著；第五，今年尤為國內負有聲望之軍隊之一。這也幾乎是二十九軍的軍魂軍德。

---

5 〈陸軍二十九軍對於士兵問話〉，詳見《介紹二十九軍》，《大公報》，一九三三年三月二十九日，第四版。

第三節　喜峰口戰役、羅文峪大捷

張學良辭職之後，何應欽按照蔣介石的指示，將華北軍重新編組，調來中央軍的楊傑擔任第八軍團總指揮，轄第十七軍、二十六軍、六十七軍。原第一軍團的第四十軍調入第三軍團。第三軍團宋哲元任總指揮，秦德純、龐炳勳任副指揮，擔任冷口以西經董家口、喜峰口、羅文峪至馬蘭關長約三百華里長城一線防務，其中最重要的是喜峰口和羅文峪。

第三軍團總指揮
宋哲元

第三軍團副總指揮
龐炳勳

第三軍團副總指揮
秦德純

二十九軍總參議
蕭振瀛

二十九軍參謀長
張維藩

二十九軍暫編第二師師長劉汝明，負責防守羅文峪

第二十九軍三十七師師長馮治安負責城子嶺口—喜峰口—潘家口防線

第二十九軍三十八師師長張自忠，負責龍井關—馬蘭峪

喜峰口位於遵化東北一一〇華里，南距熱河平泉一九〇華里，為河北、熱河兩省交通要道。喜峰口東面是董家口，西面是潘家口，「兩側群峰聳立，險要天成；長城依勢蜿蜒，華北賴以屏障」，在地理位置上有保障華北的戰略價值。「附近高地傾斜，北緩而南急，敵自北來犯，可捷足先登；我自南禦敵，勢非繞行，難於迎擊[6]」。喜峰口東北高地更是重中之重，一旦失守，不但城寨很難保全，日軍更會趁機「佔豐潤，下唐山，直取平津」[7]。日本關東軍早在二月十七日下達進攻熱河的指示中就有「應不失時機以一部確保界嶺口、冷口、喜峰口等長城重要關口，掩護軍主力的側翼，爾後以主力佔領承德及古北口」[8]的指示。因此，承德失陷後，日軍便馬不停蹄地兵分三路向長城各要隘逼近。迫於形勢，軍事委員會制定新的作戰計畫，第三軍團接到「協助三十二軍撲滅冷口之敵，一部接第四軍團寬城防務，而主力集中在喜峰口、遵化集結，準備向平泉方面進攻敵人」的命令[9]。三月七日，張學良又親自命令第三軍團負責遷安城子嶺口至遵化馬蘭峪一線防務，第二軍團接管冷口方面作戰。三月八日，宋部將冷口交由從灤河西岸趕來的第三十二軍商震部。根據三月六日、七日的電令，三月八日晚八時，宋哲元以第三軍團總指揮名義，在

6 中國國民黨中央委員會黨史委員會編輯，《宋哲元先生文集》（臺北：中央文物供應社，一九八五年），頁二二〇。

7 李惠蘭，〈宋哲元的愛國治軍思想與喜峰口羅文峪抗戰〉，《團結》（二〇〇五年）。

8 日本參謀本部編、田琪之譯，《滿洲事變作戰經過概要》（北京：中華書局，一九八一年），頁七二—七三。

9 孫湘德、宋景憲主編，〈第二十九軍華北抗日戰鬥經過〉，《宋故上將哲元將軍遺集》（臺北：傳記文學出版社，一九八五年），頁二三三。

薊縣總指揮部下達命令：

三十七師以三屯營爲中心，佔領城子嶺口至潘家口之線陣地，並派有力之一部接替喜峰口附近第四軍團防務；令張自忠率第三十八師著遵化爲中心，防守龍井關至馬蘭峪之陣地，並以一團駐防遵化附近，令暫編第二師著即由玉田向平安城及東新莊附近集結[10]。

已經進駐遵化展開防禦的第三十七師接到擔負喜峰口防務的電令後，師長馮治安在次日淩晨一時做出部署：

第一〇九旅星夜接替萬部喜峰口防務後，為左地區隊。以喜峰口為重點，迅速堅固佔領由董家口經鐵門關、喜峰口、至潘家口之線。務集結兵力於三岔口撒河橋之間，茲派一部相繼為前進部隊，於孟子嶺附近堅固佔領重陣前進陣地[11]。

王長海團作為先遣部隊接到命令後，當日拂曉便開赴喜峰口，準備接替第四軍團萬福麟[12]部配置在喜峰口的防務。這支從冷口趕來的部隊連續三天已經奔波了四百多華里，剛到達遵化還未及休整又開始向喜

10 國防部史政編譯局，〈灤東及長城作戰〉，《抗日戰史》，轉引自江紹貞編，《長城抗戰》（河南：河南人民出版社，一九九五年），頁九二。

11 孫湘德、宋景憲主編，〈第二十九軍華北抗日戰鬥經過〉，《宋故上將哲元將軍遺集》（臺北：傳記文學出版社，一九八五年），頁二〇八。

12 萬福麟（一八八〇—一九五一）東北軍將領，長城抗戰期間任第四軍團總指揮兼第五十三軍軍長，所部擔任熱河淩南、平泉、承德線的防守。

峰口急行。一一〇多華里的路程僅用了七、八小時，三月九日中午就到達了喜峰口南關外。

三月九日正午，先頭部隊便已到達喜峰口南關外，當即通知負責此處防守萬福麟的部下，擬往前方查看地形。忽接前方報告，在平泉大道上發現敵人裝甲車和騎兵五百名，向喜峰口猛進。問敗退的守軍才知，由建平、平泉大道南下的日軍服部混成第十四旅團所屬的中村川原二部，步騎炮聯合部隊萬餘人（另有偽軍一部）攜坦克車二十餘輛、裝甲車五十餘輛、野山炮五十餘門，跟蹤萬部殺來。原來，敵軍在三月八日佔領距離喜峰口僅六十華里的寬城後，次日凌晨出發便向喜峰口、孟子嶺迫近。日軍在孟子嶺碰到前來阻擊的萬福麟部隊，但萬部被日軍連日的窮追猛打已不堪再戰，很快便敗退下來。得知情況的王長海團，一恐東北高地被敵人先得，二怕我軍士氣受到潰部影響，決定避開大道，從野外山坡前往接防。同時王團長仍親向前方察看地形，下令部署：

小喜峰口由第三營派步兵一連佈防。喜峰口西邊及喜峰口，由第二營派兵兩連佈防。喜峰口東邊長城由第一營派步兵兩連佈防。鐵門關由第二營派步兵兩連佈防。喜峰口至鐵門關城牆頹落兩處，由第二營派步兵一連佈防。其餘為預備隊，由王團長率領加入前線構築工事[13]。

而在一〇九旅前鋒特務營趕至喜峰口的中途，便遇敵人裝甲車十輛聯合部隊五百人，二十九軍將士提起大刀便向敵人砍去。後趕到的王長海團發現日軍已經在喜峰口北左方老婆山佈防，馮治安師長獲悉後當

13 孫湘德、宋景憲主編，〈第二十九軍華北抗日戰鬥經過〉，《宋故上將哲元將軍遺集》（臺北：傳記文學出版社，一九八五年），頁二〇八。

即下「有進無退，死而後已」[14]八字口令，另挑選五百大刀隊健兒在傍晚時分由團長王長海親率前往喜峰口高地對敵仰攻，將士們袒露手臂，攀登山崖絕壁，揮刀向日寇的頭顱砍去。日軍因連日勝利疏於防範向四處逃竄，我軍乘勝追擊「肉搏衝鋒，歷數小時，卒將該段長城奪回，砍死敵人約百餘名[15]。」但後來敵軍依靠喜峰口制高點不斷增援反攻，以遠程重武器憑高射擊，我軍逐見頹勢，五百大刀隊健兒得以生還者僅二十三人，遂不得已撤退，陣地又被日軍佔領。

此役第二十九軍雖損失慘重，但讓日軍第一次見識到二十九軍大刀的威力。當時二十九軍裝備的都是諸如老漢陽造、毛瑟槍、自製土槍這樣極其陳舊落後的武器。萬般無奈的情況下，軍長宋哲元結合西北軍的傳統和山西盛產煤鐵的優勢，打造出重七斤、長七尺的大刀，又從北平請來武術大師李堯臣，配合大刀的使用，創造「無極刀法」，終成第二十九軍的大刀隊。一九三三年三月七日，日本陸相荒木貞夫在東京會見英國文豪蕭伯納時曾狂妄地說到：「近日戰爭，乃機械與機械之戰爭。人之勇氣與筋肉之堅實，初無必要。故以青年，送至戰場，未免可憐。何不先從八十老翁送起，漸次及於少壯，是不更為合理乎[16]？」而當時二十九軍的白刃在近戰中能發揮威力，讓敵人毫無招架之力，甚至在後來的戰事中出現「日軍因被大

---

14 中國東方學社，〈五百大刀隊殺賊一千餘〉，《宋哲元部二十九軍長城血戰記》（北京：北平東方學社，一九三三年），頁十八。

15 〈宋故上將政事略〉未刊，存中國社會科學院近代史研究所，轉引自江紹貞編，《長城抗戰》（河南：河南人民出版社，一九九五年），頁八九。

16 〈宋哲元部血戰長城〉，《大公報》，一九三三年三月十六日，第一版。

刀砍頭無法再世為人而在戰場上戴上鐵脖套的奇景」[17]，確為國人作戰之奇蹟。

三月九日夜九時，趙登禹接到日軍騎兵佔領董家口的消息。一旦董家口被佔領，便極有可能威脅我軍後方。趙登禹旅長接到報告後，一面派二一七團中校團副胡重魯率步兵一連前往潘家溝以南地區佈防，一面向後方請求支援。宋哲元在指揮部得悉喜峰口戰況後，急調三十七師王治邦的第一一〇旅、三十八師佟澤光的第一一三旅前往喜峰口增援。晚十一時，師長馮治安派王治邦一一〇旅劉景山的二一九團進駐撒河橋，戴守義的二二〇團進駐三岔口，下令務必設法將喜峰口東北長城奪回。馮治安又將宋哲元「設法將喜峰口東北高地之敵猛烈驅逐，山嶺難攀，可另派隊伍，繞襲敵之後方，一舉殲滅」[18]的命令轉達給趙登禹。趙登禹當即組織部隊，兵分兩路進行潛襲「一路：令二一八團（團長仝瑾瑩）第一營王昆山營長，率所部於早一時，出鐵門關以西，李嘉峪北之石梯子缺口，經白棗樹，向白檯子疾進。一路：令二一八團孫儒鑫團附，率第二營，於早一時三十分，出潘家口，經藍旗地，渡河，向蔡家峪疾進[19]。」

第三十七師一〇九旅旅長趙登禹

17 李惠蘭、韓明，〈二十九軍大刀隊與「大刀進行曲」〉，《團結報》，二〇一四年十月三十日，第五版。

18 孫湘德、宋景憲主編，〈第二十九軍華北抗日戰鬥經過〉，《宋故上將哲元將軍遺集》（臺北：傳記文學出版社，一九八五年），頁二三〇。

19 中國國民黨中央委員會黨史委員會編輯，《宋哲元先生文集》（臺北：中央文物供應社，一九八五年），頁二二一。

三月十日凌晨一時，王昆山營長在喜峰口獵戶宋桂的帶領下，出鐵門關以西東邊長城，凌晨二時三十分抵達白檯子，趁敵人酣睡之際，衝進敵營掄起大刀向敵人的頭顱砍去，千餘敵軍猝不及防，紛紛逃命，我軍乘勝追擊和敵人肉搏數小時，殺敵數百名，又將敵人的後路切斷，焚燒接濟車十餘輛，砍殺敵人二、三百名。孫儒鑫所率的第二營也很快佔領了蔡家峪。兩軍會合後，與聞聲而來的王長海團正面部隊匯合，向喜峰口北部高地發起猛攻，在狼洞子、黑山嘴、南北帳子等處的後方敵人尚在睡夢之中，便被二十九軍大刀隊取了性命。至拂曉之時，敵人依照有利地形以步、炮、戰車[20]聯合猛擊，致使夜襲部隊無法前進，只得從原路撤回至長城以南。此役共斃敵五百名以上，奪其機關槍十餘架，二十九軍亦損失慘重，連長趙炳榜、排長宋發後、宋長永、孫鴻等六名將士陣亡，士兵傷亡百餘名。三月十日上午六時，日軍混成第十四旅團步兵第二十七聯隊一中隊及步兵第二十六

第三十八師一一三旅旅長佟澤光，協助趙登禹一〇九旅作戰

第三十七師一一〇旅旅長王治邦，負責佯攻喜峰口

20 戰車：用於陸上戰鬥的車輛。現代意義上的戰車則與坦克相伴、配合支持坦克作戰，還在陸戰場上執行作戰指揮、後勤支援、物資運輸等多種軍事任務，現代戰車成了戰場上步兵的伴侶。

聯隊山炮分隊、炮兵中隊共三千餘人，在炮火的掩護下，向喜峰口東西兩側高地和小喜峰口集中。趙旅東西兩側陣地均受敵人炮火襲擊，傷亡慘重，尤其以老婆山一帶形勢最為嚴峻。趙登禹旅長親率一〇九旅二二〇團第一營，長途奔赴，跑步前往支援，在敵強我弱的不利形勢下，趙旅長決定採用誘敵戰術，對敵人的大炮、鐵甲先不予還擊，讓日軍誤以為我部已被大炮全數殲滅。果不其然，日軍以密集火力猛擊數次後，見前方無反擊，蜂擁向前。我軍待敵深入，在趙旅長一聲槍響下衝鋒而上，和日寇白刃相接，手起刀落，戰士們高呼：「大刀大刀，雪舞風飄。殺敵頭顱，壯我英豪！」[21]。此為第一次夜襲敵營。

三月十日午時剛過，敵一部攻擊喜峰口鎮北端，另一部從鎮北抄襲第二十九軍第三營兩連背後。第二十九軍將士為了衝殺方便，放棄攜帶步槍，僅以大刀和手榴彈與敵人肉搏。特務營長王寶良中彈後「瀕死仍呼殺賊不已」[22]。趙登禹旅長提刀持槍向敵人的要害攻擊，忽然被一枚子彈射中了腿部，仍堅持在陣地指揮將士奮勇殺敵。此番舉動激勵前線將士，一時間殺氣沖天，敵人膽顫心寒。此役砍殺敵人七百餘名，敵人士氣大落，倉皇潰退。二十九軍特務營長王寶良、連長王廷立、排長郭銀鑄、穆宗賢、張心忠等八人陣亡，包括旅長趙登禹、副官郁振海在內的十五名軍官受傷，士兵傷亡約四百名。經此一役，二十九軍判明敵軍為服部、鈴木兩旅團及偽蒙混合軍共兩三萬人，其步兵佔據喜峰口東北高地，炮兵在白檯子南

---

21 祖遠，〈五百大刀催生的「大刀進行曲」〉，《湖北檔案》，二〇一一年。

22 中國東方學社，〈王營長保良殉國紀實〉，《宋哲元部二十九軍長城血戰記》（北京：北平東方學社，一九三三年），頁二十。

側高地。當夜八時，趙旅接到第二一七團撤回陽城附近休息整頓的電令，由一一〇旅第二一九團及第二二〇團之第三營接防負責。

三月十日下午六時，宋哲元任命趙登禹為喜峰口方面作戰前敵總指揮，任命一一〇旅旅長王治邦副指揮，第三十八師一一三旅佟澤光協助作戰。鑒於連日苦戰，宋哲元手諭傳示全軍勉勵將士：「（一）此次作戰死亦光榮，無論如何要拼命保住陣地，不求有功，只求能撐。（二）不求與十九路軍在上海作戰之聲威，而求日本人不能小看我們。（三）國家存亡，本軍存亡，在此一戰，關係太大。望傳之所屬，努力為之[23]。」又鼓勵前方官兵，「在陣前生擒日本人一名者，賞銀一百元，砍死日本人一名有據者，賞銀五十元」[24]。三月十一日早七時，敵軍向二十九軍全線進攻，上午十時，又集中炮火以一個團以上的兵力，向第二一九劉景山團第三營所守的西側高地發起猛攻。劉團奮死抵抗，以身肉搏，奮力迎擊，擊斃敵人百餘名。因增援補給的困難，劉團在炮火的攻擊下，於下午三時三十分不得不後退，該高地被敵軍佔領。下午四時，佟澤光、趙登禹兩位旅長下令務必奪回陣地，劉團在日軍機槍的掃射下奮勇前進，冒死攀登至山頂，與之肉搏混戰，兩小時內殺敵二、三百名，敵人狼狽退去，高地失而復得。三月十二日上午九時，日軍千餘人進犯鐵門關地區，負責此處防守的第二二二團張子鈞營與敵人激戰數小時，因敵我力量差距懸殊，馮治安請准

23　孫湘德、宋景憲主編，〈第二十九軍華北抗日戰鬥經過〉，《宋故上將哲元將軍遺集》（臺北：傳記文學出版社，一九八五年），頁二三七。

24　中國國民黨中央委員會黨史委員會編輯，《宋哲元先生文集》（臺北：中央文物供應社，一九八五年），頁二二〇—二二九。

宋哲元調來第三十八師一一三旅前來進駐張家店、範家溝一帶策應，佟澤光令該旅第二二六團第一營附機槍、迫擊炮各一排到達鐵門關，與駐守的部隊聯合攻擊，終未能讓敵軍得逞。

二十九軍鑒於連日以來傷亡慘重，總參謀長張維藩，副總指揮秦德純、龐炳勳商議採用夜襲戰術，得到宋哲元的認可，當即給馮治安發去電令：

查喜峰口東北長城高地，爲敵佔據已久，本日劉團西側高地，又被敵人佔據。今雖將西側高地高地奪回，然東北長城高地，實爲心腹之患，若不設法殲滅該處敵人，則我全陣線將終受其害。今趁敵人疲憊之餘，以喜峰口西側高地爲重點，堅守全線。著趙旅長等，抽選勁旅，分由兩側，繞攻敵之後背。待繞擊成功，則令我鎮守陣地之衆，全力出擊，必奏服功。望該師專飭趙、王、佟三位旅長，善爲妥議施行，實所至慰[25]。

馮治安師長接到電令後，命令劉自珍奔赴前線和三位旅長商議禦敵之策，最終決定「以趙旅長攻其右側背，以佟旅長攻其左側背，以王旅長堅守本陣地，相繼出擊，以為牽制」[26]。三月十一日夜十一時，趙登禹旅長發布命令：

一則以王長海團附手槍三連，及王昆山營，沿灤河西岸，至藍旗地東折，襲擊敵於蔡家峪白檯子。奏功後，與董團聯絡，進攻喜峰口東北高地，為第一繞攻隊。一則以董（升堂）團，由潘家口沿長城根，襲

25 孫湘德、宋景憲主編，《宋故上將哲元將軍遺集》（臺北：傳記文學出版社，一九八五年），頁二三八。

26 同上注，頁二三九。

擊敵於北山上及南北丈子一帶。奏功後，與王（長海）團聯絡，進擊喜峰口東北之敵，佔據險要山嶺，為第二繞攻隊[27]。

三月十一日，趙登禹不顧傷痛親自率領王長海、董升堂兩團身背大刀，由老鄉帶路，踏雪前進，從山後包抄。三月十二日晨四時，王長海團抵達日軍在北山土三子的騎兵陣地和在蔡家峪、白檯子的炮兵陣地，趁日軍尚在熟睡之機，將手榴彈扔入帳篷，對由帳篷逃出之日軍則一刀一個，人頭落地。拂曉時分，老婆山、澱峪以北的敵人聞風前來支援，以機槍猛烈攻擊。營長蘇東元用從日軍手中繳獲的大炮擊敵至二十餘發。隨後，又將陣地上日軍的火炮、輜重、糧草彈藥一一炸毀。除武器裝備以外，我軍還繳獲作戰詳細地圖及偽滿洲國地圖數份、攝影機兩部、機槍二十餘架，砍殺日軍七百餘人。營長蘇東元、代理營長王鳳芝、團副胡重魯、排長李懷福等十餘軍官殉國，士兵傷亡六百餘人。當王長海團破敵之時，董升堂團先後佔

王長海（1897—1971），山東平原人，第三十七師一〇九旅二一七團團長

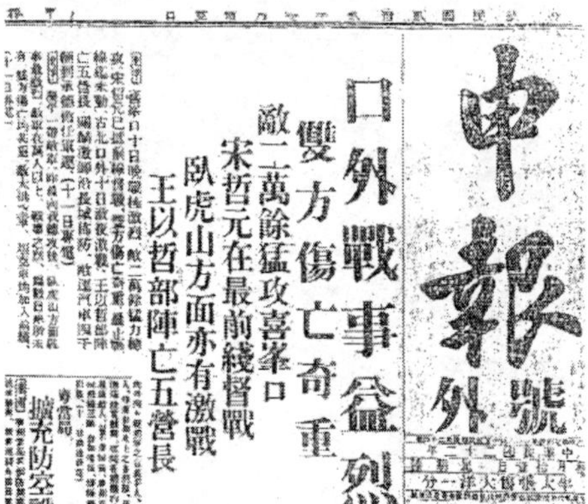
申報 號外

口外戰事益烈

雙方傷亡奇重

敵二萬餘猛攻喜峯口

宋哲元在最前綫督戰

臥虎山方面亦有激戰

王以哲部陣亡五營長

1933 年 3 月 11 日，《申報》報導喜峰口抗戰

27 中國國民黨中央委員會黨史委員會編輯，《宋哲元先生文集》（臺北：中央文物供應社，一九八五年），頁二二一。

力挽狂瀾之民族英雄

日本報紙亦說：「明治大帝遺兵以來之皇軍名譽。盡喪於喜峯口外。而遭受六十年來未有之侮辱。日支日露日獨歷次戰役。戰勝攻取之聲威。均為宋哲元剝削淨盡。」

引自1933年，京城出版社出版《長城血戰記》

領北山堡子、南北帳子、三家子等地區，又斃敵三百餘人，二十九軍亦傷亡連排長數人、士兵百餘名。同時，佟澤光旅長以李九思團為基幹，附以一部，奮勇挺進，到白檯子以北地區，斷敵人之後路。當時敵陣地西北各方火光四射，李九思團奮勇西進，抵達白檯子附近，遇敵則戰，歷時四小時之久。在收到王長海團已經佔領蔡家峪的消息後，李團軍心尤為振奮，直接衝殺到敵人陣地，斃敵三四百名，我軍亦傷亡二百餘名。早八時，進攻喜峰口高地的步兵兩連，在猛攻中傷亡殆盡。旅長王治邦親率劉景山團和戴守義團一部主動出擊。到三月十二日午後三時，此役已經長達十六小時之久。二十九軍近戰、夜戰的優勢難以發揮，趙登禹命各部撤回。佟、王兩旅均因地勢受阻，敵人直接掃射，行進遲緩，不能與繞攻部隊聯合，前後受到夾擊，實為此戰之遺憾。二十九軍在藍旗地留下一八〇餘烈士遺體。這場戰役，敵軍炮兵司令射手均被砍死，其傷亡慘重。

位於河北省寬城藍旗地的夜襲敵營180位烈士之墳

河北省遵化石門鎮的長城抗戰烈士陵園墳內埋有三十六麻袋忠骸

羅文峪抗戰

日軍經喜峰口一役，服部、鈴木兩精銳旅團遭重創，企圖從喜峰口進入關內的計畫也未能得逞。司令官武藤信義親自到承德，變更戰略，調承德賴古儀一第八聯隊及早川第三十一聯隊，附以騎兵、裝甲車多輛、野炮十餘門、機槍四十餘挺、飛機二十餘架，聯合騎兵炮兵之精銳，總數約五千人，三月十四日從承德出發。向馬蘭關、羅文峪兩處迫近。

羅文峪是喜峰口與古北口之間長城依山勢向南凹進處的一處要塞，東北距喜峰口一百一十華里，在遵化城北八十華里。若被敵軍佔領，不但喜峰口、古北口的後路可能受到威脅，更嚴重的是部署在平東的軍隊將被斷絕後路，敵人便可直取平津。因此，當第二十九軍奉命東進，其先頭部隊到達遵化時，軍長宋哲元就派出第三十七師第一一〇旅第二二〇團第二營配合駐守在這裡的三十八師祁光遠團手槍二連沿洪山口、羅文峪、山楂峪布置警戒。趙登禹二次夜襲敵營二一七團三營營副過家芳又在繳獲敵人的背包中翻出日軍作戰地圖和近期作戰計畫、行進路線、進攻日期、部隊番號等，得知敵軍不久進攻羅文峪的重要訊息，這些資料和地圖由何基灃轉交到第二十九軍軍部宋哲元手中[28]。宋哲元立即調在玉田集結待命的劉汝明暫編第二師跑步到

劉汝明師長負責羅文峪防守，阻止日軍企圖由此進入北平

28 王昭全、張蘊，《蕭振瀛傳》（第二版）（北京：中國國際文化出版社，二〇〇七年），頁二〇三。

羅文峪以逸待勞等候敵軍，比敵人早到兩天。暫編第二師實際只有二個團的兵力，確有困難，於是，宋哲元又下令王治邦一一〇旅從喜峰口疾馳羅文峪支援戰鬥。

三月十五日夜，敵軍抵達半壁山，和我前哨發生衝突。三月十六日晨二時，敵軍先頭騎兵隊，沿半壁山開始向羅文峪正面攻擊，企圖佔領該地最為險要的三岔口。宋哲元得知敵人南犯的消息後，急調張自忠師兼遵化城防司令的第二二八團祁光遠率團星夜趕赴三岔口，一面支援軒繼瀛營，一面以一部繞出三岔口，截擊敵之側背，和敵人激戰五個小時，敵軍勢力減弱。三月十六日拂曉，日軍早川支隊第三十一聯隊附騎兵一連、山炮四門、平射炮六門，機槍二十挺，向羅文峪進行正面攻擊，企圖佔領最險要的三岔口高地。劉汝明師長親自率部支援，與第三十師祁光遠第二二八團共同防守，軍心大振，雙方展開拉鋸，「此得彼失，各不相下」[29]，將前來進犯的日軍擊退。當日晚八時，敵軍再次發起進攻，眾將士士氣高漲，擊斃敵人千餘人，敵人體力不支，敗退而逃。

祁光遠（1903－1951）
河南西平人，第三十八師
二二八團團長

三月十七日清晨八時起，日軍步、炮聯合五六千人，以飛機、大炮作掩護，由半壁山分向羅文峪、山楂峪展開猛攻，其中一部分日寇同羅文峪的祁光遠團作戰，另一部分對負責山楂峪防守的第一團劉福祥營發起進攻。劉營拼死抵抗，與日軍肉搏激戰三小時之久，日軍未能得逞。這時，日軍又增派部隊以煙霧作掩護，在山楂

29 中國國民黨中央委員會黨史委員會編輯，《宋哲元先生文集》（臺北：中央文物供應社，一九八五年），頁二二七。

暫編第二師師長劉汝明

峪口左前方高地長城線上的炮樓進行突擊，劉福祥急調連長張勳賢預備隊進行逆襲，突圍攻敵，守住該地，師長劉汝明率李增志團及特務營趕到前線，伏於山口誘敵深入，待敵臨近陣前，用大刀和手榴彈和敵人「白刃相接，血戰終日」[30]，此時劉汝明的全部兵力均已投入戰鬥。總部得知後，派在第三十七師二二〇團三個步兵連跑步前來，連鄰近的第五十三軍沈克部隊也前往支援。我軍轉守為攻，生擒敵指揮官三人。但第二十九軍也在本日傷亡三四百人，連長張勳賢在對敵人煙幕彈衝鋒混戰中犧牲，王合春營長也不幸死於陣前。

接連受挫的日軍仍不甘心，三月十八日，日軍調集三千餘混合部隊再次發起進攻，師長劉汝明親自率領第一營手槍隊三隊迎戰，我軍佔據長城各要隘有利位置依託城牆、碉堡以手榴彈、機關槍進行頑強抗擊，待敵深入，揮刀殺敵與之肉搏，敵終未得逞。至午時，敵人捲土重來以炮火全力猛攻，日軍步兵向我陣地兩側挺進。劉汝明師第一旅旅長李金田率第二團李增志全團及手槍隊，向三岔口西北部敵軍陣地進行增援，以機槍三十餘架衝鋒三次。在戰鬥過程中李團長在腿部不慎中彈的情況下，仍堅守前線指揮作戰。此時，祁光遠團長率王合春營飛馳支援，一時間我軍士氣倍增，又與敵人肉搏血戰五小時之久，擊退敵人十三次進攻，斃敵四五百名。我軍王合春營幾乎全營覆沒，生還者僅七十餘人，王營長本人在此役中也不幸殉國。

30 中國國民黨中央委員會黨史委員會編輯，《宋哲元先生文集》（臺北：中央文物供應社，一九八五年），頁二二八。

三月十八日夜，劉汝明親臨前線督率所部拼命抵抗，又派李金田率一團由沙寶峪向敵側背繞攻，連越七個山頭，到達敵人機關槍陣地，但在進至快活林附近四、五十米處被時，日軍覺察，雙方交火，「我官兵奮不顧身，拔刀衝入敵陣，砍殺無算」[31]。同時，祁光遠率部從左翼敵軍背後出擊。而此時，劉師長急令各部全線出擊，對敵形成三面包圍之勢，血戰一夜，將三岔口、快活林、古山子、水泉峪、馬代溝一帶敵人全數擊潰，傷敵千餘，繳獲機槍十一架。在擊斃日軍島村少佐的衣袋內搜得偽滿洲國地圖，此圖中偽滿洲國的範圍包含了熱河、察哈爾、河北、山東以及平津，證明了日軍的野心。從死者身上還找到早川支隊由承德向羅文峪出發的命令，獲知日軍出發部隊共有六千餘人，分三支隊。至三月十九日上午，羅文峪以北十華里以內，已無敵蹤。暫編第二師的表現得到南京國民政府軍事委員會的認可，後來正式編入國民革命軍的編制改稱第一四三師，師長劉汝明同宋哲元、馮治安、趙登禹等被授予青天白日勳章。

南開大學師生慰問劉汝明將軍（引自 1933 年鄒韜奮主編《生活畫報》）

在「長城抗戰」中，喜峰口、羅文峪兩地的大捷，展現了第二十九軍和各友軍自衛守土的決心，激發

31〈宋哲元報告日軍進犯羅文峪一帶並為二十九軍擊退電〉（一九三三年三月十五日—二十六日），中國第二歷史檔案館。

了戰地民眾的愛國熱情，從而延緩日軍的侵略腳步，為保衛華北爭取了寶貴的時間。而第二十九軍之所以能有這樣的突出表現，究其原因，主要有二：

一是，第二十九軍官兵上下一致，戰鬥力強。戰士平日注重跑步訓練，故行軍敏捷，並善於夜戰，可以嫺熟運用夜襲戰術出其不意攻擊敵人，削弱敵人的戰鬥力，尤其是具有西北軍特色的大刀隊，經宋哲元改造後，在軍備上沒有坦克、大炮等新式武器的情況，能夠揚長避短，發揮作用。第二十九軍將領則親上前線督戰。在喜峰口戰役最為激烈時，「敵兩萬餘猛力總攻」[32]，總指揮宋哲元在最前線督戰，激勵將士們「以國家民族犧牲者自任」、「有制勝之武器，而持有必死之心，不必負殺敵之名，而求償報國之志」[33]，鼓舞了全軍的士氣。趙登禹旅長提出了「死於前線，為國盡忠」[34]，即使受傷也要指揮戰鬥。

二是，第二十九軍的抗戰義舉，得到民眾的一致擁護。戰事發生時，當地民眾主動為前線戰士供應糧食，充分接濟前方士兵，對於英勇殺敵殉國的大刀隊將士，也自發的展開紀念活動。第二十九軍喜峰口得勝的消息傳出，中央以第二十九軍連挫強寇特令北平軍事分會代委員長何應欽令嘉獎，軍事委員委員長蔣介石「犒賞宋部五萬元」[35]，又手諭邵元沖、傅汝霖及蕭振瀛攜款赴前線犒勞士兵。一般老百姓用行

32〈口外戰事激烈，雙方傷亡奇重〉，《申報》，一九三三年三月十一日，第一版。
33 孫湘德、宋景憲主編，〈第二十九軍華北抗日戰鬥經過〉，《宋故上將哲元將軍遺集》（臺北：傳記文學出版社，一九八五年），頁一六七。
34 蕭振瀛，〈華北紀實初稿〉，《蕭振瀛先生紀念文集》（臺北：世界書局，一九九〇年），頁一六六。
35〈中央傳令嘉獎宋哲元，蔣頒五萬金犒賞〉，《益世報》（天津），一九三三年三月十五日，第二版。

動支援前線將士，以致於「全國各界慰問成狂」[36]。社會各界又送來鐵盔、鋼板等用來防禦的武器，平津各大院校的女學生紛紛到各大醫院擔任看護，救助各軍送受傷官兵，展現了其愛國熱情和犧牲精神。為此，軍團總指揮宋哲元電令各師並轉前方各往後方的官兵，不要辜負全國民眾的讚美和幫助，本著「漢賊不兩立的犧牲精神沉著殺敵，堅持到底，殉國存亡，此正其時[37]。」

劉汝明、俞飛鴻、孔祥熙、宋哲元、龐炳勳、邵元沖（引自 1933 年，鄒韜奮主編《生活畫報》，又見《宋故上將哲元將軍遺集》上冊，臺灣傳記文學出版社 1985 年版，頁二十四。）

1933 年 3 月 24 日宋哲元在喜峰口召開中外記者現場會

36 中國東方學社，《二十九軍長城血戰記》（北京：北平東方學社，一九三三年），頁三十。

37 中國國民黨中央委員會黨史委員會編輯，《宋哲元先生文集》（臺北：中央文物供應社，一九八五年），頁二二五。

喜峰口、羅文峪的抗戰鼓舞了全國人民，上海青年麥新受《申報》感染，創作了〈大刀進行曲〉。一九三三年託申報記者將此歌曲交給二十九軍軍長宋哲元，從此在軍中傳唱。一九三四年初宋哲元宣布軍歌將岳飛的〈滿江紅〉改為〈大刀進行曲〉。一九三四年田漢透過百代唱片公司的業務負責人任光，將〈大刀進行曲〉錄製成唱片，麥新已成為享有盛譽的音樂人。一九三七年八月上海開救亡音樂會，此曲唱響全國，後來歌詞被人將「二十九軍弟兄們」改成「全國武裝的弟兄們」，這是對於歷史的不尊重，今將原稿刊出。

長城抗戰使二十九軍嶄露頭角，喜峰口、羅文峪戰役是宋哲元軍長山西練兵的實踐。一九三三年的抗戰也是對中國北方軍隊的一次檢閱，也考驗了二十九軍各師、旅、團、營、連、排，各骨幹們的戰鬥能力。雖然他們只有大刀和手榴彈，卻以近戰、夜戰的策略戰勝了敵人的機關槍、大炮，從而保住了天津和北平不受侵犯，也使得日軍傷亡慘重，當時日媒曾評論道：「明治大帝造兵以來之皇軍名譽，盡喪於喜峰口外，而遭受六十年來未有之侮辱。

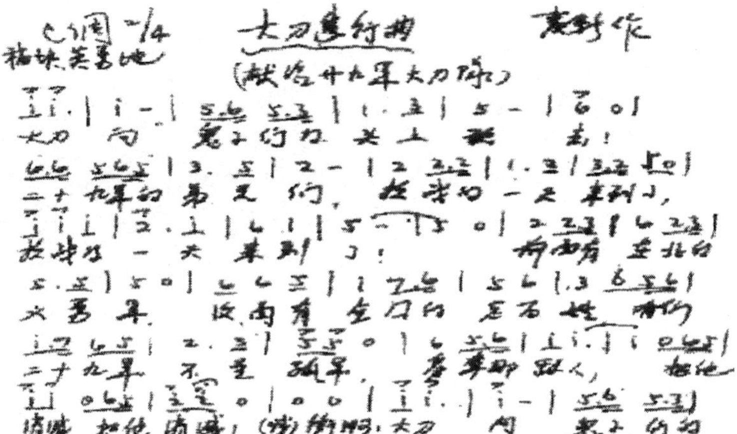

1933 年後，此曲即在二十九軍中傳唱，七七事變後通過上海的救亡音樂會唱遍全國，成為著名的抗日歌曲之一。

日支、日露（俄）、日獨（德）歷次戰役，戰勝攻取之聲威，均為宋哲元破壞殆盡。」[38] 但是二十九軍的損失也是慘重的，參加抗戰的一共只有一萬五千人的戰鬥力，戰死疆場的一千三百九十五人，其中少尉以上六十五人，傷殘者達二千九百多人，幾乎是戰鬥力的三分之一，楊雲峰就是受傷治癒又歸隊的大刀隊員，也是歷史見證人。

楊雲峰（1907 — 2004）河南舞陽人，二十九軍三十七師一〇九旅戰士，最後一名大刀隊隊員。

38 中國東方學社，《二十九軍長城血戰記》（北京：北平東方學社，一九三三年），頁一。

第三章　《塘沽協定》後的華北形勢

第一節　《塘沽協定》的簽訂

北方的各軍將士在長城前線以血肉之軀抵抗著日軍的現代化武器，但由於國力不足，缺乏裝備和補給，中國守軍終於力戰不支。至一九三三年五月中旬，戰事開始轉為不利，隨著冷口被突破，長城守軍腹背受敵，被迫後撤，河北豐潤、遵化、玉田、平谷、薊縣、三河等地隨即被日軍佔領。

國民政府因國力有限被迫與日和談。一九三三年五月初，南京政府任命黃郛為行政院駐平政務整理委員會委員長，負責與日本交涉停戰等問題。五月三十一日，中國代表同意了日方提出的停戰協定草案，一字不改地簽署了《塘沽協定》。協約如下：

1. 中國軍隊一律迅速撤退至延慶、昌平、高麗營、順義、通縣、香河、寶坻、林亭口、寧河、蘆台所連之線以西、以南地區。爾後，不得越過該線，又不作一切挑戰擾亂之行爲。
2. 日本軍爲證實第一項的實行情形，隨時用飛機及其他方法進行監察，中國方面對此應加保護，並給予各種便利。
3. 日本軍如證實中國軍業已遵守第一項規定時，不再越過上述中國軍的撤退線繼續進行追擊，並自動回到大致長城一線。
4. 長城線以南，及第一項所示之線以北、以東地區內的治安維持，由中國方面員警機關擔任之，上述員警機關，不可利用刺激日軍感情的武力團體。

5.本協定蓋章後，即發生效力。

《塘沽協定》實際上承認了長城是中國與偽滿洲國的國界線，根據此協定，長城以南的遷安、豐潤、寧河、通縣、寶坻、薊縣、香河、昌平、順義、密雲、懷柔、遵化等冀東二十二縣劃為「非武裝區」，中國軍隊需撤至延慶、通縣、蘆台一線以西、以南地區。

《塘沽協定》的簽訂，表面上停止了日本關東軍的攻勢，避免了平津的淪陷，卻並未能解除華北的危機，甚至可以說又孕育了新的危機。

一是，協議將華北的冀東地帶劃為停戰地域，造成了中國領土的又一次割裂，日本也有了山海關內肆意施行顛覆活動的基地。依據協定，日軍從冀東中國主權地區撤退，但是，中國僅能從表面上接受其行政，軍隊不能進駐，因而形成一個特殊地帶——日本浪人、漢奸、毒梟及其他不法分子的聚集區——成為了華北的毒瘤。正如中國國民黨華北特派員方覺慧向國民政府所報告：

《塘沽協定》制定之非戰區，中國政權不能在內充分行使，因之戰區遂成藏垢納汙之藪，失意軍人漢奸盜匪肆

1933 年 5 月 31 日，軍事委員會北平分會代表熊斌與日本關東軍代表岡村寧次簽訂《塘沽協定》。

意活動，日人毒品公開銷售，我國政府無力予以制裁。為此問題，華北當局雖與日方數度交涉，但至今尚不得解決方案。蓋日人欲操縱我華北，則不願吾人有安寧之秩序與穩定之政權也，故戰區問題一日不能解決，則華北將永受其威脅。

二是，協議為日軍預置了自由侵入中國華北領土的藉口。協議的第二條規定日軍可用飛機或「其他方法」，視察中國軍隊之行動。當時天津《益世報》即曾指出：「條文中最大危險且最大恥辱處，在『其他方法』幾字。」並擔心道：「何謂『其他方法』？今後大隊日兵進駐平津，作為視察，河北省政府以日本軍隊駐紮，實行視察，此固其他方法之一。今後日本方面派人點驗中國軍隊，派人搜檢中國居民，實行視察，此固其他方法之一。『其他方法』四字包括無窮。今後日本的妙用，當然無窮。」

第二節　察哈爾抗日同盟軍與第二十九軍擴軍

「中原大戰」結束，馮玉祥統率的數十萬軍隊土崩瓦解，他被迫到泰山隱居讀書。在讀書期間，馮玉祥一直尋求機會，打算東山再起。他通過設在三陽廟的私人電臺和前來拜訪的友人，與舊部宋哲元、韓復榘以及其他地方勢力如李濟深、李宗仁、白崇禧，甚至國民黨內部的胡漢民等均頻繁往來，密切聯繫。此時日軍不斷進犯，國民政府接連妥協，人民怨憤加重，收復失地、抗日救亡的呼聲響遍全國。尤其是日本利用《塘沽協定》界限模糊的漏洞，圖謀察哈爾省。六月初，日偽軍一路由多倫進犯寶昌、康保，而後南趨東北，一路由沽源南侵獨石口，佔寶昌、康保。僅僅數日，日軍就佔領察省東北部四縣，並擬從張北直趨

馮玉祥組建抗日同盟軍

察哈爾民衆抗日同盟軍第二軍軍長吉鴻昌

省會張家口。在此形勢下，馮玉祥發出倡議，要求全國上下一致，抗戰救國，以武力收復國土。一時間，馮玉祥得到了許多人士的擁護。蔣介石獲悉馮玉祥的一系列政治活動後，便採取各種辦法對其加以限制，授意韓復榘更換了馮玉祥的衛兵。這招致了馮玉祥更大的不滿，一九三三年初，馮玉祥向宋哲元訴苦抱怨。於是，宋哲元將馮玉祥接到了張家口。

日軍進犯熱河，時任察哈爾省主席兼第二十九軍軍長的宋哲元，奉命離開察哈爾，率領主力前往長城一線抗戰，於是將察哈爾省的省會張家口和馮玉祥的安全，交予警備處處長佟麟閣負責，並留一千五百士兵供佟麟閣調遣。馮玉祥到張家口後公開舉起抗日大旗，招攬舊部。

馮玉祥用朱慶瀾（字子橋）在北平、上海等地募捐的幾十萬元經費，一度招收了十餘萬軍隊，組成察哈爾民眾抗日同盟軍，自任總司令。他的兵源，主要由以下幾部組成：一是宋哲元留守察哈爾省、保衛馮玉祥的少數人馬，被稱為第一軍，佟麟閣任軍長。同時，他還被馮玉祥任命為察哈爾省主席。二是吉鴻昌的所帶軍隊編為第二軍。三是方振武的抗日救國軍（人數較多，約二萬人，方振武任參謀長）、孫良誠的騎兵挺進軍、綏

抗日救國軍總指揮方振武

喜峰口戰後，宋哲元回任察哈爾省主席，馮玉祥親往車站迎接。

遠的地方部隊。如察哈爾自衛軍總指揮兼察哈爾省警備司令張礪生的地方部隊。四是由熱河退下來被收編的義勇軍。其中馮占海原任東北義勇軍吉林自衛軍總司令，現任第四路總指揮。五是反正的偽軍及雜牌軍，其中，劉桂堂任第六路總指揮兼察東游擊司令。

馮玉祥領導下察哈爾民眾抗日同盟軍兵源複雜，番號建制不統一，裝備亦相差懸殊。據馮玉祥自述，抗日同盟軍總數有十二萬人，但三分之一的士兵為徒手。時間不久，抗日同盟軍各派系矛盾增加，軍費也日漸匱乏。由於馮玉祥在察哈爾省不僅下令停止國民黨黨費，還曾拘捕國民黨黨員及政工人員，國民黨黨部因此被迫撤出察省，並將所有政治犯一律赦免。這引起了蔣介石為代表的國民政府的不滿，在蔣介石看來，抗日禦侮應該在整個國防計畫下進行，在抵抗的條件尚未具備，抵抗的時機尚未成熟之前，馮玉祥的局部抗日不僅無助於國土的保全，相反會成為日軍擴大侵佔中國國土的口實。馮玉祥趁國民政府任命的察哈爾省主席宋哲元出征抗日之際，撤換察省官員，並且在正規國防建制之外，擅自成立了察哈爾民眾抗日同盟軍，不免有借抗日之名而行割據之實的嫌疑。在馮玉祥多次拒絕蔣介石勸其取消同盟軍之後，蔣介石決定對馮玉祥採取經濟圍困、分化瓦解與軍事進攻等措施。時任北平軍分會代理委員長何應欽下令龐炳勳、關麟徵、馮欽哉等部，分三路圍攻馮玉祥的抗日同盟軍。不久，又切斷了外界對同盟軍糧食與彈藥的援助通道。

宋哲元本為馮玉祥舊部，他雖然不贊成馮玉祥另立山頭抗日，但也不贊成進攻馮玉祥。據當時第二十九軍參議張俊聲在〈宋哲元與抗日同盟軍〉一文中的回憶，得知龐炳勳要進攻張家口時，宋哲元非常擔心，並舉行了第二十九軍首腦會議。張自忠、馮治安、劉汝明、秦德純等出席，一致決議：如果龐炳勳膽敢進攻馮玉祥，第二十九軍即以全力消滅龐炳勳，並作了相關部署。同時，宋哲元派秦德純回張家口和馮玉祥談了一夜，將當時的嚴峻局勢告知馮玉祥，並請馮玉祥回泰山五賢祠。

當時，抗日同盟軍的形勢愈加窘迫，同盟軍斷絕了經濟來源，大量人馬的吃飯住宿都解決不了，同盟軍內部也出現了裂痕。再加上東北義勇軍司令鄧文在妓院被殺，方振武和馮玉祥互相不信任，何應欽分別派遣龐炳勳、孫殿英等部壓迫同盟軍。在國民政府、日偽軍及內部壓力之下，馮玉祥被迫辭去總司令等職務。他提出，雖然可以完全收縮抗日同盟軍的軍事，並將政權歸於政府，收復的國土交於國人，但是，請求國民政府即令原任察省主席宋哲元回察哈爾，接收一切，辦理善後。獲允後，馮玉祥離開了張家口，再次前往泰山隱居。

馮玉祥離開後，抗日同盟軍內部發生了嚴重分裂，其中大部分人員接受宋哲元改編。宋哲元既有保存同盟軍的條件，更因為在參加「長城抗戰」時，第二十九軍損失很大，尤其是喜峰口、羅文峪戰役，傷亡達全部戰鬥力的三分之一，於是接收了抗日同盟軍的有生力量約三萬人，將其編入二十九軍。

在一九三三年間，第二十九軍曾有兩次擴編。第一次是「長城抗戰」後，國民政府因第二十九軍戰功赫赫，尤其是旅長趙登禹衝鋒陷陣，受傷不退，故核准該旅增編為第一三二師，並提升趙登禹為師長，但是提職不增兵。第二次就是收編察哈爾抗日同盟軍。北平軍事委員會分會決議，由宋哲元負責收編民眾抗日同盟軍部隊，再加上湯玉麟殘部也自動要求收編，於是第二十九軍的員額一時為之大增。自此，宋哲元領導的第二十九軍的軍事力量得以加強，各師增加了獨立旅等。當時，張自忠要求額外再增加兩個團，馮治安不同意、趙登禹也不同意，於是他們去找蕭振瀛，要求要增就一起增。最後，宋哲元同意各師都增。實際上，張自忠仍是增軍最多，其中即包括阮玄武及其所部人員（但是張自忠仍然不滿意）。士兵待遇上有所改善與提高，從此之後，第二十九軍戰士到了冬天可以穿上棉鞋。武器裝備上，也得到了極大改善，不再是以前的大刀加手榴彈。尤其是湯玉麟交出了東北軍裝備後，第二十九軍自此也有了機關槍、大炮等武器。第二十九軍的人員在短時間內一度膨脹，但是由於宋哲元編遣得法，嚴於淘汰，所以獲得新鮮血液的第二十九軍依然能夠維持其優良傳統——質樸素質與強韌的戰鬥力。

一九三三年「長城抗戰」時，中央軍與北方的三十多萬雜牌軍隊都參與了戰鬥，包括晉軍的商震，西北軍的宋哲元，東北軍的萬福麟以及雜牌軍孫殿英，都是拼命地抵抗。孫殿英的部隊甚至手拿方天畫戟，外號「花子兵」，這樣的軍隊也在赤峰與日軍拼了一場命。而手持大刀，靠夜行軍、急行軍的宋哲元部隊取得了喜峰口、羅文峪戰鬥的勝利，使平津免於淪陷，但是冷口和古北口卻被日軍突破，最後國民政府與日軍簽訂了屈辱的《塘沽協定》。宋哲元領導的第二十九軍在喜峰口、羅文峪打出了中國軍隊的威風，也使日軍對這支部隊很有戒心。

日軍為繼續向華北滲透，便不斷找碴，製造華北亂局。宋哲元在馮玉祥回泰山後才回任察哈爾，一方面力求穩住日寇，另一方面盡力擴充勢力，準備抗敵。除原有三個師以外，接收一部分抗日同盟軍，總計部隊人數增加到四萬人左右。一九三四年十一月十六日至

任平津衛戍司令的宋哲元

一九三五年一月二日，日軍勾結漢奸土匪，以陸空軍向察哈爾東部區的進攻，均被擊退。日軍將宋哲元領導的第二十九軍視為眼中釘，企圖將第二十九軍擠出察哈爾，便在張北和察哈爾東部蓄意製造事端，向時任察哈爾省主席的宋哲元不斷地施加壓力，並向南京當局聲稱二十九軍對「皇軍」威脅很大，應離開察哈爾。時任行政院駐北平政務整理委員會委員長的何應欽為了避免衝突，曾請示行政院更換察哈爾主席，並向蔣介石建議，調第二十九軍到江西剿共。在軍隊調動命令尚未發表前，行政院於一九三五年六月十九日下令免去宋哲元察哈爾主席的職務。這位一九三三年「長城抗戰」的民族英雄因為維護國家主權，反倒被撤職，宋哲元得訊後憤而回到天津「養病」，撂下一句——「誰再相信蔣介石抗日，誰就是傻瓜混蛋。」宋離職之後，由秦德純任省主席，何應欽命令他簽了《秦土協定》。

一九三五年六月九日，日本以「河北事件」為藉口，日本華北駐屯軍司令官梅津美治郎向時任北平軍分會代理委員長的何應欽遞交「覺書」，七月六日，何應欽回覆答應日本一切條件，史稱《何梅協定》，由此國民黨中央軍勢力以及東北軍撤出河北，平津地區出現權力真空。六月二十八日，奉天特務機關長土肥原賢二策動漢奸白堅武、潘毓桂和石友三打著「華北正義自治軍」的旗號，發動叛亂，從豐台進攻北平，妄圖組織一個親日政權。在危機時刻，蕭振瀛向蔣介石請示後，第二十九軍三十七師在師長馮治安率領下跑步進入北平四郊，彈壓了漢奸宵小的叛亂。第二十九軍由此進入平津地區，國民政府於八月二十八日任命第二十九軍軍長宋哲元為平津衛戍司令兼北平市長。

自《何梅協定》之後，蔣介石的中央軍撤到了河南，東北軍也撤出了河北省，宋哲元領導的第二十九軍成為冀察、平津地區僅存的中國軍隊。但是日軍並不滿足於此，其分離華北的陰謀仍然繼續實施。在日軍的步步緊逼下，華北地區局勢已非常危險。宋哲元在此時進駐冀察、平津地區十分艱難，外有咄咄逼人的日軍，內有與蔣介石多年的宿怨，宋哲元與二十九軍是在夾縫中求生存。

「長城抗戰」之後，因在喜峰口、羅文峪戰鬥中立功，趙登禹由一○九旅旅長晉升為一三二師師長，劉汝明的暫編第二師也正式納入國家編制，劉汝明晉升為一四三師師長。至一九三七年七月，第二十九軍已經發展為擁有四個陸軍師、一個騎兵師，及一些地方保安部隊的雄踞華北的地方軍事勢力。宋哲元任軍長（兼冀察政務委員會委員長、綏靖主任），秦德純任總參議（兼北平市長），佟麟閣本在香山讀書，因華北防務急需軍事幹部，從一九三六年六月佟加入二十九軍，經各師長同意，秦德純將副軍長之職讓給佟（佟實為軍訓團長），張樾亭任參謀長，張克俠任副參謀長，形成如下的指揮系統[1]：

馮治安任三十七師師長（兼河北省主席），許長林任副師長，下轄四個旅：陳春榮旅（一○九旅）、何基灃旅（一一○旅）、劉自珍旅（一一一旅）、張凌雲旅（獨立二十五旅）、孫玉田特務旅（駐防北平南苑軍部）；

張自忠任三十八師師長（兼天津市長），李文田任副師長（兼天津市警察局長），王錫町為副師長（負責在北平南苑訓練新兵），下轄五個旅：黃維綱旅（一一二旅）、劉振三旅（一一三旅）、董升堂旅（一一四旅）、李九思旅（獨立二十六旅，因李久思前往廬山受訓，由李致遠代理）、阮玄武旅（獨立三十九旅）；

趙登禹任一三二師師長（兼河北省保安司令），下轄四個旅：劉景山旅（一旅）、王長海旅（二旅）、石

1　參考吳錫祺、王式九〈宋哲元及其所部在抗戰初期的活動〉一文，轉述秦德純對蔣介石的彙報，談到「有的師擴充爲四個旅，有的擴充爲五個旅，每旅三個團，連同保安部隊，不下八十個團」的話。

振綱旅（獨立二十七旅）、柴建瑞旅（獨立二十八旅）；

劉汝明任一四三師長（兼察哈爾省主席），下轄四個旅：李金田旅（一旅）、李曾志旅（二旅）、劉汝明旅（獨立四十旅）、田溫其旅（獨立二十九旅）；

鄭大章任騎兵第九師師長，下轄三個旅：張德順（騎兵第一旅）、李殿林（騎兵第二旅）、姚景川（騎兵第十三旅）。

石友三任冀北保安司令，下轄二個保安旅。

第二十九軍將領合照

張樾亭小傳

張樾亭（一八八九－一九七二），字祖蔭，河北薊縣人（今屬天津）。幼年在本鄉讀私塾，後入保定東關直隸陸軍小學、北京清河第一陸軍中學學習。一九一二年考入保定陸軍軍官學校第一期步科。一九一四年八月，保定軍校畢業後被分至曹北陸軍第三師任見習排長，後升任連副。

一九二一年二月十四日，曹錕組建直魯豫巡閱使署衛隊旅，調孫岳為旅長。張樾亭任該旅連長。第一次直奉戰爭後，該旅曹士傑團擴編第十六混成旅，張樾亭任營長。一九二四年北京政變後，張隨孫岳加入國民軍，從此轉入馮玉祥部任職。先後任西北邊防軍督辦公署參謀處主任參謀、國民軍作戰部主任參謀。

中原大戰之後入陸大六期學習，被戴笠看中，後秘密加入了復興社（又稱「藍衣社」），為軍統前身）。一九三二年九月完成學業後，參加二十九軍，任三十七師參謀長。在此期間，張樾亭根據第二十九軍實際情況，編寫了戰術系統教材，得到宋哲元、馮治安等賞識。

一九三五年一月中日雙方在龍門所發生戰鬥，日軍被擊退，二月雙方於大灘舉行會商，張樾亭是重要負責人之一，雙方恢復戰鬥前接觸線。一九三六年一月，二十九軍參謀長張維藩調任平綏鐵路局局長，張樾亭調升第二十九軍參謀長。一九三八年一月，張樾亭任三十三集團軍副參謀長，抗戰勝利後任軍事委員會高參。一九四六年七月三十一日授陸軍中將。

中華人民共和國成立後，張樾亭任開封市政協委員，編寫了大量二十九軍的文史材料，揭露了二十九軍很多內幕。

一九五七年，被打為右派分子，一九七二年在勞改坊病逝。

第四章　日本的誘降與偽冀東防共自治政府

《塘沽協定》簽訂後，南京國民政府客觀上承認了長城是中國與偽「滿洲國」的國界線。然而，日本沒有因此停下侵略的腳步，國民政府的一再妥協和退讓更加助長了日本法西斯分子吞併華北的野心。其侵略華北的策略包括軍事、外交、經濟等多個方面。

第一節　日本策動華北分離

吞併華北是日本的既定國策，而如何實施這一計畫，當時在日本形成了兩派意見：一派主張武力奪取華北；另一派主張採取政治誘降的策略，誘導華北地區仿效「滿洲國」形式，擁立一個「華北王」，脫離南京國民政府。

日本在一九三三年時尚未完成戰爭動員，如果採取武力侵略的方式，僅憑日本關東軍難以發動征服中國的戰爭。在進攻熱河的過程中，就已經暴露日本關東軍兵力的單薄，「僅以兩個師團為基幹的關東軍，面對數倍的中國軍，兵力懸殊」[1]，並且，繼續武力侵略的話，還會侵犯英美的在華利益，因此，日本不得不考慮國際社會的壓力。日本關東軍司令官武藤在對熱河作戰的訓示中就指出過：「熱河問題原係滿洲國內問題，不僅不具有任何國際意義，其討伐肅清亦係對反滿抗日分子的打擊。今彼等將熱河與華北等量齊觀，並將正規軍開進省內，同時大肆宣傳帝國對其侵略，以聳世界視聽[2]。」同時，日本還考慮到軍事侵佔的成本問題。與動員大批軍隊武力侵略相比，進行誘降的代價則較低，同時又為日本準備全面戰爭贏得了時間，所以日本決定誘降，首先是推行「華北分治」策略。以「華北自治」為口號，進行「分離華北」的行動。

其實，早在「長城抗戰」前，日軍就已經開始策動華北分治的陰謀。日軍中的三名「中國通」板垣征四郎、多田駿與土肥原賢二是這一計畫的急先鋒。

板垣征四郎

板垣征四郎時任關東軍高級參謀，曾與石原莞爾等在共同策劃「九一八事變」後升為陸軍少將，並任偽滿洲國執政顧問。一九三三年二月十三日，板垣奉命到天津設立特務機關，任特務機關長，目的是分離華北。

此時正是關東軍向長城以南地區侵犯之時。板垣乘關東軍關內作戰之機積極策動「華北分治」，他把華北的中國軍政要員分為四派：蔣派、

1 土肥原賢二刊行會編，《土肥原賢二秘錄》（中華書局，一九八〇年版），頁十七。
2 同上注。

反蔣派、現狀維持派、首鼠兩端派。當時天津特務機關的陰謀是鼓動宋哲元、張作相、張敬堯等人反蔣獨立，以張敬堯在北平舉行武裝政變為導火線，用舊軍閥軍隊佔領北平，建立親日政權，推舉段祺瑞、吳佩孚、孫傳芳上臺。根據日本駐南京總領事須磨吉郎的調查，截至一九三三年五月，板垣已耗資三百萬元，這些費用均由日本陸軍省承擔。

然而，天津特務機關的陰謀並未收到預期效果。段祺瑞為避免板垣的糾纏，於一九三三年二月一日自天津遷居上海。同樣，吳佩孚、孫傳芳也不理會板垣的要求，張敬堯拿了板垣三十萬銀元，潛往北平從事非法活動，五月七日在北平東交民巷六國飯店被愛國人士刺殺[3]。這件事使得板垣物色的其他人物聞風喪膽，更使得天津機關的陰謀遲遲不得進展。五月二十一日，天津特務機關在給關東軍參謀長的電報中也不得不承認，分治計畫困難很多，進展不大。到了五月三十一日《塘沽協定》簽字後，板垣不得不暫時停止「華北分治」的策動。

多田駿是偽滿洲國軍隊第一任最高顧問，一九三五年七月二十二日接替梅津美治郎任日本天津駐屯軍第二十三任司令官[4]。八月十九日，多田到津後立即分析情況，認為當時在華北掌握兵權的有北平的宋哲元、山西的閻錫山、濟南的韓復榘和保定的商震。通過某些方法，把這四個人掌握起來，使之互相合作，

3　吉野直也，《天津軍司令部》（圖書刊行會，一九八九年版），頁一九九。
4　吉野直也，《天津軍司令部》（圖書刊行會，一九八九年版），頁二〇四。

多田駿

便可以建立一個強大的政權[5]。多田在分別對宋哲元、閻錫山、韓復榘、商震等進行試探後提出了方案：「由你等四人同意，與滿洲緊緊握手，可以成立一個新的政權。如果成立了新政府，華北就會很快繁榮起來。萬一和蔣介石有了摩擦，日本將充分支持新政權，請不必為此擔心。你們是否有意建立一個不仰承南京中央政府鼻息的新中立政權？」

不過，宋哲元等四人的回答卻如出一轍：對於建立一個中立政權都基本同意，並且都表白自己並不排日，對於日本竭力扶植的滿洲還可以給予幫忙；對於新政權只要其他三人贊成的話，自己一定積極配合。多田根據這些答覆，認為新政權很快就能成立，然而，事實上卻沒有取得進展。

多田用秘密拉攏未見成效，就轉而採取公開的鼓動。九月二十日，多田在其天津官邸，召集平津的日本新聞記者聚餐，發給題為《對華之基本觀念》的小冊子[6]。小冊子公然鼓吹反對國民政府，妄稱要把華北建成「中日兩國人民共存共榮的樂園」。

隨後，多田又於一九三五年九月二十四日在日本新聞記者聚餐會上鼓吹：「逐漸使華北形成日『滿』華並存的基礎」、「為了把國民黨和蔣政權從華北排除出去而行使武力，也是不得已的事情」、「我軍對華北態

5 土肥原賢二刊行會編，《秘錄土肥原賢二》（日本：芙蓉書房，一九七二年版），頁二八四—二八五。
6 〈國內時事〉，《時事月報》，頁一五七。

度有以下三點：（一）把反滿抗日分子徹底地驅逐出華北；（二）華北經濟圈獨立（要救濟華北的民眾，只有使華北財政脫離南京政府的管轄）；（三）通過華北五省的軍事合作，防止赤化。為此，必須改變和建立華北政治機構；總之，必須對組織華北五省聯合自治團體的工作予以指導[7]。」

多田以《對華之基本觀念》的小冊子及談話的方式，宣布了日本分治華北的方針，要成立華北五省聯合自治體，並不惜用武力使華北變為第二個「滿洲國」。當一九三五年九月二十五日日文報紙《京津日日新聞》刊出這個聲明及小冊子的大部分內容後，引起了極大反響。中國各界愛國人士無比憤慨，國民政府也通過外交途徑向日方提出交涉。日本政府懾於中外的輿論壓力及國民政府的質問下，不得不進行掩飾，說什麼「該小冊子不足代表日本之意見，僅係多田個人所交付參考之小印刷物」。日本外務省也向中國駐日大使蔣作賓表示：該小冊子並非代表其本國政府及軍部之意思[8]。

事實上，日本軍部及內閣正決定加速「華北分治」的策動，在多田小冊子發表的同一天即九月二十五日，日本陸軍省發言人表示：「日本陸軍以武力驅逐國民黨及蔣介石政權於華北之外是不可避免的。」同時還宣布了陸軍對華政策的三點意見：「（一）驅逐華北的反日反滿分子；（二）華北在經濟上脫離南京，自行獨立；（三）經由華北五省軍事的合作，以阻止共產主義的蔓延[9]。」

7　秦郁彥，《日中戰爭史》（東京：河出書房新社，一九六二年），頁五六—五七。
8　《時事月報》，第十三卷第四期，頁一五七。
9　李雲漢，《宋哲元與七七抗戰》（臺北：傳記文學出版社，一九八一年），頁九八。

多田的分離華北言論不僅反映軍部誘降派的思想，而且也得到了陸軍大臣和日本內閣的支援。一九三五年九月四日新上任的陸相川島義一，一直積極支持關東軍與天津駐屯軍侵略華北的陰謀活動，他綜合陸軍各方面的意見，擬定了「鼓勵華北自主案」。九月二十八日，川島將此案帶到內閣會議上並通過。十月四日的內閣會議上，川島提案與外相廣田弘毅之「對華三原則案」同時正式通過。「對華三原則案」內容為：中國取締一切抗日運動，實現中日親善提攜；中國承認偽滿洲國，實現中日「滿」經濟合作；中日共同防共。此後，日本外交人員開始向南京國民政府展開「廣田三原則」的交涉，而關東軍與天津駐屯軍則在華北積極煽動「華北自治」運動。日本各方的相互策應，直接造成了一九三五年的華北危機。

土肥原賢二在「九一八事變」前任奉天特務機關長，事變後任奉天市長，參與策劃了建立偽滿洲國的陰謀活動。

一九三三年，土肥原再度任奉天特務機關長，「隸屬於關東軍司令官，他的任務不只在奉天，而且握有對熱河省、山海關、通縣、唐山等地特務機關的全部指揮權[10]」。

一九三四年四月十八日，土肥原假借「華北人民愛國協會」的名義，向東京參謀本部提出一份「挽救華北」的機密建議案。他認為，「當前急迫的問題是華北新政權的建立」。依照土肥原的設計，這個「華北新政權」在由李際春、石友三、白堅武等人聯合推翻中央政府及國民黨在華北的勢力之後建立，領地包括北方大部分地區。「新政權」的軍隊稱為「定國軍」，其總司令人選為吳佩孚

10　土肥原賢二刊行會編，《秘錄土肥原賢二》（日本：芙蓉書房，一九七二年版），頁二八三。

土肥原賢二

11。土肥原這個建議案體現了關東軍對華北的一貫政策——分而治之。關東軍在「九一八事變」後，對分治華北制定了三個步驟：第一步是要求國民黨與中央軍隊退出，使華北政權成為真空；第二步是選擇傀儡對象，使自治實權落入日軍之手；第三步是全面壓迫南京政府，使其不得不承認日本在華北五省有指導地位。

土肥原在華北的活動也正是依據這三個步驟進行的。一九三五年五月，日本天津駐屯軍製造河北事件時，關東軍認為此時正是實施第一個步驟之好機會，藉口熱河西南「國境」地帶中國方面的反「滿」事件日益嚴重，於六月十一日以電報指示土肥原，令其在最短時間內使宋哲元撤退至黃河以南地區[12]。土肥原即強迫察哈爾省政府代理主席秦德純於六月二十三日簽訂了《土肥原—秦德純協定》。察哈爾當局被迫承諾：第二十九軍部隊撤出察北五縣，國民黨黨部撤退，禁止反日團體活動，以及允諾不再向察哈爾北部移民[13]。

11〈東京國際軍事法庭戰犯審判記錄：（附件）〉，原編號爲瀋陽機密第一二二號，審判記錄文件編號爲一七六三—A。

12 土肥原賢二刊行會編，《秘錄土肥原賢二》（日本：芙蓉書房，一九七二年版），頁二六六。

13 島田俊彥等，《現代史資料》（日本：山鈴書房，一九六四年版），頁四九一。

第二節　土肥原賢二赴華北策動「華北自治」

「分治華北」戰略完成第一步，關東軍和天津駐屯軍在由誰執行第二步，即選擇傀儡的問題上出現不同意見。

日本天津駐屯軍司令官多田駿認為，下一個步驟由天津駐屯軍來實行就可以了，沒有必要再派土肥原前來。而關東軍順利拿下東北之後，想一鼓作氣拿下華北。

關東軍和天津駐屯軍爭當侵略華北的「排頭兵」，中國的國土主權竟成為日本軍國主義分子爭寵邀功的籌碼。

當時關東軍的級別比天津駐屯軍高，關東軍司令官南次郎稱：「由天津軍（即天津駐屯軍）司令官負責建立新政權是妥當的，但其中應包括關東軍的要求，同時為進一步密切兩軍的聯繫，特將土肥原借給天津駐屯軍。」這樣，土肥原就以協助多田司令官的名義來到了天津[14]。

關東軍司令官南次郎

一九三五年十月，土肥原奉南次郎之命來天津，他赴津有兩項使命，一為實現華北自治，二為誘使內蒙獨立[15]。土肥原此次的計畫是：「第一步先說服並切實掌握殷汝耕；第二步在宋哲元、閻錫山、韓復榘、商震四人中選擇突破口，首先切實掌握其中之一人，使之與冀東結合起來成立一個新政權；第三步再

14 土肥原賢二刊行會編，《秘錄土肥原賢二》（日本：芙蓉書房，一九七二年版），頁二八三。
15 同上注，頁四五二。

將其他三人包括進來。」

土肥原認為殷汝耕是真正的親日派，說服他不成問題，而在宋哲元、閻錫山、韓復榘、商震這四個人中，土肥原首先看中了宋哲元，他認為宋哲元的勢力範圍，「包括了天津、北平這兩個華北政治、經濟重地，而且最鄰近『滿洲國』。如與冀東的殷汝耕攜起手來最為理想……」土肥原將此計畫上報關東軍，批覆為：「最遲十一月中旬，對宋哲元的工作必須搞出頭緒[16]。」於是，土肥原就按此計畫再次策動宋哲元。當時擔任國民革命軍第二十九軍軍長兼平、津衛戍司令的宋哲元，在冀、察兩省及平、津兩市有較大勢力。宋哲元不是蔣介石的嫡系，並曾參加過馮玉祥的倒蔣活動。因此，日寇認為他是實現「華北自治」最理想的傀儡人物，於是，對他極盡拉攏威脅之能事。土肥原為了追蹤宋哲元，特意在北平和天津設立了兩個公館。如宋哲元到天津看望母親，土肥原也追到天津。

高橋坦

當時任北平市市長的秦德純戰後在東京國際軍事法庭上作證時曾說：一九三五年在宋哲元擔任衛戍司令後，土肥原曾多次到華北來，煽動組織華北自治政府，使華北脫離中央。他曾對天津市長蕭振瀛提出：（一）宋哲元應通電全國，宣布華北自治政府成立；（二）當時留在華北的中央政府宣傳人員必須從華北撤退；（三）平、津地區的輿論應予控制，任何反對自治運動的言論必須制止；（四）日本支持宋哲元為華北

16　土肥原賢二刊行會編，《秘錄土肥原賢二》（日本：芙蓉書房，一九七二年版），頁二九〇。

自治政府的首腦；（五）日本將擴大對華北的軍事和經濟援助[17]。

後來，土肥原和北平的日本特務機關長以及日本大使館武官高橋，又把這些要求向宋哲元和蕭振瀛本人當面正式提出。一九三五年十月四日，日本內閣通過了外相廣田弘毅八月五日提出的「對華三原則」（史稱「廣田三原則」）之後，就更加緊了這方面的陰謀活動。

在此之前，土肥原九月來北平時，已要求宋哲元組織自治政府，由日本予以「軍援」、「經援」，被宋哲元拒絕。此次來津時，又向宋哲元要求兩項：政治方面，通電設立華北自治政府，將南京所任命之華北官員，一概罷免，並控制平、津及華北自治之言論；經濟方面，建築津石鐵路，修改津海關進口稅則，便利日貨輸入，打擊英美貿易。宋亦予以拒絕[18]。土肥原正在積極策劃組織華北「自治政府」之時，國民政府卻於十一月三日宣布幣制改革，這無疑給日本對華經濟侵略造成了巨大障礙。

第三節　偽冀東防共自治政府

蔣介石與宋哲元等的態度，使土肥原「分離華北」的計畫陷入窘境。在此情況下，土肥原於是轉而策動灤榆兼薊密區行政督察專員殷汝耕。土肥原之所以選擇殷汝耕，不僅因其擔任著非戰區（非武裝區）要

17　復旦大學歷史系中國近代史組編，《中國近代對外關係史資料選輯（一八四〇——一九四九）》下卷第一分冊（上海人民出版社，一九七七年版），頁二八四——二八五。

18　《東京國際軍事法庭戰犯裁判訴訟記錄》，頁二三一四——二三一六、二七〇二。

職，更主要的是殷與日本帝國主義早有密切關係。

殷汝耕早在留學日本早稻田大學時，就通過他的日籍妻子與日軍政界要員取得了聯繫，並得到他們的賞識。一九三二年上海「一・二八事變」時，殷正在上海擔任國民黨市政府參事，他曾代表市長吳鐵城與日方談判，簽訂了喪權辱國的《淞滬協定》。一九三三年《塘沽協定》簽訂後，蔣介石在日寇極力薦舉下派殷汝耕擔任戰區的薊密區行政公署專員，後又將灤榆、薊密兩區的領導職務聚於他一身。在此期間，殷汝耕向其日本主子卑躬屈膝，竭力討取主子的歡心，以便以日寇為靠山，實現其飛黃騰達的政治野心。因此，當土肥原提出由他首先宣導「華北自治」時，殷汝耕受寵若驚，欣然從命。十一月二十三日，土肥原與殷汝耕在天津日租界某旅館密謀策劃，決定首先在冀東建立脫離國民政府的傀儡政權。

殷汝耕

十一月二十四日晚，殷汝耕匆忙趕回通縣老窠，當即以「冀東防共自治委員會」委員長名義發表宣言。聲稱：「自本日起（即十一月二十五日），脫離中央，宣布冀東自治，樹聯省之先聲，謀東亞之和平[19]。」同時向宋哲元、韓復榘、商震、蕭振瀛、徐永昌、傅作義、秦德純、程克等發出了類似的通電。

一九三五年十一月二十五日上午八時，殷汝耕在通縣薊密區專員公署召開了「冀東防共自治委員會」

19 《益世報》（天津），一九三五年十一月二十六日，第二版。

張仁蠡

成立大會。到會者有：該會外交處長霍實、民政處長張仁蠡[20]（兼秘書處長）、財政處長趙從義、保安處長董鳳翔、教育及建設處長王廈才、委員張慶餘、張硯田、李海天、趙雷、李允聲、池宗墨、殷體新等。會上由殷汝耕宣布由即日起開始辦公，所有薊密、灤榆兩區行政專員公署同時停止辦公，限月底移交完畢。並將薊密專員公署牌額換成「冀東防共自治委員會」。大會還作了如下決議：（一）設立監理處，監理冀東二十二縣[21]交接事宜。（二）設立冀東二十二縣稅款接受委員會，接收各縣稅收。（三）在唐山設立「冀東防共自治委員會辦事處」。（四）派霍實赴北平日大使館及武官室，殷體新赴天津駐屯軍司令部及領事館，向其說明：（1）本會成立經過；（2）脫離中央宣布自治；（3）盡力維持地方治安；（4）負責保護僑民等。至上午十時許散會。霍實、殷體新當日即赴平、津，向日方彙報。

大會成立後，殷汝耕對中外記者宣布他的施政綱領，主要內容是：（一）該會所屬區域未考慮易幟。（二）所屬二十二縣稅收，縣方每年二百八十餘萬元，省方三百餘萬元，國方五百萬元，該會特組接受委員會，從事接收。唯關鹽兩稅，因外交關係，不予過問。（三）所屬境內之幣制，暫時不動，將來當有辦法。

---

20 一九四三年十一月至一九四五年三月任偽天津市長，後被處決。

21 冀東二十二縣包括：通縣、三河、薊縣、密雲、懷柔、遵化、玉田、平谷、順義、興隆、臨榆、遷安、灤縣、昌黎、撫寧、盧龍、豐潤、寧河、寶坻、香河、昌平、樂亭。

（四）設立鐵路監理處，監督區域內鐵道事宜，北寧路榆關、塘沽間，即由該處派員監督。（五）所屬人口，據最近統計，共四六七萬餘人。（六）保境實力，現有保安隊一萬四千人；民團（常備團一萬二千人，散在各地的十萬人）共十餘萬人。（七）該會為辦公便利起見，在唐山設立辦事處，派委員殷體新為處長。（八）該會成立後對所屬各縣縣長並不變動。（九）灤薊兩專員公署，前日（二十三日）已停止辦公，定於本月底結束。（十）《塘沽協定》廢除與否，尚不作決定[22]。

接著，殷汝耕又宣布了該會組織大綱，主要內容計有：「（一）本委員會根據《塘沽協定》特定之區域為範圍，脫離中央政權，完成人民自治，以防止赤化，敦睦鄰邦，盡力於確保東亞和平而增進人民福利為目的。茲依據四百萬民眾之希望，在通縣組織成立委員會，為軍政最高負責機關。（二）本委員會為會議制，由委員中選舉委員長一人為議長，並負軍政一切責任。（三）委員會組織為委員長一人，委員八人，秘書長一人，下設秘書、保安、外務、民政、財政、建設教育、稅務管理、鐵道管理各處，並在唐山設辦事處[23]。」

殷汝耕在拼湊起冀東傀儡政權後，便按照其施政綱領積極實施。十一月二十五日晚八時，該會駐唐山辦事處處長殷體新到唐山就職。十一月二十六日，委任原北寧路局秘書陸逑為北寧路新榆段監理處處長，並開始執行監理職務。殷體新還親到市內各稅局要求接收，因各地局長堅決拒絕，遂改派員監視，並截留

22《大公報》（天津），一九三五年十一月二十五日，第三版。

23《日本評論》，第七卷第五期，頁一二五。

稅款。十一月二十八日，又委託薛鎮鈐為市稅務徵收局長，並將原稅局大部職員更換。殷體新還派出戰區特警第四總隊趙雷部嚴密監視全市電報、電話、郵局及車站，唐山空氣驟然緊張起來。

為配合殷汝耕的行動，擴大「自治運動」的聲勢，日駐津特務機關唆使漢奸、流氓在津遊行示威，高呼「實行自治」等口號，佔據市立圖書館、東馬路第一通俗講演所等處，並分批向國民黨天津市政府和津沽保安司令部請願。一批漢奸、流氓還以所謂「天津自治界代表」、「天津市商會代表」等名義，向外界發出「自治」通電，虛張聲勢。日本間諜川島芳子（原名金璧輝）也由奉天（瀋陽當時稱奉天）趕到天津，打出所謂「華北自治委員會」的旗號，並收羅漢奸、地痞、流氓組織「華北民眾自衛軍」，準備接收天津。更有甚者，在十一月二十七日，日軍武裝出動，竟強佔了豐台車站和天津總站、西站，阻止平漢、津浦兩路客、貨列車南開。同時，日軍又從關外向平、津增兵，以此威脅國民政府，並為漢奸賣國賊撐腰打氣。

川島芳子

日本在華北製造「自治運動」的罪惡行徑和殷汝耕的賣國行為，激怒了全國人民，各地紛紛發表宣言、通電，表示聲討。還在殷汝耕拼湊的傀儡政權尚未出世的一九三五年十一月二十四日，北平教育界名流學者二十餘人就共同發表宣言說：「近來外界有偽造名義破壞國家統一的非法活動，我們北平教育界同人，鄭重的宣言，我們堅決反對一切脫離中央和組織特殊政治機構的陰謀舉動。我們要求政府全力維持國家的領土及行政的完整[24]。」冀東偽政權問世後，群情激憤，北平、天

24《大公報》（天津），一九三五年十一月二十九日，第三版。

津、上海、河北等地教職員和學生，聲討的宣言、通電像雪片一樣飛來，充分表達了中國人民維護國家統一的鋼鐵意志。

面對日寇和漢奸日益倡狂的活動以及全國人民的同聲譴責，南京政府行政院代理院長孔祥熙於十一月二十六日主持召開會議，決定撤銷北平軍分會，派何應欽為行政院駐平辦事處長官，派宋哲元為冀察綏靖主任，並決定緝拿漢奸殷汝耕，撤銷灤榆、薊密兩區專員公署。

但是，日本帝國主義早就認準了國民政府軟弱可欺。在國民政府上述命令發布的第二天，日駐南京總領事須磨彌吉郎就訪晤孔祥熙，公然威脅說：「華北自治運動，乃係中國之內政問題，非日本政府所能干預。然而若國民政府採取無視輿論之手段，例如逮捕殷汝耕之行動，則日本政府將不得已出於何項之處置，事態將陷於惡化……」[25]同日，日天津駐屯軍司令部也發布公告說：「華北頃近之運動，乃因民眾要求自治問題，故中國當局如以武力鎮壓，實屬徒勞。為中國官方計，莫如採取適當之步驟，以應付自治之要求也[26]。」

國民政府雖然發布了緝拿殷汝耕等命令，但是由於日本的威脅，只好默認冀東偽政權的存在，而這就更進一步助長了日本和漢奸的囂張氣焰。

25《益世報》（天津），一九三五年十一月二十七日，第二版。

26 復旦大學歷史系中國近代史組編，《中國近代對外關係史資料選輯（一八四〇—一九四九）》下卷第一分冊（上海人民出版社，一九七七年版），頁二八五。

一九三五年十二月二十五日，殷汝耕又按照其日本主子的旨意，將「冀東防共自治委員會」改稱「冀東防共自治政府」。冀東偽政權的出現，使面積約一萬六千平方公里的冀東二十二縣變成了日本帝國主義的殖民地。日本利用這個地區為販毒、走私的根據地，以及土匪和漢奸的庇護所。此後，日本帝國主義策動「華北五省自治運動」，更加肆無忌憚，漢奸的賣國活動也更加倡狂。

冀東防共自治政府

第五章　冀察政務委員會的成立

第一節　力拒「華北高度自治方案」

日本「廣田三原則」推出後，中國政府一方面貫徹執行「絕不承認滿洲國」的方針，同時於一九三五年十一月三日頒布「幣制改革」的法令，發行法幣，將白銀收歸國有。中國的幣制統一，有利於國家的團結和經濟的發展。

中國在一九三五年幣制改革之前，貨幣制度極度混亂，有「袁大頭」（有袁世凱頭像的銀元）和「孫大頭」（有孫中山頭像的銀元），它們成色各異，不便通價交換，並且各地有規格和成色不同的「銀角子」或「銀毫子」，此外還有眾多相差懸殊的制錢和銅元等，這些鑄幣甲地通用，乙地便不能通用，彼此兌價相差懸殊。至於流通的紙幣則更為混亂，在通商大埠流通本國或外國的銀元券居多，在內地以政府紙幣流通為多，在偏僻城鄉，多流行各種商店、錢莊或其他非金融組織所發行的私票。

一九三五年十一月三日，南京國民政府頒布《財政部改革幣制令》，開始在全國實行法幣改革。國民政府自從頒布關於法幣改革的法規後，就果斷採取一系列確實的措施，積極發行和兌換法幣。其主要做法有：

一、白銀國有、集中現銀。（一）規定一律使用法幣、嚴禁現銀流通。（二）明確規定法幣與白銀的具體兌換方法。1.民間銀幣、銀兩的兌換。民間存銀除由中國、中央、交通三行及各地分行分別進行兌換外，還可以由財政部委託全國郵局、鐵路局、電報局、及偏遠地區的縣政府等機關代為兌換。2.發行銀行準備金的接收。

二、統一發行法幣。財政部規定，流通中的紙幣，在財政部宣布的最後期限前仍然可以暫時流通使用，各省市地方政府所在的銀行發行的紙幣也可以在外流通，但是應限制在一九三五年十一月三日的流通量。

三、穩定匯價。規定法幣對英鎊匯價，法幣一元等於英鎊一先令二便士半。為使法幣對外匯價按照現行價格穩定起見，法幣「對外匯為無限制的購售」。

如此一來，華北地區的貨幣只能流通法幣，所有的銀元都要上交至南京國民政府的國庫，這無疑有利於中央集權。此外，在市場上流通的白銀需要收回並且嚴禁流通，這樣就使日軍方及其走卒感到惱恨，不僅其在華走私白銀的來源被徹底切斷，而且日軍方及其走卒手中握有的地方貨幣及現銀，也無法繼續在中國流通了，這對日本無疑是十分沉重的打擊。

幣制改革後，中國內外形勢的重大變動越來越有利於中國，日本感到「華北事變」無法再像「九一八事變」那樣迅速如願，也無法使中國政府放棄華北，所以它就更加惱恨中國的幣制改革，不惜極盡破壞之能事，致使中日矛盾迅速升級，迫不及待地策動「華北自治」運動。土肥原要求關東軍出兵威脅，並向宋哲元提出「華北高度自治方案」，其內容為：

一、新政權之名稱為「華北共同防赤委員會」；

二、領域為五省三市（五省：冀、察、魯、晉、綏遠，三市：北平、天津、青島）；

三、首領為宋哲元，總顧問為土肥原；

四、軍事由最高委員會主持；
五、財政：截留中央在各個省市之關稅、鹽稅與統稅；
六、經濟：開發華北礦業棉業，使與日「滿」結為一單位；
七、金融：脫離法幣制度，另定五省通用貨幣，與日金發生聯繫；
八、信仰：撲滅三民主義與共產主義，代以東洋主義；
九、政治：保留南京之宗主權；
十、外交政策：親日反共。[1]

土肥原限宋哲元於一九三五年十一月二十日前宣布「自治」，這無異於發出最後通牒。至十一月十八日，土肥原再次揚言：宋哲元必須在十一月二十日前宣布自治，否則他將「派五個日本師團到華北，六個師團到山東[2]。」他還對宋哲元的代表蕭振瀛說：如果宋哲元不在二十日前宣布自治，日本方面將自行宣布[3]。

日寇在重點策動宋哲元的同時，對山西省綏靖公署主任閻錫山、河北省主席商震、山東省主席韓復榘等也積極開展活動，要他們來平共商「華北自治」的大計，但因這些人態度曖昧，因而收穫甚微。商震為

1 梁敬錞，〈華北自治運動〉，《傳記文學雜誌》第十二卷第五期（臺北）。
2 《文史資料選輯》第十七輯（上海），頁一〇五。
3 臺灣外交問題研究會編，《中日外交史料叢編》（五），頁四六九。

避開日方糾纏，索性稱病，在保定住進了醫院。日寇天津駐屯軍參謀中井增太郎竟追至商震的病榻旁哄騙說：「宋哲元、韓復榘已經同意，你如果遲去北平，便會有破壞自治的嫌疑[4]。」但商震等始終採取模稜兩可的敷衍態度。

在此期間，土肥原於十一月十九日又策動漢奸組織所謂「河北各縣代表聯席會議」、「中華民主同盟會」、「國民自救總會」、「山東人民自治協會」、「綏遠軍政自治協會」、「河南全省人民自救會」、「察綏商民聯合會」、「天津工商業聯合會」等團體，聯名致電北平宋哲元、保定商震、山東韓復榘、太原徐永昌、綏遠傅作義、察哈爾張自忠、北平秦德純、天津程克、青島沈鴻烈等，要求南京政府開放政權，允許自治[5]。這些所謂「民眾團體」還致電南京政府和國民黨五全大會，要求「自治」[6]。同時，漢奸殷汝耕所控制的地區各機關、華北新聞公會、各學校也出現了與之呼應的輿論[7]。一時間，「華北自治」的叫喊甚囂塵上。

為了配合土肥原的活動，十一月十二日多田駿飛往山東省濟南會晤韓復榘，十一月十三日，日軍將校團十餘人亦至濟南訪韓，促其回應。韓復榘於十一月十三日乃發表了要求開放政權之通電。關東軍更是傾全力與之配合，決定集中兵力於山海關，十一月十二日向獨立混成第一旅團長發出命令：「命你指揮獨立步

4《益世報》（天津），一九三五年十一月二十五日，第二版。
5《中華民國史資料叢編．大事記》第二十一輯，頁一七五—一七六、一六九。
6《新天津晚報》，一九三五年十一月二十日。
7《現代史資料》第八卷，頁一三〇。

兵第一聯隊、戰車第三大隊的輕戰車一中隊、野戰重炮第九聯隊的一大隊、獨立步兵第一中隊，於十一月十五日前在山海關附近集中，準備進入華北，但進入山海關以南則必須根據軍部命令[8]。」同時，南次郎還命令旅順口、青島的巡洋艦、驅逐艦駛往天津大沽口[9]。日本飛機則連續侵入北平上空，關東軍從海陸空三面向宋哲元示威。

關東軍已經不惜用武力來推動「華北自治」運動，此時的宋哲元處於極端矛盾狀態中。因不是蔣介石的嫡系，沒有得到信任而受排擠，一九三五年六月，因「張北事件」又被國民黨免去了察哈爾省主席的職務。新仇舊恨，使他不滿於蔣政權，曾有幕僚建議他以日本作靠山，擴充自己的勢力，把華北抓在自己手中，但是，他並未接受。因此，他對土肥原連日來的威脅利誘，採取敷衍態度。宋哲元接到土肥原十一月二十日前宣布「自治」的通牒後，一面於十一月十一日向國民黨中央請示應付方針，一面向將於十一月十二日召開的國民黨第五次全國代表大會致電，要求結束訓政，開放政權。十一月十八日，宋哲元又向南京政府發出電報說：「由於日本方面的壓迫，處於在十一月二十日至二十二日之間不得不宣布自治的苦境[10]。」

一九三五年十一月十九日，蔣介石在國民黨第五次全國代表大會上作關於對外關係的演說：「和平未到完全絕望時期，決不放棄和平；犧牲未到最後關頭，亦不輕言犧牲[11]。」隨後蔣介石作了軍事與外交上部

8　土肥原賢二刊行會編，《秘錄土肥原賢二》（日本：芙蓉書房，頁一九七二年版），頁二九八。
9　《中華民國史資料叢編．大事記》第二十一輯，頁一七五—一七六、二六九。
10　《現代史資料》第八卷，頁一三一。
11　張其昀，《先總統蔣公全集》第一冊（臺北：中國文化大學編印，一九八一年版），頁一〇一八。

署：軍事上在南京附近進行特別大演習，集中了幾個師，並且把其中的一部分沿隴海線北上佯動，又準備了許多軍用列車[12]，擺出一旦宋哲元等宣布「華北自治」，就以武力討伐的架勢。外交上，蔣介石指令中國駐日使館與日本政府交涉，要求制止土肥原分離華北的行動。當蔣介石於十一月十九日晚從駐日使館得悉「日本內閣與元老等恐惹起國際糾紛，不准行使武力」[13]的情報後，立即給宋哲元報信，電報告知土肥原並無代表日本政府的資格，令立即停止與土肥原間的談判。所以，宋哲元來了個金蟬脫殼，離開北平，避往天津。

與此同時，北平各大學的校長、教務長等五十餘人，聯名向宋哲元表示，他們一致反對「自治」運動，要求宋力撐危局，勿使國家領土主權分裂[14]。在這種情勢下，宋哲元於十一月二十日讓蕭振瀛向北平報界宣布「華北事件停止談判」，並通知土肥原，「不能於二十日宣布自治」[15]。土肥原逼宋哲元於十一月二十日宣布「自治」的計畫遂告破滅。

為了抵制日本帝國主義分裂華北的企圖，反對成立華北自治政府，北平清華大學和燕京大學的學生會決定聯合起來組織一次抗日救亡運動。十二月九日，清華大學、燕京大學、北京大學、師範大學、北平大

12 《國聞週報》第十二卷，第四十六期。
13 秦孝儀編，《中華民國重要史料初編》緒編（一）（中國國民黨中央黨史委員會，一九八一年版），頁七一一、七一三。
14 《抗戰前華北政局史料》，頁六五二。
15 李雲漢，《宋哲元與七七抗戰》（臺北：傳記文學出版社，一九八一年），頁一〇五。

學、輔仁大學還有其他中學，六千多名學生舉行聲勢浩大的抗日示威遊行。愛國學生聚集到新華門前，高呼「停止內戰，一致對外」、「打倒日本帝國主義」、「反對華北自治運動」的口號，遊行隊伍計畫前往東交民巷日使館示威，因為當年是日使館「值年」，日軍在東交民巷口支上了機關槍，如果遊行隊伍衝入，勢必引發慘案。剛由冀察綏靖公署任命，上任還不到一個月的北平市警察局長張維藩（第二十九軍原參謀長），立即與尚未正式任命的北平市長秦德純前往頤和園，向時任平津衛戍司令的宋哲元請示處理辦法。宋哲元指示不能讓學生進入東交民巷，同時不准傷害學生。為了避免出現流血慘案，軍警用高壓水槍、刀背進行驅趕，有個別學生強行前進時，則兩個員警架一個學生。遊行結束後，秦德純邀請各學校代表舉行茶話會，並發表談話，對學生進行疏導。當年的燕京大學物理系高材生盧鶴紱，他是燕京大學學生會的骨幹之一，「一二·九」運動的積極組織者。十二月十日的《北平晨報》曾經刊登過盧鶴紱失蹤的消息，據盧鶴紱回憶，「一二·九」運動時他衝在遊行隊伍的前面，全身被水澆濕了，仍往前衝。被兩個軍警架進了警察局，但是從後門就把他放了，他出來後沒回學校而是回天津家中換衣服去了（盧鶴紱後來赴美留學，回國後任復旦大學教授、科學院院士）。當時警察局對其餘抓到的三十名學生也是這樣處理的。

北平市警察局長張維藩[16]

16　一九五三年，上海市公安局以鎮壓「一二·九」進步學生罪名槍決了陳繼淹，實際上此人一九三六年一月才擔任北平市警察局長，後平反。

第二節　冀察政務委員會成立

在日本的不斷逼迫下，國民政府只得下令改變華北行政體制，因此於一九三五年十一月二十六日取消了軍事委員會北平分會和行政院北平政務整理委員會，接受了一個折衷方案：實行華北特殊化，在冀、察兩省及平、津兩市建立一個輕度自治政府——冀察政務委員會，委任第二十九軍軍長宋哲元為委員長，負責與日人周旋。

一九三五年十二月十八日，冀察政務委員會在北平外交大樓舉行了成立儀式。宋哲元和其他委員出席了成立儀式。宋哲元致開幕詞，並發表「就職演說」。演說中表示：應本善鄰原則、力謀邦交之親睦，凡以平等互惠待我者，皆我友也。況自《塘沽協定》以來，冀察兩省與日本有特殊關係，爲兩國利害計，爲東亞和平計，尤應互維互助，實行眞正辛善，哲元願以最大之誠意，爲最後之努力。

冀察政務委員會是一個特殊的機構，屬於半自治政權，它既同國民黨有聯繫，又同日軍有聯繫；它不同於國民黨政府領導下的各省的地方政權，也不是日本帝國主義所要求的那種「高度自治」的傀儡政權。這實際上是日本蠶食華北的侵略政策與國民政府的妥協退讓政策相結合的產物。

宋哲元本人，他是在歷史的夾縫中「忍辱負重」，苦撐局面。一方面日軍方認為他在一九三〇年的「中原大戰」中發布過〈反蔣檄文〉，不是蔣介石的嫡系，可以離間他與蔣，為日方所用。另一方面，「長城抗戰」，喜峰口、羅文峪大捷使宋哲元聲名大噪，其率領的第二十九軍大刀隊更是成為了英勇抗日的代表，無論是對宋哲元思想品質的瞭解，還是對第二十九軍愛國熱情的信任，都使蔣介石堅信宋哲元雖不是自己嫡系，但還不至像殷汝耕那樣通敵叛國，甘當漢奸。事實證明蔣介石的判斷是正確的。以宋未建立傀儡政

宋哲元委員長與綏靖公署人員

權，來阻止何應欽到北平處理華北事務等表現上看，他有中央化的政治傾向。

但是，冀察政務委員會作為日本和南京國民政府妥協的產物，既受到日本軍方的干擾，又得聽命於南京的蔣介石。日方企圖逼迫宋哲元進一步脫離南京政府，從而提出了「華北明朗化」的要求，以使宋哲元投向日本的懷抱。蔣介石方面，也一再派人給宋哲元送去親筆信，要他「忍辱負重」，拖延時間，明明白白告之：我們贏得了時間就贏得了勝利。宋哲元進退兩難，他經過一番苦想、權衡，終於有了對付日本的策略。對日本提出的無理要求他的對策是：「不說硬話，不做軟事」。他要求自己的部下對日本要「表面親善，實際敷衍，絕不屈服」。

冀察政務委員會內設秘書、政務、財務三處，各處設處長一人，主管該處業務，後來又設置了五類專門委員會，分為經濟委員會、外交委員會、交通委員會、建設委員會和法制委員會，用以研討各類問題。起初，日本方面曾極力干涉冀察政務委員會委員的人選，想盡量多地把親日派塞到各個重要崗位上。他們推薦了齊燮元、張壁等三十多人的名單，宋哲元拒絕了。後來經過何應欽、蕭振瀛與日方反覆協商，由國民政府公布了一個十七人的名單。十七人中，屬於東北軍系統的三人（萬福麟、劉哲、胡毓坤），屬於西北軍系統的六人（宋哲元、秦德純、張自忠、蕭振瀛、石敬亭、門致中），這九人足以在冀察政委會中取得話語權與決定權。

其餘八人（王揖唐、王克敏、賈德耀、高凌霨、李廷玉、程克、周作民、冷家驥）中，王揖唐、王克敏、賈德耀、高凌霨、李廷玉、程克是舊北洋勢力和地方紳商。北洋派在平津乃至華北耕耘多年，具備豐富的經驗和人脈，剛進入平津的宋哲元想在平津維持得久一點，就必須多傾聽他們的意見。其中，有些北洋派政客野心不小，想借日軍方的勢力東山再起，重出政壇，這為宋哲元所忌憚。七七事變爆發後，有幾位北洋舊臣也的確淪為了漢奸。王克敏是蔣介石指定的，後投降日本。

除此之外，委員會中還有金城銀行經理周作民，商會代表冷家驥。

冀察政務委員會自成立至七七事變爆發後，十七位委員不是一成不變的，而是多有變動。每當日方要求增添一親日分子，宋哲元就任命一愛國人士。

蔣介石為了給宋哲元一定的權力，特地將《何梅協定》後的河北省省長商震調到河南省，而把河北省省長讓給宋哲元。宋哲元就將冀察政務委員會所控制的兩省兩市安排給第二十九軍將領。三十七師師長馮治安任河北省省長，三十七師部隊守衛北平及四郊；三十八師師長張自忠任察哈爾省省長，三十八師部隊守衛察蒙邊境；趙登禹任河北省保安司令，一三二師保衛河北省。後來張自忠調天津，三十八師駐守天津近郊、廊坊等地；劉汝明調任察哈爾省省主席，一四三師負責保衛察哈爾省。從此，第二十九軍全部開至國防前線，同時，北平市長由秦德純

1935 年 12 月 18 日，冀察政委會成立。（引自《宋故上將哲元將軍遺集》（臺灣傳記文學出版社），頁三十四。）

擔任，天津市長由蕭振瀛擔任。蕭振瀛擔任市長僅半年，就被日本趕下臺。宋哲元不願由日方舉薦的齊燮元接任天津市長，因而申請國民政府批准張自忠任天津市市長。

宋哲元

秦德純

張自忠

門致中

萬福麟

劉哲

胡毓坤

王揖唐

李廷玉

賈德耀

高凌霨

蕭振瀛

王克敏

程克

周作民

冷家驥

石敬亭

第三節　漢奸宵小猖獗華北

漢奸的存在也是造成中華民族備受痛苦的重要因素。七七事變發生後，正人君子漸漸隱跡，漢奸、地痞大為活躍。有許多事情，日軍並未想到，或想到只做三四分，而漢奸們即為之體貼入微，樣樣想到，並一做即做到十二分。在冀察政務委員會成立之後，日本欲吞併華北的賊心不死，緊鑼密鼓地開展對華北的誘降工作，尋找親日分子，希望從內部瓦解華北的抗日意志，實現不戰而屈人之兵。一些失意政客，不顧民族大義，想借日本勢力重回政壇，享受權力。兩相投合，使得當時漢奸宵小猖獗於華北。最為人痛恨者有齊燮元、潘毓桂、陳中孚、王揖唐、陳覺生、張璧之流。

齊燮元 小傳

齊燮元

齊燮元（一八七九—一九四六），字撫萬，號耀珊，河北省寧河（今屬天津市）人。清末秀才，後入北洋陸軍學堂炮科和陸軍大學第三期學習。曾任江蘇軍務督辦、蘇皖贛巡閱副使，是直系軍閥吳佩孚的部下。一九二五年冬，吳佩孚再起於湖北，齊燮元留日歸來，任討賊聯軍副總司令，從此成為起伏不定的華北政壇人物。

「九一八事變」後，他積極向日本靠攏，是華北自治運動的鼓吹者。七七事變後，淪為漢奸。一九三七年十月，齊燮元與王克敏、王揖唐等組織偽政府籌備處，策劃成立偽華北臨時政府。十二月四日，日偽臨時政府在北平成立，齊燮元為委員，並擔任治安部部長，組建並指揮偽治安軍充當日本侵略中國的幫凶。一九四〇年一月，齊燮元參加青島會議，商議建立一個由汪精衛主持的各佔領區的中央政府機構，偽臨時政府改為區域自治的華北政務委員會。三月，任日偽華北政務委員會委員兼治安總署督辦、偽華北綏靖軍總司令，指揮偽軍在華北推行治安強化運動，殘酷殺害愛國人士及無辜平民。一九四三年二月，齊燮元曾代行華北政務委員會委員長職務，推薦部下杜錫鈞為偽河北省長，田炳文為偽河南省長，此時齊燮元的權力達到頂峰。七月，王克敏重新上臺，兩人爭權，齊燮元被免職。一九四五年八月，齊燮元被國民政府逮捕。一九四六年以投降日本罪被處死。

潘毓桂 小傳

潘毓桂

潘毓桂（一八八四—一九六一），字燕生，河北省鹽山人。潘氏是鹽山當地的官宦人家，殷實富户。清朝光緒年間，潘毓桂的父親潘文樓在廣西做知府，潘毓桂隨其父來到廣西，也曾參加清末科舉考試。後赴日留學，畢業於早稻田大學。

潘毓桂回國後，在天津巴結上了直系軍閥陳光遠。陳光遠是直系軍閥首領馮國璋的嫡系。一九一七年，潘毓桂混上了陳光遠第十二師的軍法處處長，兼任江西景德鎮統税局長。一九二二年陳光遠因作戰不利被免去督軍和師長之職。潘毓桂隨之失去了靠山，便開始自尋出路。他投靠軍閥石友三，給石友三出謀劃策，又與直系軍閥白堅武勾結，搞了一個「自治救國軍」。

一九三五年七月，北平軍分會代理委員長何應欽答應日本的條件，中日之間達成《何梅協定（覺書）》，據此協定國民黨中央軍勢力及東北軍撤出河北，平津地區出現權力真空。潘毓桂認為這是大好時機，在日本關東軍特務機關長土肥原賢二的支持下，夥同白堅武、石友三，打著「自治救國軍」的旗號，把大炮架到天安門，在北平發動叛亂，妄圖組織華北偽政權。在此危急時刻，蕭振瀛請示蔣介石並得到批准後，第二十九軍三十七師在師長馮治安的帶領下進駐北平四郊，鎮壓了叛亂。潘毓桂策劃華北獨立的陰謀沒有得逞。

潘毓桂在廣西時，宋哲元的父親曾做過他的私塾先生。潘毓桂雖然兒時與宋哲元相識（宋哲元在潘家做過書僮），但是在宋哲元組織冀察政務委員會時，潘以北洋系身分加入，因潘的資歷太淺沒有資格當委員，只被任命為政委會政務處處長，負責具體事務。

潘毓桂當上政務處長後，鼓動宋哲元親日反共，但是宋哲元不為所動。一九三六年七月一日，潘毓桂、張璧等在日寇的唆使下，擬出一個所謂「自治方案」和「自治政府」旗幟圖樣，送給宋哲元，宋看後當即焚毀，並且撤銷了潘毓桂的政務處長職務，換上跟隨自己多年的秘書楊兆庚。潘毓桂見在冀察政委會找不到出路又回到天津巴結張自忠。一九三七年七月二十九日，張自忠上臺後，任命他當上了警察局長。一九三八年潘毓桂又混上了天津市長，一九三九年去了日本[17]。一九四〇年後投靠汪偽。一九四六年因漢奸罪入獄。一九六一年死於獄中。

17 引自〈七七事變紀實〉，《文史資料選輯》第一輯第一篇，一九六〇年版。

陳中孚小傳

陳中孚

陳中孚（一八八二—一九五八），字奇曾，江蘇吳縣人。早年畢業於日本明治大學，曾追隨孫中山參加革命。一九二八年任青島接收專員。一九二九年任江蘇省政府委員。一九三一年陳中孚作為許崇智的代理人，參加反蔣介石派的廣州國民政府，任政務委員會委員，是西南派重要成員。一九三六年冀察政務委員會成立後，被日軍提名為外交委員會主任委員，脅迫冀察政委會聲援西南政務委員會抗拒中央，企圖推翻南京國民政府。一九三六年四月，日軍向冀察政委會要求賦予華北自由定居的特權，外交委員會中只有陳中孚一人贊同，此提案被宋哲元否決。此外，陳中孚頻頻與土肥原賢二為代表的日軍接觸「商討在華北進行防共」。一九三七年一月，陳中孚被宋哲元撤除其外交委員會主任委員職，其職由賈德耀接任。

在張自忠率團訪日前，陳中孚作為「先行赴日，即係預為布置一切」。一九三七年七月十七日，宋哲元派他協助張自忠、張允榮折衝，中日雙方在津談判盧溝橋問題。八月三日，陳中孚與張允榮、張璧、潘毓桂、張自忠一起，重組冀察政務委員會。八月七日，他從天津赴北平，以「探病」的名義到德國醫院勸張自忠「東山再起」，並分訪各常委與之商談。八月十一日，他與江朝宗被聘為漢奸齊燮元主持的冀察政委會常委。一九三八年三月，任「中華民國維新政府」行政院長梁鴻志的顧問。一九四一年任汪偽國民政府委員，後任汪偽中國國民黨中央監察委員。一九五八年死於美國。

王揖唐小傳

王揖唐

王揖唐（一八七七—一九四八），原名志洋，又名庚，字什公（一說慎吾），別號揖唐，安徽省合肥人。早年留學於日本士官學校，是安福系主將。

一九三五年底冀察政務委員會成立後，王揖唐被蔣介石指定為委員，後來又成為三名常委之一。當上常委的王揖唐把持了冀察政務委員會中的外交、經濟、交通等，他順從日軍方的命令，放縱日軍方與漢奸走私，幫助日軍向平津運兵，網羅下臺的軍閥和政客，協助日軍方開發華北軍需物資，罪行罄竹難書。

七七事變後，王揖唐投敵，頻繁與日本侵略者接洽，後任偽華北臨時政府常務委員會委員兼賑濟部總長。一九三八年兼任偽內政部總長，兼聯合委員會委員。一九三九年任偽新民會會長，兼中國佛教學院董事長。一九四〇年任偽中央政務委員會委員、偽考試院院長、偽華北政務委員會委員、委員長兼內務署督辦，並兼任新民會會長、新民學院院長、偽中央執行委員會委員。一九四〇年春，日本派遣軍總參謀長板垣征四郎被調回國，王揖唐設宴歡送，呈遞感謝狀，並對板垣的離任表示有「離別慈父之感」。十月，應邀去日本訪問，參拜靖國神社，還叩謁裕仁天皇。回國後寫詩表露被接見的感恩戴德心情，且自稱「外臣」，甘心做奴才。一九四一年，任華北防共委員會委員長，兼剿共委員會委員長，積極宣講「治安強化運動」，屠殺了無數愛國志士和無辜百姓，抓捕大量平民為日軍役使，並開發礦藏、強徵糧食為日本侵華服務。一九四二年任汪偽國民政府委員、偽華北綜合調查研究所所長，兼華北青少年團統監，利用國學奴化國人。一九四三年一月，王揖唐發表聲明，為配合汪偽政權協助日本進行「大東亞戰爭」，宣布華北全面開展「東亞解放新國民運動」，並集中華北全部力量完成「大東亞戰爭」。任偽最高國防委員會委員、偽全國經濟委員會副委員長、偽華北政務委員會諮詢會議議長。一九四五年抗戰勝利後，曾暗中活動，企圖脫卸漢奸罪責。一九四六年被捕入獄，一九四八年九月十日以漢奸罪被處死。

陳覺生 小傳

陳覺生

陳覺生（一八九九—一九三七），廣東省中山人。早年留學日本，獲得東京帝國大學農學學士和法學學士學位。一九二五年起任山西師範學校教員、山西省政府教育廳科長。一九二八年任國民革命軍第三集團軍（閻錫山的晉軍）一等秘書。後入國民政府任農礦部視察專員、外交部條約委員會委員、行政院駐北平政務整理委員會顧問兼農村指導員養成所副所長、國民政府中央政治會議民眾委員會專門委員、河北省政府顧問、天津特別市政府總參事等職。

一九三五年十二月，被宋哲元聘為第二十九軍司令部少將顧問、平津衛戍司令部總參事。

一九三六年任冀察政務委員會委員、北寧鐵路（北平至瀋陽）管理局局長兼冀察交通委員會主任委員，他利用其鐵路局長之權，投靠日軍，秘密為日本運送軍隊，直接支持了日本對華北的侵略。一九三七年七月十一日，宋哲元抵津後，被張自忠、陳覺生、張允榮、齊燮元等「四大金剛」包圍，企圖逼宋脫離國民政府，實行華北自治，但未能得逞。一九三七年七月底，宋哲元率部撤出平津後，冀察政務委員會代理委員長張自忠指定陳覺生、潘毓桂等負責對日交涉。後因掌握太多日本調兵機密，為提高自己的官職而與日軍討價還價，從而引起日軍對其不滿。又因北寧鐵路足球隊在日大勝日本隊，一九三七年十二月，日方以「為北寧隊訪日祝捷」為名，宴請北寧鐵路局局長陳覺生，借機將其毒死。

張璧小傳

張璧

張璧（一八八五—一九四八），名璧，族名張炳衡，字玉衡。曾用名張君玉。河北霸縣（今屬河北省霸州）人，保定速成武備學堂畢業，初任吉林邊務大臣吳祿貞部參謀。辛亥革命軍起，由奉天調往山東煙臺策動獨立運動，任駐魯關外軍參謀長，及民軍總司令。第二次革命失敗逃往雲南，投唐繼堯部，任護國軍第一梯團參謀長。後任大總統府武官、參議，察哈爾警務處處長。

一九二四年任京師員警總監。一九二五年任河東鹽運使、全國稅務處會辦。一九二八年任馮玉祥駐天津代表。馮失敗後，便常居天津。一九三一年十一月間，在日本特務機關土肥原賢二策動下，與李際春、溫世珍等組成便衣隊，衝出日租界向中國官署進攻，佔領南市第一區第六警所，擾亂秩序到月底。一九三五年冀察政務委員會成立，經日本駐軍推薦，任該會顧問。一九三六年七月，張璧、潘毓桂向宋哲元呈上華北自治方案、旗幟等事，甘心充當日本從事華北自治的急先鋒。一九三七年七七事變後，張璧出任偽公用管理總局局長，華北電業公司理事長。一九四五年抗戰勝利後，以漢奸罪被捕，並判處死刑。根據玉衡張璧先生之墓碑文記載，他卒於民國戊子年二月廿九日，這個時間應該是陽曆，即一九四八年二月二十九日。他當漢奸不僅為國人不齒，即使日方也內心鄙視。香月清司就曾評價張璧與張允榮：「都是利祿之輩，不可重用。」

第四節　宋哲元成為各方矛盾的焦點

《塘沽協定》簽訂之後，為防止國民政府勢力北上，日本方面又用所謂「塘沽協定的廣義意義」，對當時的華北當局施展壓力。華北的局面因此日益嚴重，岌岌可危。一度主持華北軍政大計的行政院北平政務整理委員會委員長黃郛，因為與日人周旋倍感艱辛，在致宋哲元電中，曾感慨萬千：「人民無知，多抱激越情緒；敵國不仁，何來無厭之求；政府不勇，多取迴避態度；吾人夾存其間，欲謀救國，實苦無途徑可循。」不久，宋哲元也承受了與黃郛一樣的遭遇，處於多重的複雜矛盾的焦點上。

一是宋蔣矛盾。宋哲元原是馮玉祥麾下「五虎上將」之一，在西北軍系統內享有崇高的聲譽。在華北的特定背景下，蔣介石不得不任用宋哲元來折衝日本與國民政府的關係，但蔣介石並不會像對黃埔系那樣信任這些非嫡系的將領，畢竟宋哲元參加過反對蔣介石的中原大戰，還發表過慷慨激昂的〈反蔣檄文〉。

宋哲元當上冀察政務委員會委員長後，很多西北軍的舊故來找他，宋哲元也都給予禮遇，自然招來蔣介石的猜忌。蔣宋二人圍繞擴軍的問題還有一番博弈。第二十九軍負責冀察的防務，面對日本的關東軍和天津駐屯軍，壓力很大，自然不能按照普通一個軍的編制給軍餉。但南京又對宋哲元有所防備，總怕他借此扶植自己的勢力，這引得宋哲元非常不滿，既要頂在華北守大門，又不給充足的軍費。於是宋哲元截留稅收，拒絕上繳中央，並調動財稅人事。但是當面對日本侵略者時，蔣、宋又在抗日的大業上聯合起來。

「長城抗戰」時，宋哲元在喜峰口立了大功，蔣介石就親自去保定火車站接見，令孔祥熙前往二十九軍視察，並給予五萬元獎勵。

冀察政委會成立前，宋哲元曾向蔣介石彙報相關情況，表示「赴湯蹈火、在所不辭」，所以說，即便政見不同，在民族大義面前，二人也能共同應對外患。但此時，日軍對中國的侵略已從南北兩個方向進行，尤其是南方，自「一・二八」淞滬抗戰之後，更是威脅到了國民政府的首都——南京。為爭取準備時間，蔣介石只好要求宋哲元在北方與日軍周旋，以致七七事變期間，宋哲元不瞭解蔣介石的戰和態度，成了他猶豫不決的原因之一。

1936 年 3 月 3 日，國民政府駐日大使許世英抵達北平，與宋哲元面授機宜

七七事變之後，宋哲元率軍退到保定，蔣介石命他為第一集團軍司令，繼續領導抗日，不但沒有責備，還撥給五十萬元伙食費。

二是中日矛盾。冀察政務委員會是中日之間妥協的產物。日本軍力強，在吞併東北後需要時間去消化，於是對華北主要採取誘降的策略。南京國民政府軍力弱，尚需時間發展，與日軍硬碰硬顯然不是明智之舉，所以在華北主要採取妥協的政策。這就需要宋哲元去緩衝。面對日本的野心，宋總是不說硬話，不做軟事，「凡事請示南京中央，決不賣國」的態度。日本面對宋哲元的敷衍也是無計可施，自然是懷恨在心。

三是日本與中共的矛盾。由於日俄有爭奪東北的歷史，蘇聯成立後，原有的日俄矛盾變為蘇聯和日本之間的矛盾。蘇聯在東北邊界上建有大量的軍事工事，日本也要預防蘇聯進入東北。中國共產黨是以蘇聯為後盾，所以日本堅決要求在華北實行反共。日方提出的華北自治都以反共為第一條，這就影響到宋哲元的工作。面對日本咄咄逼人的反共要求，宋哲元只得小心翼翼地暗中與共產黨聯繫。在日軍的步步緊逼下，宋哲元雖然希望能和中國共產黨聯合抗日，但他不同意共產黨在冀察、平津地區搞階級鬥爭。他認為應以抗日為主。

四是二十九軍內部矛盾。第二十九軍控制冀察地區之後，各部在擴充軍隊、分配地盤等問題上發生矛盾。張自忠想讓自己的師多編兩個團，馮治安、趙登禹、劉汝明都不同意，宋哲元也不願意張自忠的勢力太大。在宋哲元召集的師長會議上，蕭振瀛提出四個師一樣編制的主張，得到宋哲元的贊同，張自忠由此對宋哲元不滿。天津「五．二八」學生運動後，日本逼迫蕭振瀛辭去天津市長職務，想讓親日派的齊燮元繼任。宋哲元思慮再三，向南京中央請示由察哈爾省主席張自忠調任天津市長，由馮治安擔任河北省主席。張自忠對這樣的安排很不滿，據戈定遠[18]回憶：「因為在冀察的兩省、兩市範圍內，河北省的位置似乎居於首位，張當時任天津市長，天津雖然重要，但是地面小，不能和河北省比，從此張對宋更加不滿了[19]。」第二十九軍有主戰派和主和派。主和派強調日本軍力強大，不可輕易與日本開戰；主戰派主張對日強硬，不惜一戰。蔣介石則希望作為軍長的宋哲元能秉承「苦撐精神」並「沉重應對」，宋哲元便被夾在兩派中間，左右為難。

五是冀察政委會成員之間的矛盾。冀察政委會內部有日本指定人員，屬於打入冀察內部奉行日本意志的親日派；也有昔日東北軍的將領，東北軍被日軍打到關內，丟了家鄉，自然抗日情緒高漲。愛國將領與親日人士的矛盾，也需要委員長宋哲元去平衡。

六是廣大國民與冀察政委會的矛盾。冀察政委會成立伊始，作為中日之間的緩衝機關不被廣大國民認可。實際上，廣大國民不知道冀察當局的內情，也不知道當時華北在反制二十九軍的情況下成立冀察政務委員會的苦衷。廣大國民的憤怒自然撒在宋哲元身上，而宋哲元則需要向大家耐心解釋。典型事例就是「一二．九」學生運動。

七是馮玉祥及其親信和宋哲元的矛盾。馮玉祥是宋哲元的老上級，二十九軍的骨幹力量也多是出自西北軍，但宋哲元沒有參加馮玉祥的察哈爾抗日同盟軍，而是將馮玉祥請回泰山，這令馮玉祥耿耿於懷，他

---

18 原任二十九軍秘書長，後任冀察政務委員會秘書長。中華人民共和國成立後，任全國政協委員。

19 戈定遠，〈二十九軍和冀察政權〉，《文史資料選輯》第一輯（中華書局，一九六〇年版），頁四十四。

曾說：「宋雖舊部，然我在張家口抗日，彼在喜峰口作戰，竟退兵奪我之地盤，及行徑已非昔比，乃有石敬亭、鹿鍾麟者自告奮勇，謂可收復馮治安、劉汝明、趙登禹、張自忠各師為我所用，則宋誠孤立無能為矣……而四師以宋待之所厚，不欲叛。」[20] 這使得宋哲元的處境更加艱難了。

宋哲元身處多重矛盾之中，幾乎寢食難安。此外，他身邊還有毛澤東派來的張經武，何應欽派來的嚴寬，以及日本派來的漢奸間諜，這些人都時刻關注著宋哲元的一舉一動。張經武，又名張仁山，曾任紅軍軍事教導團團長。一九三六年冬天，毛澤東派張經武以軍事聯絡官身分前往河北，會晤冀察政務委員會委員長兼河北省政府主席宋哲元，宣傳中共聯合抗日的主張，並負責華北聯絡局的統戰工作。此時的宋哲元就如在聚光燈下的演員，一舉一動都有人監視。他一舉手，一投足，誰都能看見，隨時有記者報導。

張經武

20 李景銘，〈盧溝橋事變後北平聞見錄〉，《近代史資料》總六十五號（中國社會科學出版社，一九八七年），頁一一一。

第六章　冀察政委會時期的北平與天津

冀察政委會成立之後，華北的緊張局勢略有緩解，但是日本很快又採取新的舉措來分裂中國和掠奪資源，當時的北平和天津都難以平靜下來。他們一方面在經濟上滲透與掠奪，另一方面利用特務機關不斷刺探與騷擾，並且對駐防在平津的第二十九軍進行誘降、暗殺、離間等陰謀活動。

第一節　日本對華北的經濟侵略

冀察政務委員會成立後不久，日方就著手進行經濟上的壓迫，陸續提出一系列有關經濟方面的問題，如修築津石鐵路（天津到今石家莊）、開發龍煙鐵礦、修改海關稅則、開闢航空線路、收購華北棉花、長蘆鹽出口等問題。

為了達到掠奪資源的目的，日本在華北設立了兩個專門機構——興中公司[1]和惠通航空公司，並且利用「冀東防共自治政府」大量走私。

為控制和掠奪華北的經濟資源，一九三五年十二月，南滿洲鐵道株式會社（簡稱「滿鐵」）的子公司興

1　陳真、姚洛、逄先知合編，〈帝國主義對中國工礦事業的侵略和壟斷〉，《中國近代工業史資料》第二輯（北京：三聯書店，一九五八年版），頁五三三－五三六。

中公司在大連正式成立。「滿鐵」是日本在中國東北的重工業，一九〇六年十一月二十六日成立，一九〇七年四月一日開始營業，首任總裁後藤新平。公司總部設在日本東京，分公司設在中國大連，後總公司遷至大連。興中公司為滿鐵的子公司，本金二億日圓中日本政府佔有一半，故為一官辦機構。職能為經營日本在日俄戰後從俄國手中得到的中國東三省南部鐵路以及採礦、運輸、電氣、建築等附屬事業。隨著日本對東北侵略的步步深入，東北所有鐵路均為其控制，經營範圍亦擴至經濟、社會、文化、教育各個領域，並附設有龐大的調查部，成為日本在中國東北最重要的殖民侵略機構。所以，興中公司從開始就受到了日本政府、關東軍和駐華武官的支持。在日本東京、大阪，中國天津、上海、濟南、廣州等地都設有子公司。興中公司從成立起，全面推行日本的侵略國策。

興中公司在日軍方的支持下，同日本輕工業資本機構對中國民族工業中較有基礎的紡織工業進行收併。直到一九三七年初，日本在天津的獨資紗廠達十個，而中國民族紗廠卻僅存五個。日本帝國主義已對天津壟斷了紡織工業，天津的民族工業艱難生存。

另外，一九三六年興中公司在日軍方的支持下，以一百四十五萬元的廉價收買了屬德國資本的河北井陘煤礦四分之一的股票，並千方百計地策劃收買英國在開灤煤礦的股份。還設立了冀東採金公司，強行開採遵化一帶的金礦。日本還趁國民政府「幣制改革」之際利用興中公司走私白銀，擾亂中國金融秩序，阻礙中國的幣制統一。

為掠奪華北資源，日方還成立運輸公司。僅一九三七年就有十萬噸長蘆鹽運到日本，且鹽價壓得很低，幾近搶掠。此外，興中公司還掠奪華北的棉花。興中公司在海河沿岸設倉庫，向內地購買棉花，除供給華北各日商紗廠外，其餘都運往日本銷售。在華北的日本紗廠生產的紡紗也直接運送到日本。一九三七年六月，興中公司已經為日本基本壟斷了華北棉業。

另外，興中公司還染指華北電氣事業，建立了天津電業股份有限公司。這是日本企圖獨控華北經濟命脈的一個重要步驟，需要有冀察政權的支持。一九三五年十二月，日方找到剛上任的天津市長蕭振瀛，蕭因此事涉及到國家的電力主權問題而拒絕。張自忠任天津市長後，卻同意了日本的要求。一九三六年八月二十日，中日合辦天津電業股份有限公司成立[2]。日本為了進一步拉攏政府人員，除副董事長由日軍方石井成一擔任外，聘請張自忠為董事長[3]，市政府秘書長馬彥翀為常務董事、市府參事邊守靖為董事。該公司名義上是中日合辦，實際上是滿鐵電氣會社獨家投資八百萬元，中方僅以電力權合股入夥。電業公司壟斷了天津地區的電力供應。隨後興中公司合併了山海關、秦皇島、昌黎、灤縣、唐山、蘆台、通縣等七家電燈公司，創設了冀東電業股份有限公司。至七七事變前（一九三六年統計）日本對華全部電業投資（借款除外）一四五二點八萬元之中，華北佔到一半以上，達七五二點八萬元。日本壟斷了冀東地區的電力。

為控制華北地區的航空業，一九三六年十月十七日，日方逼迫中方簽訂《中日通航協定》。一九三六年十一月十七日，中日合辦的惠通航空公司成立。在該公司成立的過程中，張允榮起了決定性作用，他曾任馮玉祥的內保處長，在察哈爾抗日同盟軍時期也掌握軍權和財權。察哈爾同盟軍失敗後，他沒有接受宋哲

2　陳眞、姚洛、逢先知合編，〈帝國主義對中國工礦事業的侵略和壟斷〉，《中國近代工業史資料》第二輯（北京：三聯書店，一九五八年版），頁五三三—五三六。

3　〈帝國主義對中國工礦事業的侵略和壟斷〉，《中國近代工業史資料》第二輯（北京：三聯書店，一九五八年版），頁五三六。

七七事變以前，日人以中日經濟合作名義組織惠通航空公司，在華北各大城市修建機場，藉以偵查我方軍事情況。圖為惠通在南苑機場的飛機。左上角為惠通正副董事長張允榮（左）與兒玉常雄。選自曹聚仁、舒宗僑編著《中國抗戰畫史》。

元的改編，而是率殘部（約百餘人，幾十條槍）繼續在沽源活動，號稱沽源警備司令，實際以販運煙土為生。一九三五年，他與張家口特務機關長松井源之助簽訂《張松協定》，將口北六縣出賣給了日本[4]。在成立惠通航空公司的過程中，此人更是鞍前馬後，打著為馮玉祥籌集資金的旗號，跑關係、辦證件。後來，日軍要求他買地修飛機場，因宋哲元以冀察政委會名義下令禁止國人賣地給外國人[5]，張允榮無奈，便將董事長的位置，讓給了有實權的張自忠。據一九三七年一月十九日《大公報》報導說：「惠通航空公司董事長張允榮辭職照準後，冀察政委會特委津市長張自忠繼充[6]。」惠通航空公司有了張自忠的批件，就在平津地區買了三千多畝地，修成了北平南苑、豐台和天津東局子、塘沽

4　《近代中國外諜與內奸史料彙編（一八七一—一九四七）》（國史館編印，一九八六年版），頁四二〇。
5　《正風半月刊》，民國二十六年（一九三七），第八期。
6　〈惠通公司新董事長張自忠昨就職〉，《大公報天津版》，一九三七年一月十九日，第四版。

等幾個飛機場[7]。七七事變時期，日軍轟炸二十九軍南苑兵營、南開大學等地的飛機，均起飛於這幾個機場。

為張自忠買地提供資金的是日方兒玉常雄，此人是日本權貴，其父是號稱明治時期「第一智將」的兒玉源太郎，參加過倒幕戰爭、西南戰爭、日俄戰爭等多次大戰，戰功顯著，曾任臺灣總督、後參與創立滿鐵，死後追封為伯爵。惠通航空公司的運作由這樣一位名將之子一手操辦，足見其濃厚的政治背景，實際上，該公司也是為了實現日本的侵略目的而存在的。

如最初日方稱是民航公司，但開張三天後，飛機場上就開始起降軍用機。該公司名義上是中日合辦，但中方只出土地使用權，日方出飛機、飛行員及其他一切技術、地勤人員，甚至連清潔員都是日本人，資本原計畫是中日各半，實際上是日本獨資。

惠通航空公司的成立標誌著日本侵略者開始全面取得了對中國華北地區的制空權。

在七七事變前，惠通航空公司就在日本的控制下，已經作了一些損害中國主權的事情。惠通航空公司成立後立即開闢了五條航線。一九三七年三月二十七日，實現了天津與大連的對航，三月二十八日，又實現了天津與哈爾濱的對航。這幾條航線直通偽滿洲國，實際上表示承認偽滿洲國的存在。同時，一旦華北出事，日軍可立即採取行動。華北的上空完全暴露在日軍武力之下。一九三七年六月一日，該公司未經國民政府核准，就開闢了東京—天津間航線。此外，惠通航空公司還在天津—東京線私運航空郵件，破壞中

---

7 李惠蘭、王勇、明道廣和編，《七七事變探秘》（中共中央黨校出版社，二〇一三年版），頁一〇五。

國郵政權。這些行為嚴重損害了中國的主權，為日本分裂中國、侵佔華北提供了便利。

在「冀東防共自治政府」成立之前的一九三三年五月，國民政府乘中日互惠關稅協定期滿，對關稅作了根本的修正，稅率從百分之五至百分之八十共分十三級，並提高了進口稅率。這不僅使日本的經濟利益嚴重受損，而且也阻礙了其侵華陰謀。於是，日方將目光投向以殷汝耕為代表的「冀東防共自治政府」。在日軍方的威逼利誘下，「冀東政府」為日本商品進入華北大開綠燈。一九三六年一月，「冀東防共自治政府」發布，它對日本運來的砂糖、石油、雜貨與鴉片只徵收象徵性的進口稅，使日貨源源不斷地由「冀東」流入內地。這對天津海關的收入與中華民國的貿易造成了極大的衝擊，很快摧毀了華北的關稅壁壘。日本軍方還支持和庇護日本、朝鮮浪人在華北的走私貿易。後來，日本關東軍還聲明：中國海關不得在山海關長城一帶巡緝，否則即採取斷然手段。中國在石河以東的緝私人員因之遭到驅逐。繼之，陸上的中國海關緝私機構被迫解散或後撤，有的甚至被繳械。中國海上的緝私船也只允許在中國三海浬內巡查，爾後連三海浬內亦不准緝私，船隻多被日軍藉口擊沉。凡有日本、朝鮮浪人違禁犯法之後，日本官方或軍方立即出面撐腰，致使華北的走私貿易更加猖獗。

據統計，因受「冀東」走私影響，一九三六年四月國民政府的月關稅收入損失達八百萬元。「冀東」一帶幾成自由貿易區域。日本和朝鮮浪人毆打海關人員事件，層出不窮。天津本是入超口岸，但據津海關統計，四月對外貿易竟由入超變成出超。「冀東」走私使中國損失了大量的關稅利益，是日本對華北地區的變相掠奪。

塘沽築港，亦屬日方設計的開發華北經濟的行動之一。日方初欲浚深沽河，使大型商輪及軍艦可直駛天津，以與北寧、津石、津浦等路相接。經勘查，需要鉅款且工程期至少五年，因此改變計畫，決定在塘沽築港。一九三六年一月二十五日至一月二十六日，日本天津駐屯軍、關東軍及滿洲鐵道株式會社共同召開華北經濟開發協會，決定以塘沽為正港，大沽為副港，並疏通塘沽至葛沽一段河流，以為軍商兩用。三、四月間，日本旅順要港部第十四驅逐隊司令官岡野再次親至塘沽考察，準備動工興建。港係商、軍兩用，即具有經濟與軍事的雙重意義。就經濟意義而言，目的在於收取晉察冀三省的物資——尤其是晉、察兩省的煤，察省宣化龍關的鐵以及長蘆的鹽，均可由塘沽新港直運出海，日本貨物也可由此直運冀晉察三省內部，成為華北最大的吞吐港，由此也可以掌握華北的經濟命脈。就軍事意義而言，由於津石路的興建與塘沽新港的完成，將可切斷平漢、津浦二路控制華北的心臟地帶。

日方除興建塘沽、大沽正副港口外，擬將大清河口建為自由貿易港，或軍商兩用港。該地即孫中山先生實業計畫中預定北方大港建港處，日本海軍亦早注意此地，並已勘測數次，認為係灤東地區及長城內外的最佳吞吐港，築成之後，以鐵路公路聯絡遼、熱及冀東，當可與塘沽新港相互使用。

清河口屬偽冀東區內，日方提議築港，殷汝耕欣然同意。可塘沽築港，必須向冀察政務委員會提出交涉，要求允准。冀察政委會以此事應由中央決定，日方也深知中央政府殆無同意之可能，因而猶豫。塘沽築港問題，遂成為冀察政府與日本軍方間的懸案。

此外，日本還妄圖以「拓界」手段擴充租界範圍。所謂「拓界」，即為日本駐天津總領事館要求中國同意拓展日本租界的範圍。其理由無非是移民到租界的日本人、朝鮮人、臺灣人日益增多，再加上日軍增兵、租界軍警家屬增多等原因。日方想謀劃擴展租界範圍至天津特二區，並拉攏義大利租界當局同時向天津市政府施加壓力。天津市政府經冀察政委會轉呈中央請求，中央批覆拒絕。

日方另一項非法侵佔中國土地的行為，即所謂「圈地」。也就是日方基於某項設施或某種意圖，認為某處土地有取得必要時，就採用各種卑劣手段奪取。如「聖農園事件」（日本通過燒死一名中國人並誣陷華人的手段，奪取了聖農園土地）。

日軍在華北的挑釁行動日益露骨，日軍以北平郊外的盧溝橋附近為演習場所，連日不斷地訓練、示威。並計畫以由豐台到盧溝橋一帶的六十多公頃土地建造飛機場，執拗不休地要求中國方面賣給這些土地，並開出令人難以置信的高價誘惑地主，但大多數地主都不理會。於是，日軍一方面向中國地方行政當局施壓力，一方面增加了在盧溝橋一帶挑釁演習的頻率。

第二節　台基廠頭條胡同七號

針對冀察政務委員會的成立，一九三五年，日本在北平東交民巷台基廠頭條胡同七號設立北平特務機關，意在進一步蠶食華北。

北平特務機關的第一任機關長是松室孝良少將。他曾在馮玉祥的西北軍中擔任軍事顧問，是一個「中國通」。因此他和二十九軍的宋哲元、馮治安、張自忠等也很熟悉。特務機關成立後下設顧問部，分為軍事、外交、經濟、建設和交通等部門。各部門都有負責人，軍事部門由櫻井德太郎少佐擔任，外務方面是矢野征記，通信方面是長佐谷台。松室一上任，就表示了設立此機關的目的：

> 我們是代表國家軍隊駐紮在北京，擔任冀察政權的指導。盡力做到對他們親密提攜，深入對方的內部吸引他們靠近日方的想法，環境惡劣時保持絕對中立。如果把冀察當作對立面，機關存在的意義就沒有

松井太久郎

了，我們工作的價值也就爲零了[8]。

北平特務機關主要有兩大任務：一是刺探二十九軍的軍事情報，如駐軍、編制和軍事部署，及軍隊領導人的家庭生活資訊；二是利用庚子賠款培養親日派。

一九三六年十二月，松室孝良轉任北滿騎兵第四旅團長，松井太久郎接任機關長後加緊對冀察政務委員會的控制。一九三七年七七事變後，中日之間處於打打談談的狀態。直到七月十一日，日本內閣會議完全下了重大決心，決定動員本土三個師團和關東軍及朝鮮軍的部隊，徹底解決懸而未決的華北問題。但是，由於日軍部隊開到中國需要時間，因此，日方繼續以「和談」迷惑冀察政府，以和談爭取時間。

這時日方及漢奸大肆活動，造謠生事，企圖在冀察內部製造混亂，瓦解抗日軍隊的團結與鬥志，以圖各個擊破。

北平特務機關對我華北的軍事部署進行了一系列的刺探活動，他們詳細地調查了冀察政委會和二十九軍、師、旅、團、營、連駐軍及負責人姓名和各保安隊分佈情況，對二十九軍的佈防情況瞭若指掌。此外，日本特務機關還特別重視搜集二十九軍軍事將領的行動情報，例如，當年二十九軍對外號稱是十萬人，報紙及資料也是十萬人，而日本特務機關調查的詳細資料卻是七萬二千人（包括非戰鬥人員），駐盧溝橋的排長名字都有。利用他們的喜好或者通過策反他們身邊的人，時刻瞭解他們的一言一行，收買二十九

8 寺平忠輔，《盧溝橋事件》（日本：讀賣新聞社，一九七〇年版），頁三十三。

軍將領。一九三七年七月十九日，宋哲元乘專列從天津到北平，當火車開過楊村時，「宋哲元用熱毛巾擦過臉。喝了幾杯茶後，突然對身邊的陳覺生說到『每年山東都有蝗蟲，今年這邊還沒有看到蝗蟲群哪』」，看似不起眼的幾個動作、一句閒話，都已被人密告到日本特務機關[9]。

北平特務機關在搜集了二十九軍內部的相關情報後，便開始對二十九軍內部進行分化、瓦解，消除其「自治」障礙，「拉住冀察一部實力派頭腦簡單分子，根本排除其抗日反日思想，而無形中做到破壞我收拾計畫[10]」。松室孝良曾指使特務：「我們應盡全力謀求與冀察親睦提攜，打入其心中，誘導其成為日本的夥伴[11]。」在這樣的背景下，二十九軍內部出現親日派和抗日派之分化，從而有了張自忠率團訪日之行，來實行「中日間的親善提攜」。

此外，特務機關還不斷挑撥二十九軍和中央軍及二十九軍內部的關係，揚言「日軍此次行動，係擁護冀察利益，拒止中央軍來佔冀察地盤，又對張自忠部下，則謂僅打馮治安部，不打張部[12]」。

但是北平特務機關這樣的分化，只對少數將領起到了作用，絕大多數將領是身懷愛國情懷的，對特務的分化巋然不動。於是他們對二十九軍的主要將領實行了一系列暗殺活動。

蕭振瀛是籌建二十九軍的骨幹之一，在冀察政務委員會成立後任經濟委員會主任委員，不久被國民政

9　寺平忠輔，《盧溝橋事件》（日本：讀賣新聞社，一九七〇年版），頁四一〇。
10　《中央週報》，一九三七年四月十九日，第四六三期。
11　寺平忠輔，《盧溝橋事件》（日本：讀賣新聞社，一九七〇年版），頁三十三。
12　〈盧溝橋事件第四次會報〉，《民國檔案》一九八七年，第二期。

府任命為天津市長。蕭善言談，膽智雙全，奉命負責對日交涉。他堅持「不說硬話，不做軟事」的原則，對日表面友善，實際上敷衍推託，從未簽署任何書面協定。他以地方政府說了不算為理由，與日軍方周旋。日軍方對他極為不滿。在一九三六年五月二十八日天津發生學生運動時，蕭以市長身分和學生進行和談。這種做法使日軍方不能容忍，由於他無「誠意」賣國，日軍方不能容忍他繼續留在華北，而對宋哲元施加壓力，逼其去職。蕭去職後暫住北京香山寓所，當日本特務刺探到「蕭氏下野後，還在左右著宋哲元的行動，還在決定著二十九軍的軍務[13]」時，日軍方便指使石友三去搬弄是非，未果，決定採取暗殺行動。當馮治安從何應欽那兒得知日方暗殺蕭的計畫時，便火急命何基灃組成「香山衛隊營」保護蕭振瀛，蕭得以倖免[14]。

張克俠早年參加西北軍，後任三十八師參謀長，一九三七年任二十九軍副參謀長，是二十九軍的主要領導人之一，於是日本情報機關便收買吸食鴉片、中毒日深、難以自拔的張克俠專車司機——張林閣，乘張克俠出席軍事會議之際，製造了「南池子汽車惹禍事件」，造成一名值勤警員重傷，張克俠幸而無恙。張林閣被拘留不久獲釋。在七七事變前又引導日本浪人三名，夜襲張克俠在北平東四七條八號私宅，為張克俠傳令兵路明挫敗。在北平淪陷後，繼續奉日命監視和追蹤張克俠，幸而張克俠後來脫險，使日諜

第二十九軍三十七師師長馮治安

13 王昭全、張蘊，《蕭振瀛傳》（中國國際文化出版社，二〇〇七年版），頁三五八。
14 《蕭振瀛先生紀念文集：附蕭振瀛回憶錄》（世界書局，一九九〇年版），頁一八三—一八四。

報機關殺害張的陰謀未能得逞[15]。

馮治安是二十九軍的骨幹籌建者之一，任二十九軍三十七師師長，曾在一九三三年喜峰口戰役中積極抗戰。七七事變時擔任北平城防司令。在冀察政務委員會成立後任河北省主席。在七七事變前一天，馮治安在保定接到報告，稱日軍在長辛店和盧溝橋附近舉行軍事演習，出動人員極多，並攜有重武器。作為二十九軍的代理軍長（此時宋哲元在山東樂陵），他感到情勢危急，當即乘專列趕回北平。當時日軍準備在長辛店附近炸毀馮治安的專列，因錯過時間陰謀未得逞[16]。

宋哲元在一九三七年七月十八日會見香月清司，日方對他提出簽訂和約。但是，宋哲元因接到蔣介石轉給李世軍情報稱宋生命有危險。所以宋哲元對香月態度較為和緩，說要回北平與馮治安等商量，然後於七月十九日上午七點半乘火車逃離天津。此時，日軍方已認定宋哲元不可能再被利用，其存在對他們吞併華北將是一個阻礙，決定對他採取行動，在楊村附近放置炸彈，企圖炸死宋哲元[17]。所幸宋哲元的火車經過時，炸彈未爆炸，日軍方的暗殺陰謀未得逞，宋於上午十點到達北平。

劉汝明，西北軍十三太保之一。二十九軍組建後，投靠宋哲元，先任副軍長，後任暫編第二師師長。因在羅文峪戰役中立功，國民政府將暫編第二師正式編為一四三師，駐防察哈爾省，劉任師長兼察省主

15　張克俠，《佩劍將軍張克俠日記》（解放軍出版社，二〇〇七年版），頁五。

16　馮炳瀛，〈回憶我的父親——馮治安將軍〉，《朝陽文史》第三輯（中國人民政治協商會議北京市朝陽區委員會文史委員會編印，一九九一年版），頁二二九。

17　王冷齋，《盧溝橋抗戰紀事》（北京：時事出版社，一九八七年），頁四十—四十一。

席。一九三七年七月二十五日，宋哲元給在北平的劉汝明打電話：「子亮，你趕快回去，照計畫做，八月一號行動[18]。」此時，他們的通話已被日本特務機關偵知。劉汝明匆忙只帶著母親從平綏鐵路往張家口趕，當「車過沙河站後約十分鐘，日軍即趕抵沙河，強行拆除路軌五百公尺[19]」，企圖阻止劉汝明回察省抗戰。但因日軍晚來一步，劉安全到達張家口。

特務機關不僅對二十九軍和冀察政權進行分化、挑撥離間，對二十九軍主要將領進行暗殺外，還直接以宋哲元的名義、用假的圖章、假簽名，偽造二十九軍的作戰命令，以造成二十九軍抗戰的混亂[20]（這份偽造的宋哲元簽字的七月二十八日作戰命令，在一九三七年並未起到作用，而在一九八七年日本戰友會上公布後，被北京人民大學教授帶回當作重要史料，干擾了人們對七七事變研究二十年，真假作戰命令見本書第二編）。

另外，一九三七年七月十四日下午九時的〈盧溝橋事件第四次會報〉[21]就曾提及：據北平消息，日方及漢奸對宋部大肆挑撥，謂日軍此次行動，係擁護冀察利益，拒止中央軍來佔冀察地盤，又對張自忠部下，則謂僅打馮治安部，不打張部等語。

---

18 劉汝明，《劉汝明回憶錄》（臺北：傳記文學出版社，一九七九年），頁一八六。

19 劉汝明，《劉汝明回憶錄》（臺北：傳記文學出版社，一九七九年），頁一一四。

20 〈對一九三七年七月二十八日以宋哲元名義簽發的「作戰命令」再考析〉，《近代史資料》總一一九號，（中國社會科學出版社，二〇〇九年版），頁二七〇—二七七。

21 《民國檔案》，一九八七年第二期。

當時，日軍及漢奸大肆造謠，挑撥、煽動冀察當局與中央國民政府的矛盾，冀察內部出現矛盾，導致二十九軍領導層分裂。

一九三七年七月十五日，宋哲元在天津主持召開的會議上，就出現了和、戰的明顯分歧。致使七七事變後宋哲元舉旗不定，平津迅速淪陷。

日軍企圖通過北平特務機關來削弱駐華北地區守衛疆土的二十九軍，能拉攏的則拉攏，不能拉攏的則策劃暗殺。

日軍還在盧溝橋對面，建立了由日本人、朝鮮浪人經營的倉館、大煙館和煙花館，共一百多家。目的是引誘二十九軍官兵墮落，並乘機刺探情報。

在天津就有大量漢奸團體：

（一）東亞協會：該會與松井石根大將所辦亞細亞協會為一體。現由前北京政府財長劉思源及前江西漢冶萍公司督辦鄭萬瞻主持。最近日少壯派青年黨領袖軍人橋本欣五郎大佐亦擬加入，充任副會長。會址設津日租界香取街七號，為日方對華北特殊工作大本營，惟最近頗不活動。

（二）普安協會：該會為前直魯軍警督察處長厲大森及日人小日相主持，受關東、華北兩軍部指揮。以青幫中下流分子為鷹

1937 年 4 月 8 日《武漢日報》第一張第三版

犬，與東亞協會同屬日對華北秘密工作大本營。過去津市各種偽自治運動及散發標語、傳單，反對中央，捏造挑撥消息等事皆該會所為。在一般特殊組織，日方認此會最為得力。

(三)人類愛善會：此為日大亞細亞協會與偽滿洲國協和會共同組織之機關。專以收買青年學生，由文化浸潤，變易其思想，使之親日。而供日方驅使為宗旨，如中等以上學校，如有排日反滿思想青年，則設法聯絡，或以恫嚇，或以金錢，務使其改變原有主張，提倡世界大同，復興王道主義為止。該會辦有人類愛善互相日語學校。吸收青年入校者達五百餘人。又辦有中日密教會，由宗教方面灌輸華人親日思想，設立一年半，頗著功效。

(四)華北五省防共自治協會：此為河北省香河漢奸武宜亭及任丘漢奸王濟中、安次漢奸劉中儒等所組織，欲藉自治之名，實行賣國求榮之實。聞同時具有回應偽冀東組織之意，近來因各地防範甚嚴，已不甚活動。

(五)河北省人民防共自治促進會：此與前會性質相同，為前直魯軍長張膺芳所組織，所擬採取之途徑亦與前會如一。現亦因日方不甚利用，終止活動。

(六)天津市各界防共自治後援會：此與前兩會相同，為普安協會中人及庸報社長李志堂、張遜之所主持，現亦無甚工作。

(七)華北五族防共委員會：此為新近組織。設津英租界十四號路桐華里。由劉思源、鄭萬瞻、方永昌等主持。

(八)天津市各界防共委員會：此亦為鄭萬瞻、厲大森、朱枕新等人所組織。與前項組織性質同。

第三節　天津「五・二八」學生運動與蕭振瀛去職

一九三六年春，隨著日本帝國主義加緊對中國的侵略，天津局勢更趨緊張。日軍的中國駐屯軍司令部設在天津海光寺，這裡成為日軍侵華的指揮中心。日軍在海光寺附近頻繁進行軍事演習。與此同時，強徵華工加緊在司令部一帶修建兵營等軍事工程。為了對外保密，在工程完工後，日軍殘忍地將修築工事的華工殺害，棄屍海河，製造了駭人聽聞的「海河浮屍案」。從四月至六月間，在海河上被發現的男性浮屍多達三百餘具。這一慘無人道的暴行，引起天津各界群眾尤其是愛國學生的極大憤慨。

為了抗議日本帝國主義的侵略和屠殺我同胞的罪行，中共領導劉少奇指示中共天津市委組織全市學生和各界愛國群眾，舉行一次聲勢浩大的示威遊行。為了宣傳抗日民族統一戰線的方針，決定在遊行中要爭取二十九軍官兵抗日。原定於五月三十日舉行全市學生抗日示威遊行，但是消息洩露，為防止破壞，天津市學生救國聯合會將示威遊行提前到五月二十八日。

天津「五・二八」學生運動（由天津黨史研究室于建提供）

五月二十八日，天津青年學生和各界愛國人士在劉少奇的領導下舉行了聲勢浩大的示威遊行。遊行隊伍分南北兩路向市中心匯合。南路由南開大學、南開中學、廣東中學、三八女中等學生組成，經南馬路、東南角、東馬路，到官銀號；北路由法商學院、北洋工學院、女師學院和河北第一師範學校等校學生組成，經月緯路、七經路、金剛橋，至大胡同。遊行隊伍高舉「天津市學生愛國示威大遊行」的巨型橫幅，沿途高呼「打倒日本帝國主義」、「反對日本增兵華北」、「停止內戰，一致抗日」等口號。當遇到軍警阻攔時，學生們高呼「中國人不打中國人」、「歡迎天津軍警一起抗日」，軍警被遊行隊伍的愛國熱情所感染，並沒有進行鎮壓驅趕。南北兩路隊伍在官銀號匯合後，舉行了群眾大會，強烈呼籲「停止內戰，一致對外」，並提出「反對華北特殊化」等決議。隨後繼續遊行至南開中學操場結束。

遊行結束後，學生為海河浮屍冤魂舉行放燈會。天津市警察局長孫維棟在得知消息後，立刻報告給市長蕭振瀛。

時任冀察政務委員會委員長的宋哲元正在天津看望母親，蕭振瀛立刻驅車向宋哲元做了報告。經過研究策劃，宋哲元、蕭振瀛於當晚攜帶了一批荷花燈出現在浮屍現場的海河邊，和學生一起弔唁死者，超渡亡魂。當學生發現宋哲元和蕭振瀛時，先是驚呼後改為鼓掌，宋哲元對學生又是拍肩膀，又是撫摸腦袋，學生們不再害怕逃跑，而是越圍越多。宋哲元開始講起了愛國與抗日，講起了為海河冤魂不再出現，必須拿起武器保衛國家，又講了二十九軍的職責就是以保家衛國為本，絕不打內戰。

蕭振瀛擔任天津市長期間，按照宋哲元「不說硬話、不做軟事」的要求，與日斡旋，不能滿足日方需求，如日方要求合辦電力公司，蕭敷衍了事。日方早就對蕭振瀛不滿，再加上對「五．二八」學生運動的處理，蕭振瀛使得宋哲元加強了與愛國進步學生的聯繫，得到了學生們的擁護，更刺激了天津駐屯軍敏感的神經，遂逼迫蕭振瀛離職，並向宋哲元推薦漢奸齊燮元繼任天津市長。宋哲元拒絕後，向國民政府推薦了二十九軍三十八師師長兼察哈爾省主席張自忠為天津市長。

對於蕭振瀛突然被免職，日本特務機關為保齊燮元上臺，而放出了大量謠言，聲稱是宋哲元、張自忠對蕭振瀛不滿，甚至說因為張自忠打了蕭振瀛一耳光逼蕭振瀛辭職。現將蕭振瀛離職前，蔣介石、宋哲元致蕭振瀛的親筆信公布如下，以供史學界研究。

引自《蕭振瀛先生紀念文集》

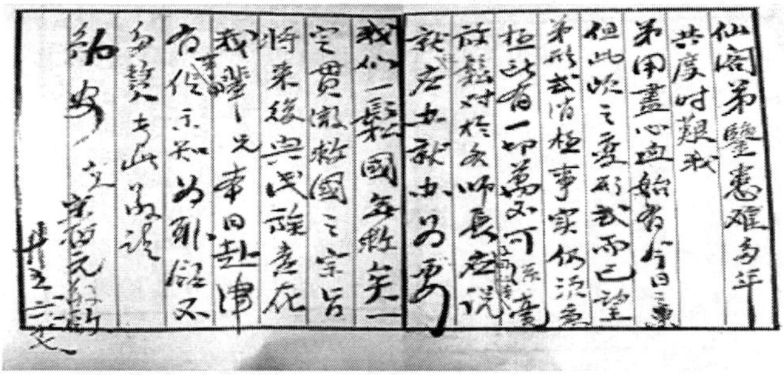

1936 年 6 月 17 日宋哲元致蕭振瀛親筆信

蕭振瀛小傳

天津市長蕭振瀛

蕭振瀛（一八九〇—一九四七），字仙閣。青年時期受孫中山民主主義思想影響，在法政大學就讀時，中途輟學而投軍。歷任東北軍孫烈臣部營長、參謀、軍法官、吉林田賦局局長，以及參議院議員等。因在省城組織「民治促進會」，受到壓制而離開東北。

蕭振瀛經西北軍「五虎上將」之一的李鳴鐘介紹，參加馮玉祥將軍領導的西北軍，歷任綏遠省臨河縣、五原縣縣長、包臨道尹、西安市長及宋哲元的西路軍總指揮部軍法處長等職。一九二六年底，西北軍攻克西安，馮玉祥任命宋哲元為第四方面軍總指揮兼陝西省主席，宋任命蕭振瀛為西安市市長。

一九三〇年中原大戰後，四十二萬人馬的西北軍損失十之八九，所剩軍隊避居山西一隅。蕭振瀛與宋哲元在太原相見，商定招集西北軍餘部另組軍隊。隨即赴山西運城，在西北軍將領張維藩處邀集原西北軍將領張自忠、馮治安、趙登禹、李文田、何基灃、張維藩共六人，決定將各自統轄部隊統編為一個軍。大家擁立忠厚老成、威望和資格最高的宋哲元為軍長。後來，蕭振瀛南下面見蔣介石，徵得蔣同意後，又赴天津與張學良相商。經東北同鄉劉哲、莫德惠、萬福麟等說項，張學良於一九三〇年十二月正式下令將該軍編入東北軍序列，稱東北邊防軍第三軍。由宋哲元任軍長，蕭振瀛任中將總參議。不久，第三軍按全國統一編號為國民革命軍第二十九軍。

一九三一年「九一八事變」，二十九軍將士通電請纓抗日，蕭建議宋以「寧為戰死鬼，不做亡國奴」為全軍座右銘，在全軍中開展愛國主義的思想教育。

一九三三年初，日本進攻熱河，妄圖鯨吞華北。蕭振瀛代表二十九軍參加了在南京由蔣介石主持的軍事會議。返回北平後，蕭振瀛向張學良陳述「我們家仇國恨，今當其衝。勝則成功，死則成仁，此報國效死之時，二十九軍請為前鋒」。

長城抗戰後，黃郛主政華北，和日軍簽訂了中日《塘沽協定》。馮玉祥將軍在張家口組成察哈爾民眾抗日同盟軍，不久同盟軍失敗，遼吉黑民眾救國軍在李守信、劉桂堂領導下投奔二十九軍，由蕭振瀛請示宋哲元軍長後收編為二十九軍騎兵師。

一九三五年，日軍對華北加緊侵略，華北局勢發生了空前危機。《塘沽協定》簽字後蔣中央政府撤出平津，平津治安發生恐慌，漢奸、惡棍乘機擾亂。蕭振瀛經張學良同意後，立即通知二十九軍三十七師馮治安率部跑步到平津，國民政府遂於六月二十八日任命宋哲元為平津衛戍司令。至此，二十九軍已成為控制華北局勢的主要中國軍隊。這為二十九軍的進一步發展壯大創造了有利條件。同時也使二十九軍處在與日軍對峙的最前沿。日軍為了加快使華北脫離中國，一方面威逼拉攏華北的宋哲元、韓復榘、閻錫山等人，另一方面策動漢奸進行自治運動，十月下旬，在日軍憲兵和浪人支持下，香河縣劣紳武宜亭率流氓武裝佔領縣城，組織「自治政府」。十一月，日軍又唆使漢奸殷汝耕在通縣組成「冀東防共自治委員會」，宣布二十二縣獨立。面對日軍的咄咄進逼，宋哲元與二十九軍諸將領研究對策，蕭振瀛提出：與其叫漢奸出來賣國，莫如讓二十九軍控制冀察。即對日表面友善，實際敷衍。其目的是一方面佔領冀察，使二十九軍迅速擴編裝備起來，時機一旦成熟，奮起抗戰。另一方面以苦撐時局，為全面抗戰贏得充分的準備時間。一九三五年十一月六日，國民政府行政院任命蕭振瀛為察哈爾省主席。在蕭振瀛多方奔走和折衷情況下，十二月在華北成立了具有特殊性質的「冀察政務委員會」，由宋哲元出任委員長，蕭振瀛任常委，實權完全掌握在二十九軍中。它是一個日本侵略軍與南京政府之間妥協的產物，暫時起到緩衝的作用。不久，蕭振瀛被國民政府任命為天津市長。

由於冀察政委會主任宋哲元為人忠厚耿直、不善言談，而蕭振瀛則不僅善言談，並有膽有勇，又足智多謀。在二十九軍諸將領中亦有威信。每當弟兄們之間有爭論時，蕭振瀛能出來給予調解。在二十九軍獲得發展後，張自忠提出三十八師增加兩個團，以擴大自己勢力。此事引起二十九軍其他將領不滿，蕭為解決矛盾，對張曉以大義，及時阻止了這件事，維護了諸將領的團結。張自忠反而和蕭成了知己。

冀察政務委員會成立後，日軍企圖通過它來策動二十九軍在華北搞獨立，使其成為日本傀儡。然而負責對日交涉的蕭振瀛，抱著既定原則，在與土肥原、板垣、多田駿等日酋談判中，對日方提出的要求採取敷衍、推託、地方政府說了不算的辦法來對付。他從未和日方任何人簽署任何書面協議。

蕭振瀛任天津市長時，任用了曾給楊虎城當副官長的孫維棟（隆吉）為警察局長和海關監督，孫維棟在當時的官員中屬於進步愛國的。他認真執行蕭的指示，對日本的秘密走私堵防極嚴。對當時（一九三五——一九三六年）層出不窮的學生愛國運動持保護態度，因而天津市沒有一個警員和遊行的學生發生過武裝衝突。

一九三六年六月，蕭振瀛因日軍認為他無誠意，而不能容忍他留在華北。蕭被迫辭去天津市長職務飛往南京，作為國民政府經濟考察專使隨孔祥熙出國考察。

一九三七年七月七日，日軍發動盧溝橋事變，二十九軍奮起抗戰。正在國外考察的蕭振瀛立即回國參加抗戰。此時，二十九軍已升格為第一集團軍（總司令為宋哲元），隸屬第一戰區，蕭振瀛就任第一戰區上將總參議。一九四〇年四月五日，宋哲元病故，從此蕭辭去軍政工作，改為經營大同銀行。蕭在抗戰期間曾保護了中共地下黨員何基灃將軍，任用中共地下黨員閻寶航為自己的公司經理。一九四四年九月，蕭振瀛在重慶完成了回憶錄《華北危局紀實》，對後人瞭解二十九軍歷史有重大影響。一九四七年五月八日，蕭振瀛逝世於北平。

第四節　宋哲元避日回魯的前後

一、宋哲元建平民住宅

一九三七年，宋哲元用給母親做壽的三萬元在北平天橋附近蓋了一百四十間平民住宅，廉價租給窮人居住，開創了地方官為貧苦百姓建廉租房的風氣。

宋哲元建平民住宅和他的生活經歷有關。宋哲元家本是書香門第、官宦人家，但是到宋哲元父親宋釜時，家道衰落。他本想通過科舉走上仕途之路，但是因為業師受到清朝文字獄的影響，自己也被株連，導致終身不許做官。宋釜仕途無望，只能以教私塾為生，宋家也由此衰落。宋哲元幼時曾隨父親前往廣西，父任塾師，宋哲元則給富家子弟做伴讀書僮，因此受到父親嚴格的經史教育，深受儒家思想的影響。宋釜在外辛苦一年的束脩（二兩紋銀）全部被宋釜的繼母所吞奪，使宋哲元母子二人無法生活，只得由趙洪都村遷至後顏村，寄住在舅舅家的柴房裡，靠母親賒棉紡線度日。柴房夏天漏雨，冬天透風。十七歲時宋哲元回鄉當過私塾先生，還在染坊裡做過雜工。艱辛的生活與繁重的工作使宋哲元瞭解生活在最底層民眾的真實情況，儒家「以民為本」的思想主張也深刻地影響了宋哲元，使他年輕時就想為平民百姓做好事。

宋哲元當兵後跟隨馮玉祥，馮玉祥推崇孫中山的「三民主義」，在他所統轄的河南用軍費曾建有平民住宅。

一九三五年十二月，冀察政務委員會成立，宋哲元任委員長，成為冀察平津地區的最高長官。北平市雖是前清故都，華北重鎮，但是平民百姓的生活仍然很貧窮，尤其是住宅不足。一九三四年五月，宋哲元曾為母親做過七十大壽。但他並未忘記寄住在柴房裡的艱苦歲月，深知平民百姓無房可住的困境，所以一九三七年二月宋哲元預感到中日之間將有戰爭，為此他把自己給母親七十五歲（一九三九年）做壽的三萬元交給北平市政府，要求市政府建設平民住宅一處，供貧苦百姓使用。北平市長秦德純接到錢後，立即訓令工務局（建設局）和社會局（民政局），要他們立即籌畫，爭取早日建造成功。這是北京城有史以

來，第一次由官員出錢為貧苦百姓建造廉租房。

平民住宅選址在北平天橋以南的一塊空地，共二十二餘畝。由工務局測繪、製圖、編列預算，於一九三七年二月底提出方案送給宋哲元審批。由於原設計是參考青島市平民住宅的圖紙，間量較小（每間十平方公尺）。宋哲元認為設計的房屋面積太小，不足以容納百姓的生活，於是下令更改。因此，工務局又重新繪圖、估價，房間略微擴大，將原計畫的一百五十間改為一百三十間，每間十八平方公尺。一九三七年三月二日，工程圖紙報到市政府，並轉呈冀察綏靖主任公署批准。建造平民住宅的全部文件和圖紙，至今還保存在北京市檔案館內[22]。

工務局一邊填墊地基，一邊登報招標。結果，西直門外大街興華木廠中標，總價二點六萬元，較工務局原估價少二千九百元。於是決定用餘款再加造住房十間、每十間住房配廁所二間及院牆兩段，總計建房一百四十間，廁所二十八間，以及院牆、街門等。

從一九三七年五月十八日到六月三十日，平民住宅分五期竣工，結果總工料價比撥款的三萬元還剩餘三百八十四元。為此，又增加後屋簷玻璃四塊，每院磚石通道一條，臨街後窗安鐵條護欄。添加工程在七月二十三日完工，整個工期共計八十三天。

平民住宅的房子樸素實惠，品質很好。竣工後，宋哲元指示平民住宅的租金必須降低，以便百姓承租。每間房以六毛錢的低價租給了北平市的貧苦百姓，在一定程度上緩解了民生的艱難。

22　賴晨，〈西北軍建造的「廉租房」〉，《團結報》，二〇一三年十月十七日，第五版。

七七事變後，二十九軍撤離平津地區，這些平民住宅就交給了北平市社會局，繼續以低價租給百姓居住，一直延續到七十年後拆遷。這是官員以私款為平民百姓建造住房的典範。

二、南苑閱兵

由於日本的步步緊逼，中日雙方在華北問題上形成的嚴重僵局，國民黨於一九三六年七月召開了五屆二中全會，蔣介石在會上明確表示中國決不承認偽滿洲國，並對「最後關頭」作了新的解釋。隨後，日駐華大使川越茂和中國外交部長張群又舉行了多次會談，會談因在華北問題上的嚴重分歧不歡而散，從此中日交涉走入絕境。

日本侵略者為了獲得談判桌上得不到的東西，就把希望寄託在軍事冒險上。唆使偽蒙軍進攻綏遠，中國軍隊誓死抵抗，於十一月至十二月爆發了綏遠抗戰。

綏遠抗戰又稱為「百靈廟戰役」。是在南京國民政府的支持下，中國綏遠地方當局傅作義部與日本支持的內蒙古德王等蒙古分裂分子之間爆發的一場局部戰爭，以中國晉綏軍、中央軍全勝而告終。

在全國抗日救亡運動推動下，南京國民政府在軍事上採取了支持晉綏軍堅決抵抗的立場，給日偽軍以沉重打擊。恰在這時，又發生了震驚中外的西安事變，在全國各界要求抗戰的呼聲中，蔣介石接受了「停止內戰，一致對外」的主張。西安事變的和平解決令日本大失所望，不僅沒有像日本希望的那樣使中國發生更大規模的內戰。就連國共兩黨也拋開多年恩怨，共同舉起了抗戰大旗。西安事變的和平解決，促成了國共兩黨由對抗走向聯合抗日。關於宋哲元對西安事變的態度，他的副秘書長王式九的一篇回憶錄〈二十九軍軍長宋哲元對西安事變的態度〉可以參考。

1936年11月6日，蔣介石、宋哲元赴綏遠。左起傅作義、宋哲元、蔣介石、宋美齡

王式九，本名王義樫，一九〇〇年出生在易縣婁山王家。畢業於北京朝陽大學，一九二七年七月任國民革命軍第二集團軍總部馮玉祥的秘書，一九三三年十月出任宋哲元任軍長的二十九軍副秘書長，兼冀察綏靖公署秘書長。抗日戰爭中，一九三七年八月任第一集團軍總部秘書長。

中華人民共和國成立以後，王式九在參加了新法學研究院的學習以後，先後在政務院政法委、中醫研究院任秘書。全國政協文史資料研究委員會成立以後，王式九被調去任編輯，並且奉周總理之命與何基灃等合寫《七七事變紀實》，還單獨撰寫了有關中原大戰的回憶文章，一九八〇年去世。西安事變發生時，王式九任二十九軍副秘書長，親歷了二十九軍軍長宋哲元及二十九軍高層的政治動向，解放後對此作了詳細回憶：

一九三六年十二月十二日深夜，我在睡夢中被敲門聲驚醒，聽到站在門外的人說：「有一件從西安拍來的急電送閱。」開門接過電報一看，是張學良給宋哲元的一封電報，大意是：爲了挽救國家危亡，萬不得已，對蔣介石進行了最後的諍諫，現已將其迎至西安暫住，希望宋即派代表前往西安，共商今後國家大計。我對於這樣一個突然發生的非常事件，自然不能不趕快報與宋，便把電報親自送到宋的寓所，將其喚醒，把電報交給他看，他仔細地看完之後說：「明天上午再召集大家研究吧。」第二天上午九點鐘左右，宋的高級將領和幕僚張自忠、馮治安、秦德純、戈定遠、楊兆庚等都來到了宋的寓所，大家正在傳閱張學良來電報的時候，鄧哲熙也來參加了會議。宋哲元對大家說：「張漢卿這個舉動是一個大問題，大家要好好地研究研究。」當時在座的人議論紛紛，有的說：「蔣多行不義，落此結果，眞是大快人心，張漢卿應當把他明正國法，爲民除害。」有的說：「擒虎容易放虎難，如果放虎歸山，蔣遭此意外打擊，豈能善罷甘休。張漢卿縱然不把蔣處死，也決不會輕易把他放了。」也有的說：「張漢卿這種挾天子以令諸侯的辦法眞夠冒險，他的資格和威望都還不夠，萬一各方面都不支持他的做法，看他怎麼收場？」

接著是秦德純發表意見，他說：「這幾年，蔣的有些做法雖然不能令人滿意，但他畢竟還能統率得起來，如果他要有個意外，那時候，必然是各霸一方，國家就要四分五裂了。而且這樣一來，徒然給共產黨造機會。我們冀察的局面，本來就處在日本帝國主義的壓力之下，國內的局勢越混亂，外來的壓力也必然是越來越大，我們也就更加難於應付了。這個問題很複雜，我們對西安方面的情況還不清楚，對各方面的反應也需要看一看，是否馬上就派代表前往，更需要愼重考慮。」

最後，宋哲元對這個問題作了分析：他認爲張學良之所以敢於這樣做，一定有它的背景，看來情況是相當複雜的。他主張這個問題要多想一想，多看一看，要冷靜，不宜輕易表示態度。他不主張馬上就派代表，可以先覆一個電報，等著把各方面的情況大體上弄清楚以後再走第二步。接著他向秦德純和我，把覆電的問題作了指示，大意是：盼張學良以國事爲重，請其保護蔣介石的安全，一切均可從長計議等語。會談甫畢，劉哲、胡毓坤二人亦聞訊趕來見宋，主張立即派代表去西安看一看那邊的究竟。宋把覆張電報的內容告訴了他們，並說，俟張再來電報時，即派代表前去。

宋給張學良的電報剛剛發出，就接到了何應欽自南京拍來的急電，電報首先敘述了蔣介石被「劫持」的概況，接著是對共產黨的誣衊，並且辱罵張學良爲叛逆，然後是盼望宋與各方共同努力營救蔣介石出險，最後是要宋維護地方治安，嚴防不逞之徒乘機破壞。宋同大家把何的電報又研究了一番，當天就答覆了何。這個覆電的原文是：「西安駐軍叛變，委座（指蔣介石）被困，遽聽之下，至爲驚駭。當此國家多故之秋，乃遭此非常之變，眞國家之大不幸。張學良被赤色包圍，竟致鑄成大錯。除嚴加防範外，尚祈賜示詳情爲禱。」這時，宋哲元最爲關心的事並不在於蔣介石是否安全，而是冀察這個局面是否會因此受到影響。尤其是像冀察這樣一個情形特殊的局面，萬一應付失當，就會招來日本方面的藉口和麻煩。因爲西安事變的消息傳到北平之後，日本方面立即派人來訪，面促宋哲元對西安事變公開表明態度。他們認爲蔣介石的被扣，完全是共產黨的幕後策動所致，因此冀察當局必須採取措施，加強防共，以免冀察地區遭受意外。

宋哲元爲了應付日方，同時也爲了保全自己，所以在十二月十四日這天就發表了一個對時局的聲明。聲明共分三點：第一是以全力維持冀察的和平秩序；第二是繼續執行防共政策；第三是不論蔣介石是否在京，對中央的命令仍照常執行。但是日本方面認爲這個聲明不夠具體，特別不滿意聲明中的第三點，要求宋採取進一步的措施。於是，又在十六日由宋對冀察兩省和平津兩市發布了一個緊急治安命令，其內容是：一、嚴禁集會、結社、遊行；二、嚴防不良分子乘機造謠搗亂；三、保護外僑生命與財產；四、嚴禁散發傳單，如無當局許可，各報館不得發行號外。這個命令下達並在報紙發表之後，才算是把日本人應付過去。事後，宋對他的幕僚說：「日本人談論西安問題的時候，竟是那樣的興高采烈，好像這個事件對他們有多大的好處一樣。日方認爲南京方面應立即採取斷然行動，出兵討伐張、楊，削平叛亂。並說日本政府將考慮對南京給予有力的支持。日本對中國向來不懷好意，看來又在那裡施展陰謀詭計了。」宋哲元在採取上述措施的同時，派戈定遠前往南京，表面上是對南京當局表示擁護之誠，實際上是爲探聽南京方面對西安事變所採取的步驟，以便決定自己應付時局的方針。同時還派李炘前往濟南，與韓復榘交換對時局的意見，與韓商定在必要的時候採取一致行動。韓復榘亦派代表聞承烈來北平與宋晤談，代韓表達通力合作的意願。在這裡，需要補敘一段事實：宋哲元與韓復榘原在西北軍共事多年，有很深的關係。他們在蔣介石消滅異己的教訓中，深感有聯合起來的必要。在這年秋天，宋以赴冀南視察爲名，約韓在南宮會晤。我雖未參加他們的會談，但亦略知會談的內容，即雙方不作任何形式上的聯合，在平時是分疆而治，以免引起蔣介石的疑忌，一旦遇到時局有重大變化的時候，彼此立即採取協同一致的步調。這次宋、韓的聯合，可以說是早已有了成約的。至於對西安方面的張學良，宋則採取了極其愼重的態度。他對張的這次舉動雖不以爲然，但他與張一向有著較好的關係。同時也是因爲對這次事變發展的前途一時還作不出確定的判斷，不能不有所保留，以爲日後轉圜的餘地。所以無論在他發表的聲明中也好，還是在公開的談話中也好，始終對張沒有過露骨的攻擊言論，但是他也不願和張多所接觸。我記得有一天（大約是十二月十四日或十五日），胡毓坤來見宋，他說：東北的朋友們對張副司令（指張學良）很關心，大家推他去西安看看張副司令，特來向宋請假（因胡是冀察政委會的委員）。並說，希望宋給張寫封信由他帶去。宋表示：胡代表東北朋友們去西安走一趟很好，也是應該的，他完全同意。並說明：他已覆過張的電報，這次胡既親身前往，不需要再帶信件，託胡見到張的時候可當面代爲致候。

從這一件事，也可以看出宋對西安方面的愼重態度。至於宋是否與張有進一步的聯繫，當時沒有聽到過。後來徐惟烈也去西安有所活動，他說是宋派他去的。據我所知，宋對徐的印象很壞，說他是過激派，是一個危險人物，萬不可用。宋在冀察時期，一直沒有給徐一個適當的名義，他僅僅是張自忠的一名顧問。所以宋派徐去西安活動之說是否確實，因我對此不夠瞭解，不能加以肯定或否定。

在事變剛剛發生的幾天當中，由於宋哲元所處的環境和地位，即爲各方所注意，每天總有很多新聞記者來採訪消息，日本方面也派人訪問過幾次。他爲了避免發表過多的言論，同時也爲了更好地考慮應付這個不易捉摸的局勢，就稱病謝客，大約有兩三天的時間沒有和外間作任何接觸。迨南京發布了對張、楊的討伐令以後，宋又和大家仔細地研究了這個討伐令，認爲這種作法不僅不能解決問題，反而會造成更大的混亂，他表示反對武力解決。秦德純也說：「萬一戰事發生，勢必牽動全局，冀察處在國防第一線，到那個時候，日本鬼子不知又要打我們的什麼主意，這是必須要考慮到的。不過這個仗是不是眞的就打起來？還是有意識地擺出這個陣勢作爲解決問題的手段？以常理論，現在蔣還被軟禁在西安，投鼠忌器，我看未必是眞打（當時大家還看不到何應欽的陰謀）。如果各方面有力人物提出和平解決的主張，或者可以找出一個和平解決的途徑，也未可知。」如前所述，宋哲元與韓復榘之間，經過交換意見，已經有了採取一致行動的默契。但是在事變發展的進程中，宋、韓二人所表現的活動手法並不完全相同：從表面上看，宋是比較傾向於南京方面的；而韓則不然，他一開始就採取了兩面討好的手法，一方面派劉熙眾乘飛機前往西安，表示對張學良的同情和支持，一方面派靳文溪赴開封，與劉峙、商震商議營救蔣介石的辦法，同時還打電報給何應欽，表示對蔣的關切。但是過了幾天之後，他可能是看到蔣介石恢復自由的希望不大，或者另有其他的原因，忽然在二十一日這天，給張學良發了一個「馬」電，稱讚張的主張和行動是英明的壯舉，並且說，他的軍隊奉南京之命向西開動，希望在兩軍接近時勿生誤會。這個電文是他的顧問何其鞏代擬的。事後有人推斷，何其鞏是一個不甘寂寞的人，在蔣介石那裡既找不到出路，在冀察也沒有插足的餘地，韓雖聘他爲高等顧問，但其志決不在此，忽然遇到這樣一個機會，自然不能放過，所以才代韓策劃，發出了這個電報，爲自己創造重登政治舞臺的條件。這時，宋從各方面得到的消息中，從宋子文、宋美齡、端納等人飛往西安的事實中，看到情況已有緩和的跡象，蔣介石恢復自由的可能性也越來越大。恰在這時韓復榘來電報約他會面，他就應韓之約於二十二日下午偕同鄧哲熙、秦德純等人乘火車出發，在德州以北津浦路線的一個小車站上與韓會了面。原來是韓復榘剛剛發出馬電之後，就受到蔣伯誠的埋怨和勸告，認爲他太不應該發這個電報，韓也很後悔，便把責任推到何其鞏的身上，正在設法彌補的時候。所以，他一經與宋晤面，立即拿出他預先擬好的電稿，商定聯名發出，以表明他二人對時局的主張。經宋同意，即於二十三日發出，除呈報國民黨中央黨部及國民政府之外，並通電全國各省、市軍政當局，其主要內容是：首先揭明當前急務的三大原則，即：如何維持國家命脈的問題；如何避免人民塗炭的問題；如何保護蔣介石安全的問題。主張對西安問題應盡量採取沉毅與靜耐，以求政治上妥善解決，設趨極端斷然之途徑，則上列三義恐難兼顧，或演至兵連禍結，後果不堪設想，謹申垂涕扣馬之請，云云。這就是當時受到各方注意的「漾」電。

這個漾電發出之後的第三天，即十二月二十五日，張學良親自送蔣介石離開西安，經洛陽返回南京。這個消息傳到北平後，有人當面恭維宋說：「委員長眞是料事如神，我們這盤棋一步也沒有走錯。」宋也頗有得意之色，但又謙虛地說：「這是大家集思廣益的結果，幸能保持冀察的安靖。」過了些時，宋派秦德純代表他去南京見蔣表示慰問，同時也聽一聽各方面，特別是西安方面的情況。秦回到北平向宋覆命，首先談了蔣在陝西從被扣軟禁到被送回京的經過，然後又談了他見蔣的情形。他說：蔣接見我的時候，正靠在一張躺椅上，見我進入室內，好像是要坐起來打招呼，勉強欠了一下身子便又躺下了，而且面部表現了痛楚的樣子，可能是被扣時受的傷還沒有好。但很快又對我作出高興的樣子說：「明軒兄（宋哲元字明軒）的幾個電報我都知道了，很好，很好，很好！」接著又說了幾句讓我替他向宋致意的話。我見他有些疲倦的樣子，就辭出來了。秦講完這段話之後說：「我們這次的作法總算是做對了。」秦之所以這樣說，是因爲他一向接近南京，在西安事變發生之後，宋的言論和行動，主要是由秦爲他策劃，而事變發展的結果，也正是他所希望的那樣，因之不免出此得意忘形之語。

宋哲元在西安事變的發展過程中，支持了南京，也支持了蔣介石，宋哲元在西安事變中曾致電張學良要求和平解決，因此，蔣介石對宋哲元更加信任。

特別是在七七事變發生的時候，由於二十九軍內部的矛盾，宋哲元被迫離開北平，外間不明眞相，對宋頗有指責，而蔣介石卻在一次集會上主動擔起責任，他說：「這次事變的爆發以及宋主任（宋兼任冀察綏靖主任）的離開，不是宋主任一個人的責任，首先應由中央負責。」又說：「一年多來宋主任在冀察應付這個局面很不容易，這是中央交給他的任務。我們爲了抗戰，就必須有一個從容的時間來準備，要取得這個時間，就必須設法延緩日本對我國的軍事進攻，宋主任對日本人的應付，是起了這個作用。」當然，這不僅是替宋說話，更重要的是爲他自己的不抵抗主義作辯解。蔣介石對宋表示籠絡，還表現在下面的幾件事情上：當宋哲元被任爲第一集團軍總司令的時候，即向南京提出擴編軍隊的要求，立即得到批准，給了三個軍的番號（實際上並沒有撥給宋軍隊，只是在原有二十九軍四個師的基礎上自行設法募補）。

宋自北平退出後，本應立即去南京述職並請示今後的任務，但他顧慮很多，未即前往。一直到了八月下旬，才偕同秦德純、鄧哲熙、過之翰和我到了南京，並且由秦德純陪同他和蔣介石見了面。他對蔣表示，自己沒有盡到責任，深感對不起國家，對不起委員長（指蔣）。蔣對他說了一些安慰和籠絡的話。這時張自忠已由北平逃到濟南，蔣命韓復榘將其扣留解京。宋知問題嚴重，乃向蔣爲張求情，蔣答應了免予處分，但堅囑不許張再回隊伍，並且當面寫了一個條子，派張爲軍政部部附。宋以這次見蔣還算順利，就乘機把他在冀察期間留用的國家收入也作了報銷。原來，從冀察政務委員會成立起，到七七事變發生這一年半的時間內，宋藉口冀察情況特殊，把冀察兩省和平津兩市地區的國家收入全部截留下來。南京方面對這個問題是極爲不滿，因此這項巨額收入的報銷問題一直是個懸案。不料想在這次見蔣的時候卻得到了「准予核銷」的結果。由於這次宋入京見蔣的結果頗爲順利，所以就有人說這和西安事變時期宋的態度很有關係。

冀察政務委員會成立之後，日本便提出諸如修築津石鐵路、開發龍煙鐵礦、修改海關稅則、開闢航空線路、收購華北棉花、長蘆鹽出口等所謂「經濟提攜」問題。宋哲元對這些問題，既不敢斷然拒絕，也不敢貿然同意，便採取推諉拖延的辦法。

直到這時在華北艱難苦撐的宋哲元，對日態度開始逐漸強硬起來，表示「喪權辱國之事，決不去做」、「對日交涉，凡有妨害國家主權領土之完整者，一概不予接受」。一九三六年十月，日軍以北平為攻擊目標，先後出動七千餘人在平津附近各縣展開大規模演習達十天之久；十一月，二十九軍也針鋒相對進行了演習，參加的人數在五萬人左右。宋哲元親赴龐各莊現場指揮，以示二十九軍不甘屈辱的決心。在決心與日本中止談判之後，一九三七年三月十日，宋哲元在北平通過對中央社記者宣布：「奉行中央政府的命令是我神聖的任務，過去如此，將來亦是如此[23]」。三月二十七日，國民政府駐日大使許世英再次抵平，面見宋哲元。

西安事變後，日本依然無視中國團結一致抗日的輿情，繼續兜售他的「華北五省自治」夢。一九三七年一月，日本參謀本部作出〈關於對華政策對陸軍省的意見〉，特別值得注意的是放棄了「華北分治工作」，指出：「以互助共榮為目的，將主要力量投入經濟、文化工作中，以公正態度對待其統一運動，不在華北進行分治活動。」雖然這話聽上去是標準的外交辭令，實際上就是表明日本的華北自治陰謀破滅了。但日本決不會就此罷手，認為對中國「到了不得已時……準備給予致命的痛擊」。

在冀察政委會表現出明顯中央化趨向後，日本駐華軍人對冀察當局的壓力變本加厲。一九三七年三月間，天津駐屯軍司令田代皖一郎借請宋哲元赴宴之機，武力脅迫他在經濟提攜的書面條款上簽字，其主要內容是修滄石路，開龍煙煤礦。宋哲元簽了「經濟提攜」後也是有打算的，他考慮用日本人的錢在華北修鐵路開煤礦並不可怕，只要把權力

1937年3月27日，國民政府駐日大使許世英二次抵平，與宋哲元會晤。

23 朱匯森主編，《中華民國史事紀要（初稿）中華民國二十六年（一九三七）一至六月份》（中華民國史事紀要編輯委員會，一九八五年版），頁二六五。

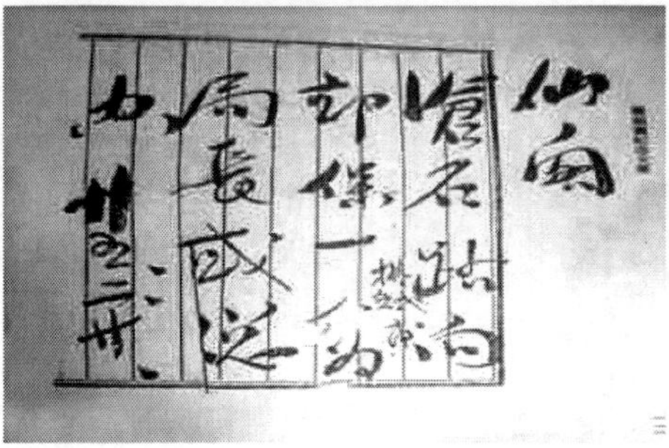
宋哲元給蕭振瀛的信

抓在自己人手中即可，所以他給蕭振瀛（字仙閣）寫了一封推薦楊斌甫（慕時）來擔任局長或總辦的信。但在呈報蔣介石後遭到申斥，嚴令拒絕執行，所以只能拖而不辦。美國記者斯諾對宋有一恰當的評語：「他是一個武士和愛國者，他有自己的策略，總以不變的客氣和尊敬待遇日本人，但計謀總比日本人先一招，他不是一個進步的統治者（在那種情況下是不可能存在的），但也不是任何人的傀儡。」

關於經濟提攜諸事項——尤其是滄石路的興建與龍煙煤礦的開採，日方由於已籌得資金日幣三千萬元，因而再三催索。五月初，天津駐屯軍參謀和知鷹二到北平見宋哲元，要求表明態度，宋哲元當即告以：「政治問題（指偽冀東防共自治政府不能存在）未解決前，一切均暫不談。」值得一提的是，在平津失陷後蔣介石後悔了。在《蔣介石日記》（七月三十一日）中他反思寫到：以解決共黨問題期能眞正合作建國抗日，對日外交仍竭力忍耐，爭取和平備戰時間，故反省對日外交始終強硬，其間不思運用。如當時（應爲一九三五年至一九三六年）密允宋哲元准倭築津石路（天津至石家莊）則至少可有一年時間之暫緩，準備亦較完密，但當時由於輿論反對而疏於遠慮，自亂大謀。而深感政治與外交家應指導輿論而毋爲輿論所誤也。戒之。

可以想像，面對當時外弛內張、混沌險惡的局面，宋哲元實在難於應付，於是萌生回魯籍暫避的想法。秦德純在《七七事變》中曾回憶當時的艱難：

時依附日閥之漢奸潘毓桂、陳覺生等復爲虎作倀，從中慫恿極盡威脅之能事，均經宋將軍嚴詞拒絕。

但宋將軍係一淳樸厚重熱誠愛國之將領，迭經繁瀆，精神苦悶已達極點。曾於民國二十六年二月上旬一日告我曰：「日本種種無理要求，皆關係我國主權領土之完整，當然不能接受。而日方復無理取鬧，滋擾不休，確實使我痛苦萬分。日方係以我爲交涉對象，如我暫離平津，由你負責與之周旋，尚有伸縮餘地，我且相信你有適當應付辦法。因此我想請假數月，暫回山東樂陵原籍，爲先父修墓，你意見如何？」我當即表示不同意，並說：「此事絕非個人的榮辱苦樂問題，實國家安危存亡所繫，中央把責任交給你，不論你是否在平，責任總在你身上，因此我絕不贊成你離開北平。」當時宋將軍並未堅持，因把回山東的打算暫時擱置。但到了二月二十日以後，日方交涉益繁，壓迫愈甚，宋將軍心情更加惡劣，決定請假回籍，把交涉責任落在我身上。宋將軍臨行告我兩事：「對日交涉，凡有妨害國家主權領土之完整者，一概不予接受；爲避免雙方衝突，亦不要謝絕[24]。」（筆者按：實際上宋哲元返魯是五月十一日）

一九三七年四月十五日，張自忠到北平向宋哲元請假赴日參觀，宋哲元「本不贊成派員東渡」[25]，但張自忠意已決，宋哲元只好同意。四月二十三日張自忠率團訪日。四月二十七日，宋哲元赴張家口檢閱了劉汝明的一四三師，於四月二十九日返回。一九三七年五月七日，宋哲元又在南苑舉行閱兵式。由於歷史上那些不平等條約，日本有權在南苑兵營安插兩個日本顧問。當年的顧問一個叫櫻井，一個叫笠原，他們不僅在南苑有辦公室和電話，還有到營房查看的特權。宋哲元此次閱兵不僅要對他們事先通知還得約請日

24　戴守義、秦德純等著，《七七事變》（北京：中國文史出版社，二〇一五年）。

25　引自〈冀察派員赴日考察〉，《中央週報》第四六三期，一九三七年四月十九日，選自李雲漢，《盧溝橋事變》（臺北：東大圖書公司，一九八七年版），頁二七四。

本公使參加，他們要監視宋哲元的行動。最難的是宋哲元在閱兵式上的講話，既不能講抗日，怕引起國際糾紛，又不能不講軍人之責任。這次講話據當事人的回憶：那一天，宋哲元身著上將戎裝，精神抖擻。他先講了軍人以保家衛國爲本，最後他向全體戰士用山東土語表態「我是一頭撞在南牆不回頭」，下面士兵也一起大喊「不回頭！不回頭！」旁邊的日本公使搞不清是什麼意思。檢閱就這樣順利的結束了[26]。五月十一日，宋哲元抵達天津，向老母辭行後前往樂陵。他於離平前令秦德純負責對日談判[27]，馮治安代位二十九軍軍長，並指示新任外交委員會主任魏宗翰：「外交事宜，務以平等互惠，共存共榮，不喪權辱國之原則，應付一切。」並派冀察政務委員會秘書長戈定遠，於五月十日前往南京，向中央彙報自己回魯是為了避開日本的糾纏，且已指定秦德純、馮治安二人處理軍政事務。

1937年5月7日，宋哲元南苑閱兵。

蔣介石在聽取戈定遠的彙報後，給宋哲元寫了親筆信，勉勵宋哲元撐住冀察局勢，並表示中央一定支持宋哲元。

26 根據一三二師團長耿德星回憶。

27 國民政府曾明令「軍人不（許）外交」。秦德純於一九三六年將副軍長職務讓給佟麟閣，此時，他已無軍職，只有北平市市長一職，可以名正言順的負責對日談判。

蔣介石致宋哲元親筆函[28]

明軒吾兄主任勳鑒：

戈參事來廬，接誦手書，感尉無涯。中夙信兄公忠體國不負中央付託之重任，此聞近狀，益信兄苦撐精神久而彌篤，幸爲自慰。冀察之事，盼兄酌情處理，此間只有爲兄負責設法解除困難，決不使兄獨任其難，獨受群謗，一切望沉著應付，努力前進，成敗毀譽，願與相共，外間挑撥離間之言，別有作用，此後必更加甚。唯在彼此心照，均不置信而已。總之，中央倚畀吾兄之重有加無已，而中對吾兄公私俱切，更不待言。長城在望，吾五北顧憂矣。余托由卓超參事面達，一切專此布復，即頌

近祉

中正　手啓

二十六年六月二十二日

日本天津駐屯軍經濟參謀池田純久於六月七日追至樂陵，拜謁宋哲元，實際是談經濟開發問題。宋哲元當即回覆道：經濟提攜問題，中央與冀察意見已完全一致，政治障礙不掃除，不能續談。取消冀東，爲先決條件。渠本人回平與否，無關談洽，只要日方肯接受冀察意見，隨時有人擔負商談之責。池田失望而歸。這也是七七事變前，宋哲元最後一次公開表示其坦率的意見。

28　孫湘德、宋景憲主編，《宋故上將哲元將軍遺集（上冊）》（臺北：傳記文學出版社，一九八五年），頁六二九。

第七章　張自忠接任天津市長

第一節　張自忠任天津市長後的活動

冀察政務委員會成立後，宋哲元掌管兩省兩市（即河北省和察哈爾省、北平市和天津市）。宋哲元在徵得中央政府同意後，於一九三六年一月安排蕭振瀛為天津市長負責對日談判。因為蕭沒有軍權，符合中央「軍人不外交」的原則，可蕭上臺還不足半年，就遭到撤職。原因是他對日本的要求總是「口頭答應，就是不辦」。尤其是他處理「五·二八」運動時，沒有鎮壓學生，而是妥善處理，提高了宋哲元的威信，日方決定將蕭振瀛

張自忠兼任天津市長

趕下臺，換上對日恭順的齊燮元為天津市長。為了抵制齊燮元，宋哲元急報中央政府申請換察哈爾省長兼三十八師師長張自忠改任天津市長，經中央批准，張自忠被國民政府正式任命為天津市長，於一九三六年六月十八日開始交接，六月二十五日正式接管天津市，張自忠從此踏入了危機四伏的天津政壇。

一九三六年的天津共有四個租借地（英、法、日、義），還有三個特別行政區（原屬於德、美、俄三國），在帝國主義列強的侵佔下，民族資本實力很弱，天津的經濟一直受外國資本控制，連當時的外匯進出口都是由英國滙豐銀行決定。根據《辛丑條約》，張自忠的三十八師不能駐紮市區二十華里以內，故只能分佈在天津周圍韓家墅、大沽、小站、葛沽、馬廠、廊坊、武清城關、楊村、河西務一帶及北平附近。

1937年2月，冀察政務委員會部分委員與日軍將領合影。（引自《舊中國大博覽》下冊）

一九三六年六月十八日到一九三七年七月二十五日張自忠任天津市市長，這是其飛黃騰達但也墮入深淵的一段歷史。這一時期他兼任日本惠通航空公司和興中天津電業股份有限公司董事長，後率團訪日，成為日本可利用的對象，並在一九三七年七月十九日和日本駐屯軍參謀長橋本群簽訂了秘密協定：

為應對十里洋場，張自忠自任天津市長期間，先後結拜了七個拜把兄弟。即齊燮元、張璧、張允榮、邊守靖、潘毓桂、齊協民、馬彥翀[1]。這些人瞭解到張自忠對宋哲元的不滿，於是，想方設法製造雙方更大的裂縫，並為張搶班奪權出謀劃策，例如他們散布宋已接受日方一千萬元和大量軍火，並已秘密在《華北防共自治協定》上簽字等等。這些謠言使宋哲元喪失很大威信，並引起了部下對他的懷疑和不滿。

當然，張自忠聽了這些「機密」之後也心存芥蒂，不免也和他的拜把兄弟談一些對宋不滿的怨言，而這些都作為重要情報被送到日本特務機關。日本特務機關獲悉張自忠擔負龐大的家庭開支（他共有四房太太），每位太太住的都是豪宅，因而傭人眾多。張家還有兩桿煙槍，一

1　史民，《盧溝橋事變秘史》（香港時代出版社，一九六二年），頁一〇六。

桿是張自忠本人的，另一桿是大房李敏慧的，兩人都吸食鴉片。日軍瞭解張自忠的情況後，謀劃以兩個高薪的日本公司董事長職位，對他進行誘惑。

張自忠任天津市長後，與日軍必不熟悉，張允榮擔任了「牽線人」這一角色，兩人共同幫日軍創立了惠通航空公司（見上文）。

日本興中公司對中國華北的電氣事業覬覦已久。一九三六年初，日方先找蕭振瀛商議，蕭因考慮電力國家主權的問題而拒絕，而在張自忠擔任市長後日方又舊事重提並獲允。據《申報》（一九三六年八月二十二日）報導：

經冀察當局許可，興中社長十河在大連會議時，即作成方案，到津後，即開成立會，以便開始籌備，二十日開會時，除十河親到外，日本有橋本參謀長、岸偉一領事、平山敬三、長澤薰（興中公司取締役）、清野長太郎、孫維棟（宋哲元代表）、馬彥翀、邊守靖、張玉衡等二十餘人，由發起人平山致開會詞，嗣審查章程，選舉董事，董事及監察人報告調查事項，通過經費，宋哲元、川越、田代各有賀詞，由代表宣讀，最後經推定張自忠爲董事長，石井成一爲副董事長，馬彥翀、平山敬三爲常務董事，邊守靖、長澤薰爲董事，張玉衡、森田市松爲監察人。至十二時許散會。將來籌備處，即借北寧官舍（天津市政府）辦公。

天津駐屯軍便利用張允榮與張自忠的關係，拉攏張自忠下水。張允榮也自願投靠日本，甘當日軍的工具，將張自忠一步步推入日軍的陷阱。張自忠上任一個多月，就兼任日資天津電業股份有限公司董事長和日本軍工企業惠通航空公司董事長。這些兼職也為張自忠帶來了幾十倍甚至上百倍的收入。

張允榮小傳

張允榮

張允榮（一八九六—一九六六），字省三，河北灤縣人。一九一四年入北洋陸軍，當過第四混成旅營部司務長。一九一六年四月，張允榮攜帶第四混成旅糧餉帳冊投奔馮玉祥，受到馮玉祥重視，被任命為第十六混成旅參謀、副官，後任補充團軍需長。一九二一年，馮玉祥任陝西督軍。所部被改編成中央陸軍第十一師，馮任師長，張允榮被任命為陝西督軍署副官處副處長。

一九二五年七月十八日，由馮玉祥授陸軍少將。一九二六年四月三日，授陸軍中將。一九二五年六月十二日，被馮玉祥任命為西北邊防督辦公署特派駐外蒙庫倫辦事處代表，負責國民軍及督辦公署與外蒙古的外交交涉事宜。馮玉祥及其一行赴蘇聯考察，在途經外蒙古首都庫倫時，所有人員的出入境手續等均由他與北京政府駐外蒙古及駐蘇聯的領事館負責人戈定遠負責辦理，同時負責馮一行的生活接待和對外聯絡工作。回國後馮玉祥為監視手下將官，效法蘇聯的契卡（即克格勃前身），創立內保處，張允榮任處長。

馮玉祥在「中原大戰」失敗後，原西北軍還有兵權的將領並不願收用張允榮，這使他一度生活艱難。一九三三年五月，張允榮在張家口參與組織察哈爾民眾抗日同盟軍，馮玉祥任命其為抗日同盟軍軍事委員會常務委員兼同盟軍政治部部長、察哈爾省財政廳廳長。後任察哈爾警備司令兼保安處處長，並被封為河北省保安司令（空職），集軍政財權於一身，抗日同盟軍失敗後，馮玉祥再次下臺，張允榮表面接受宋哲元收編，實際上率領一百多人、少數槍支，到沽源一帶活動，不受宋哲元約束，以販賣煙土維持開支。為保證「生意」順利進行，張允榮常常為毒癮較深的張自忠獻上上等煙土，二人從此結為兄弟。一九三五年八月五日，張允榮在張家口時曾與松井源之助（張家口特務機關長）簽訂協定：口北六縣由蒙人擔任維持治安工作。[2] 竟將六縣出賣給了日本。

張自忠調天津後，劉汝明任察哈爾省主席，對張允榮不買帳。張允榮到天津另尋出路，他通過以前和日本人之間的關係，混上了日本惠通航空公司董事長，但因他權力有限，很快將董事長職務讓給了張自忠，他甘任張的助手，變成了日軍方和張自忠之間的拉線人。張自忠率團訪問日本時，二人擔任正、副團長。他們用中國對日本的庚子賠款在日本玩了三十五天。從此二張就獲得了親日派、漢奸的「美號」，與齊燮元、陳覺生成為親日派「四大金剛」。張允榮由一個下臺處長成了赫赫一時的風雲人物。他可以左右張自忠，所以盧溝橋事變後，他能夠和張自忠一起，繞過秦德純（秦德純是宋哲元委任的對日談判代表），在北平自己家中和日方談判，並且敢代表二十九軍於七月十九日深夜，和張

---

2 《近代中國外諜與內奸史料彙編：清末民初至抗戰勝利時期（一八七一至一九四七）》（國史館編印，一九八六年六月），頁四二〇—四二一。

自忠一塊到日本駐屯軍司令部，簽了臭名昭著的《香月細目》（實際他在二十九軍和宋的冀察政權中沒有任何職務）。然後張允棨堅決執行日本「去宋扶張」分裂二十九軍的陰謀。七月二十八日下午，張自忠到宋哲元處奪權。張允棨同時到平綏鐵路局，奪了張維藩局長的權。七月二十九日，北平淪陷後，張允棨不僅混上了平綏鐵路局局長的官職，還擔任了張自忠的冀察政委會委員。可是等到八月四日，日軍入北平，張允棨因張自忠失勢而黯然下臺，日本香月清司稱張允棨、張璧是利祿之輩，根本不用。張自忠懺悔而歸隊，又回到宋哲元部下，而張允棨想隨張自忠到五十九軍活動，但張自忠的部下李文田說：「如果張允棨敢到五十九軍，我就斃了他」，因此張允棨不敢去找張自忠，轉而投靠胡宗南。

一九四九年，中華人民共和國成立後，他回到北京，靠收房租生活。因為察哈爾抗日同盟軍時認識共產黨員宣俠父、柯慶施，因而向全國政協靠攏，但經半年審查很快把他清除了。到一九六六年，「文革」時被批鬥而死。

第二節　張自忠上了賊船

林銑十郎

一九三七年二月，國民黨召開了五屆三中全會，確定了對外維護領土主權，對內進行和平統一的方針。

日本也開始調整侵華策略。一九三七年二月，林銑十郎代替廣田出任首相。林銑內閣迫於英、美、蘇等國的壓力，上臺後即宣布「不尚武」政策，向中國提出改善關係。表示中日關係除政府外，還將擴大民間接觸。在一片友好的氣氛中，由日本銀行家和實業家組成的經濟使節來華訪問，並受到蔣介石等國民政府要員的接見。三月初，佐藤尚武任外相後也表示要以平等立場為出發點，重新進行日華交涉。

佐藤在忙於「調整日華邦交」的同時，還認為有必要和其他列強，特別是和英國協調關係，並竭力把侵華戰爭渲染成「對蘇戰爭的序幕」，以轉移人們的視線，大肆宣揚「共產主義的威脅」外，還特地派出艦隊，在堪察加半島襲擊蘇聯艦隊，偽裝出準備「北進」的姿態藉以混淆視聽，掩護其對華全面戰爭。

一九三七年四月，四相會議所擬〈對中國實施的策略〉將華北政治分治改為主要依靠促進經濟方面的各種工作，一面努力消除內外的疑慮和中國對日本的不安之感，一面加以指導，使中國方面進而對經濟資源的開放、交通的發展、文化關係的提高等等進行合作。

實際上，林銑內閣並沒有超出「廣田三原則」的對華政策，只不過掩蓋起明目張膽的武裝侵略，表面上釋放和平煙霧，背地尋找在華代理人，培養親日派。

中華民國二十六年一月二十一日　解放日

解放日報

電報掛號〇〇七九　社址西安五昧什字

第三十六號

宋哲元將軍昨發表告同志書

中國人不打中國人堅決反對內戰
誓本軍人衛國天職殲除民族公敵

（北平二十日電）宋哲元令訓令所屬、略謂、綏圖之要、首在辨是非、主正義、別善惡、杜亂源、明乎致力之途徑、乃能統一意志、共赴事功。方今國難正殷、亟應認清下列兩端、堅決實行：（一）槍口不對內、中國人不打中國人。換言之、即不參加內戰。（二）侵佔我土地、侮辱我人民、即是我們的敵人、我們一定要打他、等語。（解放社）

（天津二十日電）宋發表告同志書、令所屬各軍政機關人員指示兩大立身方針：（一）擁護國家統一、推行中央政令、冀以自身圖強、實行政治修明之策；（二）國家三大要素、土地人民主權、將本軍人天職、盡力保護之。（解放社）

王寵惠

武裝日兵

汪昨未外出

一武裝抗日軍隊

宋哲元言行趨向「中央化」

在「西安事變」後，宋哲元的思想言行趨於「中央化」。一九三七年他發表了〈二十九軍二十六年新決心〉。一九三七年一月二十日在天津發表〈會衡通令〉，再次提出「槍口不對內，中國人不打中國人」、「侵佔我土地侮辱我人民即是我們的敵人，我們一定要打倒他」（《北平時報》一九三七年一月二十一日）。日軍方想通過宋哲元將華北變成第二「滿洲國」的計畫，在宋的幾次公開表態下已是不可能了，因此決定在二十九軍中另尋一合適人選，於是目標就定在張自忠身上。

為了加強對日親善，一九三七年四月初，張自忠在天津市政府後花園，宴請日軍方田代皖一郎司令官、橋本群參謀長、和知鷹二參謀、專田盛壽參謀和其他武官。觥籌交錯的背後暗藏日軍的陰謀：「拉住冀察一部實力派頭腦簡單分子，根本排除其抗日反日思想[3]」。於是有了邀請華北政要訪日的計畫。

日軍計畫通過訪日，可以使華北當局悚於日本富強，自動親日，以建

田代皖一郎

3〈冀察派員赴日考察〉，《中央週報》第四六三期，一九三七年四月十九日。

立華北五省三市（五省：冀、察、魯、晉、綏遠，三市：北平、天津、青島）的自治，打造第二個「溥儀」，扶植一位日軍指揮下的「華北王」。起初，日本心目中的人選是吳佩孚，因吳佩孚堅守民族大義沒有答應。後來，日軍找段祺瑞，段祺瑞轉赴上海躲避。最後日軍才把目光移向了宋哲元、秦德純、馮治安等二十九軍高級將領，但他們都不為所動。日軍選來選去，酒桌前這位三十八師師長、天津市長、兩個日資公司董事長的張自忠，便成為了他們心目中的人選。

當時南京有報告稱「宋哲元本人原不主張派員東渡，惟此中有人為張自忠運籌帷幄自命不凡者，激勵慫恿張領導前往」，那麼是誰在張自忠旁邊極力慫恿呢？自然離不開張自忠的那些拜把兄弟，其中最突出的，當屬張允榮。

此次張自忠決心訪日，張允榮發揮了重要的作用。

赴日訪問團原定名是「冀察平津赴日考察團」，但二十九軍重要軍政要員宋哲元、秦德純、劉汝明、馮治安等人均拒絕，日軍方只好於四月十二日派塚田參謀到天津市政府通知張自忠，他已被內定為訪日團長（從此也成了日軍分裂二十九軍的一步棋）。最後到成行時，報紙登的是「冀察旅行團」，而日本陸軍省所留檔案資料則稱

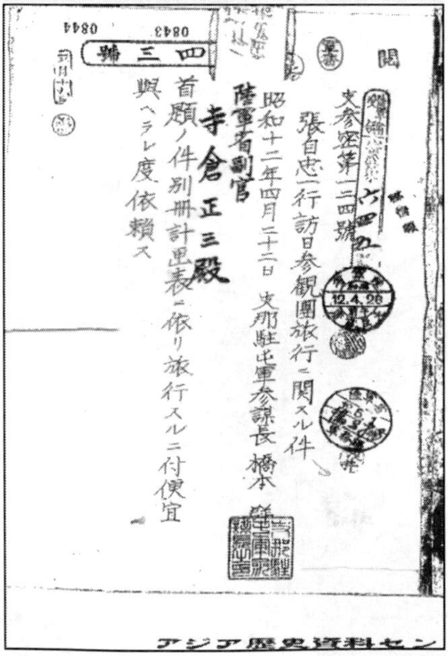
支參密第三三四號
張自忠一行訪日參観團旅行ニ関スル件
昭和十二年四月二十二日　支那駐屯軍參謀長　橋本
陸軍省副官
寺倉正三殿
首題ノ件別冊計畫表ニ依リ旅行スルニ付便宜
與ヘラレ度依頼ス
四三號
アジア歴史資料センター

日本陸軍省的約請函（引自日本亞洲歷史資料中心）

之為「張自忠訪日參觀團」[4]。

團長：張自忠（陸軍中將、三十八師師長、天津市市長、惠通航空公司董事長、冀察政務委員）

副團長：張允榮（前河北省保安司令，前惠通航空公司董事長）

團員分軍事、市政、工商業及航空四個組，分別是：徐仙槎（即徐廷璣，第二十九軍一三二師參謀長），何基灃（第二十九軍三十七師旅長），田溫其（第二十九軍一四三師旅長），黃維綱（第二十九軍三十八師旅長），盧南生（天津市政府秘書），姚作賓（惠通航空公司組長），劉中檀（惠通航空公司組長），邊守靖（天津市政府首席參事），徐天鴻（即徐惟烈，天津市政府參事），鄧文軒（外交委員會專門委員），翟維淇（天津市政府交際股主任），王文典（天津商會人員），張既澄（北平商會總會人員），張百川（北京大學教授），潘駿千（潘毓桂長子，北寧鐵路局衛生科長），王雨生。

另有日本方面六人，都是中國通，分別是：

塚田理喜智（天津駐屯軍參謀部附，送通知之人），笠井半藏（冀察軍事顧問），德留清（惠通航空公司董事），豐田神尚（濟南東魯學校校長，由山東調來），愛澤誠（北平陸軍機關翻譯生），竹下直助（惠通航空公司職員）。

冀察赴日攷察團
團長內定張自忠
幷決於本月二十日後成行
【十二日天津電】冀察赴日考察團、決於本月廿日後成行、團長已內定由張自忠担任、張十一日乘車來津、處理市政後、擬十五日再赴平謁宋、商團員名單、聞一行共卅餘人、擬在日耽擱二周左右、又日駐屯軍參謀塚田、十二日下午三時、到市府訪張自忠、有所商洽、
1937.4.13 大公報

1937 年 4 月 13 日，《大公報》報導訪日團長內定張自忠

4　根據日本亞洲歷史資料中心陸軍省〈華北赴日參觀團旅行計畫〉檔案資料。

張自忠在日本

總計中方十八人，日方六人，共二十四人[5]。

訪日團成員加上張自忠和張允榮的話，惠通航空公司的人共有六名，占四分之一，由此可見，惠通航空公司成為此行主角。

但是，日方原期望的華北政要四分之三領導沒有去，二十九軍僅是四個師中每師出一旅長。

總之，每人的職務軍銜都很詳細，名單中除張允榮、邊守靖是張自忠的拜把兄弟、中日合作的受益人之外，還有一人名潘駿千，是張自忠好友潘毓桂之子，剛由日本學醫歸來，擔任北寧鐵路局衛生科長，專為吸鴉片的張自忠和邊守靖（天津市政府首席參事）注射嗎啡。

此外，張自忠的兒女（張廉珍、張廉雲）及侄子、侄女（張廉瀛、張廉瑜），張允榮的女兒（張小敏）都一同赴日旅行。

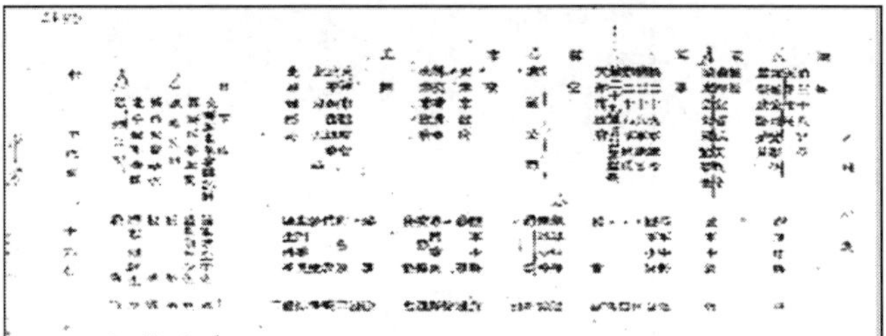
アジア歴史資料センター

日本亞洲歷史資料中心保存的張自忠訪日團成員名單

張自忠除了張允榮等一群親日分子在他身邊出謀劃策外，自己也不甘心久居宋哲元之下。他明白南京

5 以上名單引自日本亞洲歷史資料中心。

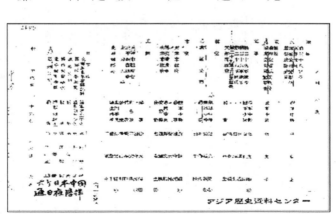

國民政府管不了宋哲元，只有日軍方，宋哲元才會有所顧忌，若以日軍為靠山和宋哲元討價還價，便可得到更高的地位。於是他墜入了日軍的奸計，加緊和日軍方聯繫。

四月十二日下午，天津駐屯軍參謀塚田理喜智（日本陸軍大學畢業，航空兵，天津駐屯軍參謀）到天津市政府與張自忠詳談受邀訪日的事情，內定張自忠任團長，四月二十日之後成行。四月十五日，張自忠到北平面見宋哲元，彙報訪日團的情況，並請兩個星期的假。宋哲元見張自忠與日本早已溝通好，便只好答應。另外，身為市長的張自忠訪問日本，會使英、美猜忌華北當局過於親日而影響英、美的利益，所以張自忠當天下午又回到天津，拜訪了英、美駐天津的領事，說明訪日只是旅行，沒有特別的任務，以打消他們的顧慮。

張自忠雖向宋哲元請假兩週，但實際耗時五週（四月二十三日至五月二十六日）。從日本陸軍省的日程計畫分析，此次行程早已安排得滿滿的。

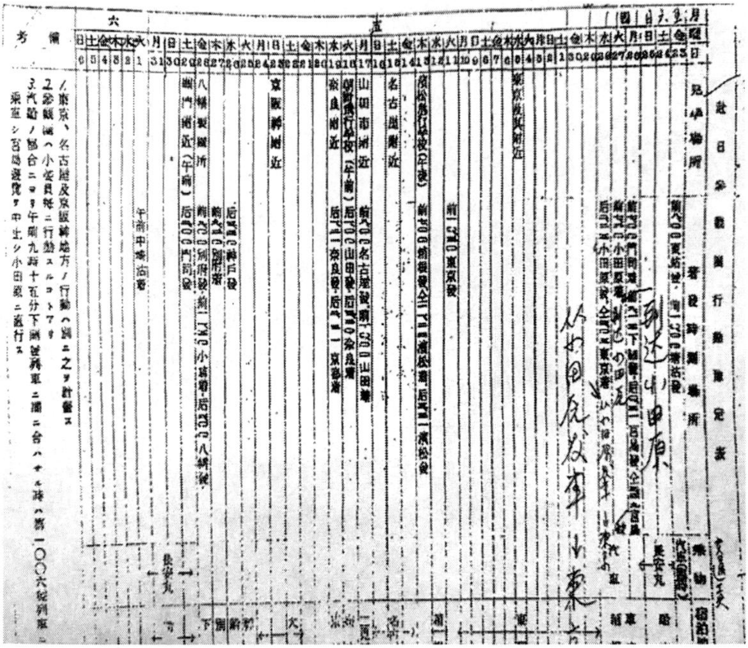

訪日行程表（複印自日本亞洲歷史資料中心）

據統計，張自忠訪日團二十餘人一個多月的經費支出達幾十萬銀元（當時兩銀元能買一袋二十三公斤的進口白麵）。關於訪日的經費，據《中央週報》和香港《華字日報》：「旅費明雖由冀察政務委員會負擔，實則此行純係華北日駐屯軍司令部的約請，而由退還庚子賠款之一部撥充用費，冀察政委會則所出無多」[6]、「排除抗日思想，養成暴動實力、日圖冀察表弛裡緊，用退還庚子賠款邀知識分子赴日考察，利用失意軍人政客聯絡土匪伺機暴動」[7]，而日本用庚子賠款的專款收買或扶植漢奸（美國用中國的庚子賠款籌建了清華大學）。

第三節　訪日的主要活動與影響

張自忠抵日後受到「國賓」待遇，他們乘的輪船「長安丸」號（亦說「長城丸」）雖然不是太大（二千多噸），但它是清王朝慈禧太后和光緒皇帝坐過的豪華遊輪。從招待規格看，日方對張的招待超過了一個月前代表中國政府訪日的外交部長張群。更為突出的是，四月二十九日，日方安排張自忠在天長節上「覲見天皇」（天長節是日本天皇的生日），這次張自忠對天皇行的是三覲三鞠躬大禮，以示臣服。除張自忠外，還有滿洲國傀儡溥儀和汪偽政府的大漢奸汪精衛、王揖唐等人給日本天皇祝過壽。可見，此舉目的無非是提

6 〈冀察派員赴日考察〉，《中央週報》第四六三期，一九三七年四月十九日。
7 《華字日報》，一九三七年四月十八日。

高張自忠的政治地位，並間接表明了張自忠的對日態度。

此外，此次訪日張自忠還受到日本陸軍大臣杉山元的宴請並與之合影，一個中國的師長，能與日本的陸軍大臣合影、吃飯，並覲見天皇，這種「禮遇」不符合正常外交禮儀。其實，日軍的目的在於，通過種種抬高張自忠地位的手段，分化瓦解第二十九軍，網羅華北代理人。

關於這次張自忠率團訪日的種種越級行為，不僅受到蔣介石和國民政府各方面的關注與責難，而且英、美駐華使節也十分關注。張自忠是一個軍人，按國家規定軍人不許從事外交活動，況且冀察政委會是地方政府，根本沒有外交權。日本對張自忠招待規格越高，冀察政委會的走向也就越引起人們的懷疑，國內對張自忠的責罵聲浪更是不斷高漲。

日本陸軍大臣杉山元

一九三七年五月二十六日張自忠結束訪日歸國，五月二十七日由青島下船。宋哲元特派李炘與鄧哲熙去迎他到樂陵共商軍事。然而，張自忠對記者發表談話，提到他將前往濟南：「本人因韓主席係舊長官，闊別多時又久慕山東青島政績，故此次於歸國之時，繞道一遊，日內即行返津[8]。」對於宋哲元和他訪日的關係，只說了一句：「本人此次蒙冀察政委會宋委員長之允許赴日本遊歷[9]……」事實上，他

8 《益世報》一九三七年五月二十八日。

9 〈張自忠抵濟南，定今晚搭車返津〉，《益世報》一九三七年五月二十八日。

把宋哲元晾在山東樂陵而直接去了濟南，受到韓復榘的招待，住了一天後就直接回到天津。

張自忠此行還違反了國民政府的兩點紀律：一是地方政府（指冀察政務委員會）沒有外交權；二是軍人不許從事外交活動。他在未獲得國民政府批准的情況下，擅自赴日並接受日本給他的國賓禮遇，這種行為早已超出了一個市長和師長的職權範圍。張自忠雖然未敢在日本簽任何協定，但他回來後對日態度發生了極大變化。在《民國檔案》一九八七年第三期〈盧溝橋事件第十六次會報〉，曾對張自忠訪日歸來有這樣的評價：「似害有二種病，即一、因日人給以許多新式武器之參觀，以至畏日。二、因日人對其優待而親日。」這些論斷，說明日方軟硬兩手對張自忠產生了效應，二十九軍領導層開始分裂為主戰、主和兩派，張自忠以三十八師為後盾，成了主和派的中堅。張自忠的訪日行為遭到國內各方面的批評謾罵，宋哲元也對冀察政權的走向感到憂慮。為何二十九軍分裂，宋哲元的秘書長戈定遠所寫附錄如下：

冀察政權的內訌

二十九軍在山西陽泉成軍的時候，內部帶兵官張自忠、馮治安、趙登禹、劉汝明四人，曾經有過「分贓名次」的商定。大家約好，這四個人中間，無論何人，功勞再大，也必須按照這個次序，分別先後，享受「好處」。等到二十九軍到了冀察以後，有了地盤，勢力也擴大了，這時候，由於沒有完全依照從前規定的「分贓名次」來辦事，內訌就由此而起了。

冀察局面剛剛成立，在軍隊編制方面，就發生了問題。二十九軍擴充隊伍，擬定每師編制爲六個團，但是張自忠自以爲是「二頭兒」，主張他這一師要多編兩個團，就是要編八個團的兵力。馮、趙、劉三個師長都不願意張的勢力特大，但又不便面對面加以反對。由於這個「分贓名次」從前是由蕭振瀛通過宋哲元的同意而向他們四人宣布規定的，蕭是原來的經手人，因此，由劉汝明出面找蕭，說明他和趙、馮等都不同意張自忠師多編兩個團，但他們不便自己提出，希望蕭在參加宋所召集的師長會議的時候提出反對，打消這個辦法。結果，蕭提出四個師應當一樣編制的主張，就把張的企圖給打消了。本來張自忠從前並不是宋哲元的嫡系，宋也不願意張的勢力太大，所以蕭一提出四個師編制平等的主張，宋也就同意了。會議以後，張自忠以爲這是違背「分贓名次」，不尊重「二頭兒」，對蕭振瀛非常憤恨，認爲蕭從前捧他爲「二頭兒」，是在愚弄他。不久，張自忠用其他理由，向宋提出撤換蕭振瀛。

宋向來對張有所顧忌，張每有要求，宋總是敷衍照辦的，於是宋就把蕭免職[10]，蕭隨即出國去了[11]。二十九軍的軍部，設在北平的南苑，馮治安的一師，駐在北平附近一帶，宋哲元有時去天津（宋的母親住天津），就叫馮代理軍長，這也是使張自忠不快的原因之一。因爲張總是認定自己是「二頭兒」，軍長應當由他來代理，現在宋叫馮代理，看來還是嫡系吃香，因而大爲不滿。後來宋又把河北省的主席讓給馮治安，張更不高興，因爲在冀察的兩省、兩市範圍內，河北省的位置似乎居於首位，張當時任天津市長，天津雖然重要，但是地面小，不能和河北省比，從此張對宋更加不滿了。

天津有日本租界，是華北漢奸政客和下臺軍閥集中之地，這些人想捧張自忠弄點好處。特別是漢奸們

10　蕭振瀛的去職不是因爲張自忠，而是因爲日本人的反對。因蕭負責與日方談判時，對日方的無理要求只是口頭敷衍，並不辦理，惹得日方的不滿，而向冀察當局施加壓力，宋哲元無奈，只好將蕭振瀛免職，由張自忠接任天津市長。

11　蕭振瀛於一九三六年六月去職，後離平去南京、上海，直到一九三七年春才出國考察。

知道宋哲元不得日軍的歡心，他們就憑藉日本人的勢力，包圍張自忠，要抬他起來和日本人更妥協地辦事。當時張雖有代宋之意，而力量不夠，宋還有其他幾個師長的擁護，他一個人推不倒宋。漢奸們如潘毓桂（曾任僞政權的天津市長，日本投降後被逮捕入獄）、張璧（已死）、齊燮元（漢奸，已處決）等等，和張的左右親信互相勾結，打算仿照曹錕、吳佩孚的辦法（曹當巡閱使時，諸事不大過問，全由吳佩孚主持，曹不過當傀儡而已），叫宋在名義上當冀察的負責人，而實際上由張自忠主持一切，總攬大權。他們曾經將此辦法，由齊燮元、張璧藉端向宋試探，宋置之不理。同時，張自忠也知道宋的個性剛強，不是甘於當傀儡的人，因而不敢貿然從事。但張不甘心久居宋下，他明白當時的南京國民政府管不了宋，只有日本人，宋才有所顧忌，於是他便墜入漢奸的奸計，加緊和日本人聯繫，並應日本的邀請組織赴日參觀團，由張自忠任團長，到日本參觀，拜訪日本當局。因此，當時天津親日的空氣異常濃厚，特別是在七七事變前幾個月，那時張自忠已成爲日軍心目中的華北中心人物了。七七事變後，二十九軍戰和不定，主要就是因爲張自忠掣肘。後來在日軍發動全面進攻的緊急情況下，張自忠竟勾結日軍逼宋哲元退出北平，由張自忠代理冀察政委會委員長。不久，日本人以瓦解二十九軍的目的已達到，就踢開張自忠，將平津和冀察直接控制起來，成爲向中國內地侵略的後方。

筆者按：〈二十九軍和冀察政權〉一文寫於二十世紀五〇年代，作者曾任二十九軍秘書長和冀察政委會秘書長。本文引自一九六〇年中華書局版《文史資料選輯》第一輯，第四十二至四十四頁。後該文整段被刪掉，經十年訴訟，雖然高等法院裁決不得刪改，但在全國文史資料重印時，此文與〈七七事變紀實〉仍全部消失。

總的來說，張自忠在一九三七年四月十五日只向宋哲元請了兩個星期的假，實際在日本訪問一個多月仍不回國。中日關係進一步緊張，宋哲元電催張自忠回國，但是當張自忠於五月二十七日抵達青島時，張對記者聲明：「本人因韓主席（指韓復榘）係舊長官，闊別多時又久慕山東青島政績，故此次於歸國之時繞道一遊，日內即行返津[12]。」

之後宋哲元特派李炘與鄧哲熙兩位高官去迎他到樂陵共商軍事，卻遭到張自忠拒絕。這使得在樂陵的宋哲元坐臥不安，對冀察的前途產生了嚴重焦慮。六月二日，宋哲元與韓復榘在商河縣城西南三十華里的茅家寺會面，商議應對日本。宋哲元返鄉時還帶了一個招兵班子，由門致中負責，在山東樂陵的兩個月時間內共招募了八百青年入伍，全部送交北平南苑佟麟閣，由此壯大了軍訓團。

12《益世報》一九三五年五月二十八日。

第二編

七七事變後的和戰之爭

第一章　七七事變爆發及秦德純的談判（七日—十日）

在七七事變發生以前，北平周邊的形勢是：北寧路沿線，西起豐台，東至山海關，均有日本軍隊駐防；北平的東面，有完全聽命於日寇的冀東偽政權——「冀東防共自治政府」；北平的北面有在熱河省集結的已投敵偽軍；在西北面，有日軍收買的李守信和王英等土匪隊伍。僅有北平的西南面尚為我二十九軍部隊防守。

由於北寧鐵路沿線為日寇所控制，平漢路上的盧溝橋就成了北平的唯一門戶。在軍事上，中國軍隊掌握了這個據點，進可以攻，退可以守；而一旦被敵人控制，北平就變成了一個孤立無援的死城。所以盧溝橋這一戰略據點，成為雙方必爭之地。

一木清直

一九三七年七月七日晚十時四十分，在北平城郊宛平縣盧溝橋以北地區從事夜間演習的天津駐屯軍第一聯隊第三大隊第八中隊，聲稱受到龍王廟方面中國軍隊的射擊，當即收隊檢查，發現丟失一名士兵，就認為被中國軍隊掠入宛平城內。中隊長清水節郎遂向其駐豐台的大隊長一木清直提出報告，並請求增援。未料，報告

第二十九軍戰士在盧溝橋上監視日軍

後不久，那名失蹤士兵回來了，清水節郎隨即又向一木清直報告請示下一步行動。按照正常的邏輯，人找到了，關於射擊問題，至少應該先在談判桌上商討。可是，大隊長一木清直並沒有這樣做，而是命令下轄的駐豐台日軍緊急集合，同時向上級聯隊長牟田口廉也請示。因旅團長河邊正三出差至秦皇島檢閱日軍部隊，所以牟田口代理。牟田口一方面經北平特務機關長松井太久郎向冀察政委會提出交涉，要求派兵進入宛平縣城搜查；另一方面命令一木大隊向宛平進發，擺出一副不讓進城就強行通過的態勢。

北平市長秦德純深知盧溝橋在軍事上的重要性，在聽了部下的彙報後作出指示：盧溝橋是中國領土，日本軍隊事前未經我方同意在該地演習，已違背國際公法，妨害我國主權，走失士兵我方不能負責，日方更不得進城檢查，致起誤會，惟姑念兩國友誼，可等天亮後，令該地軍警代為尋覓，如查有日本士兵，即行送還，只同意由雙方派員會同前往現地調查。可是，等二十九軍調查人員抵達宛平城外，發現日軍已經將宛平包圍了。

北平市長秦德純

隨後，電話不斷地向秦德純打來，彙報著盧溝橋前線的一舉一動。此時，宋哲元因躲避日方「經濟提攜」的糾纏，還在山東老家樂陵。臨走前，宋指定由三十七師師長馮治安代位二十九軍軍長，秦德純負責對外交涉。

秦德純是二十九軍將領中學歷最高的一個人，陸軍大學畢業，宋哲元的左右手。「長城抗戰」前被任命為二十九軍副軍長。「長城抗戰」時，宋哲元被任命第三軍團總指揮，秦德純則是副總指揮，多次到前線指揮作戰，曾代表二十九軍和冀察政權參加國民黨的五屆三中全會，現職是冀察政委會委員、北平市長。因他不是軍人（原副軍長職務已於一九三六年六月讓給佟麟閣）符合對日談判的身分。

當晚，秦德純將盧溝橋衝突的經過，以電話告知馮治安，及駐盧溝橋的指揮官，要嚴密戒備，準備應戰。同時責派人員偵探豐台方面敵人動態。到凌晨三時半，秦德純接前線電話報告：「約有日軍步兵一營，附山炮四門及機關槍一連，正由豐台向盧溝橋前進。我方已將城防布置妥當。」秦當即指示：「保衛領土是軍人天職，對外戰爭是我軍人的榮譽，務即曉諭全團官兵，犧牲奮鬥，堅守陣地，即以宛平城與盧溝橋為吾軍墳墓，一尺一寸國土，不可輕易讓人。」並以此決定通知馮師長。馮治安之前接到了情報，已經得知七月七日日軍的出外演習，槍炮都配備了彈藥，故向負責盧溝橋的旅長何基灃布置了應戰的準備。

宋哲元由樂陵電令先消滅當面之敵。同時又命隨宋哲元回樂陵招兵的冀察政委會委員門致中「八日十時速歸平[1]」。

冀察軍政當局為防止事態擴大，當與日方商定，雙方立即派員前往調查阻止。於是，派河北省第四區行政督察專員兼宛平縣長王冷齋、冀察政委會外交委員會專員林耕宇，及冀察綏靖公署交通處副處長周永業三人，與日方所派為冀察綏署顧問櫻井、日軍輔佐官寺平忠輔和秘書齋藤三人，於七月八日晨四時許到達宛平

1937年6月，二十九軍西苑閱兵，從左至右為趙登禹、石友三、馮治安、秦德純。

1 〈雙方交涉未有結果〉，《申報》，一九三七年七月八日，第四版。

宛平縣縣長王冷齋

縣署，進行商議。當時，寺平仍堅持日軍入城搜索失兵，中方不許。正當中日相關人員正交涉間，忽聞東門外槍聲大作，頃刻間，西門外大炮機槍聲又起。前線的衝突已經失控。

之前，秦德純曾告知前線指揮官，日軍未射擊前，我方不先射擊；待他們射擊而接近我最有效射擊距離內（三百至四百公尺），二十九軍再以「快放」、「齊放」猛烈射擊，因此日軍傷亡頗重。

七月八日，蔣介石致電宋哲元，提出：「宛平城應固守勿退，並需全體動員，以備事態擴大[2]。」但是，宋哲元並未自樂陵速返，而由秦德純、馮治安負責處理。因天津有張自忠在，故無戰事。七月八日的交涉在北平與天津兩地同時進行。北平交涉由秦德純負責。日軍對張自忠提出：「僅打馮治安部，不打張部[3]。」

在七月八日對戰時，盧溝橋上是二十九軍一步兵加強營負責防守，雙方爭奪鐵橋，十分慘烈。鐵橋南端曾被日軍佔領，二十九軍戰士仍固守鐵橋北端。彼此對峙至七月九日拂曉前，二十九軍方由長辛店調遣

2 中共中央黨校中共黨史資料室編，《盧溝橋事變和平津抗戰資料選編》（北京：中共中央黨校科研辦公室出版，一九八六年版），頁一四二。

3 中國第二歷史檔案館編，〈盧溝橋事件第四次會報〉，《抗日戰爭正面戰場》（江蘇：鳳凰出版社，二〇〇五年），頁二三九。

部隊，協同橋北端守軍向鐵橋南端日軍予以夾擊。是夜，細雨紛霏，敵人正疏戒備，二十九軍官兵精神抖擻，輕裝持步槍、手榴彈、大刀，出敵不意，秘密接近橋南端，將該敵悉數殲滅。

中國軍奮起抵抗，實為正當防衛。及我二十九軍司令部發出命令，讓前線官兵堅決抵抗，並有「盧溝橋即為爾等之墳墓，應與橋共存亡，不得後退」之語。在戰鬥開始不久，平漢線的鐵路橋及其附近龍王廟等處曾被敵人攻佔。至七月八日下午，二十九軍從長辛店以北及八寶山以南齊向敵人反攻，並與敵進行白刃戰，復將鐵路橋及龍王廟等處奪回。

七月九日凌晨二時，秦德純與日本北平特務機關長松井大佐達成協議，內容如下：（一）雙方立即停止射擊；（二）日軍撤退至永定河左岸，中國軍隊撤至右岸；（三）盧溝橋守備由冀北保安隊擔任[4]。

當天，宋哲元回電蔣介石：「華北部隊守土有責，自當努力應付當前情況，職決遵照鈞座『不喪權，不失土』之意旨，誓與周旋。倘中樞大戰準備完成，則固囿民心理夙夜禱企者也[5]。」

為加強盧溝橋一帶的兵力，馮治安於八日和九日先後將駐保定的一〇九陳春榮旅二一七胡文郁團，以及萬福麟率領的東北軍五十三軍部騎兵團，及鋼甲車兩列開到長辛店一帶，計畫在十日夜間襲擊豐台日軍。

晚七時左右，張自忠電話詢問何基灃[6]前線情況後，對何說：「你們要大打，是愚蠢的。如果打起來，

4 中國第二歷史檔案館編，〈盧溝橋事件第四次會報〉，《抗日戰爭正面戰場》（江蘇：鳳凰出版社，二〇〇五年），頁二十六。

5 中國第二歷史檔案館編，《抗日戰爭正面戰場》（江蘇：鳳凰出版社，二〇〇五年版），頁一九一。

6 何基灃，時任第三十七師一一〇旅旅長，負責防守盧溝橋。

有兩方面高興：一方面是共產黨，符合了他們的抗日主張；另一方面是國民黨，可以借抗戰消滅我們。帶兵不怕沒有仗打，但是不要為了個人去打仗[7]。」何基灃本來已經徵得馮治安的同意，決定乘日方援軍未到，抓住時機，對豐台日軍予以重創。但是，軍部命令到達後，這一計畫未能實行。從此，盧溝橋的戰事就完全陷於被動。

> 「盧事發生後，七月八日及十日，馮治安、秦德純決心反攻，宋亦由樂陵電令消滅當面之敵。當開會時，馮發表主戰言論後問張自忠意見如何，張答無意見，於是於七月八日晚下反攻命令。殊日人方面因兵力甚少，得此消息，即多方派人疏通，謂可無條件撤兵，因之乃收回反攻命令。至七月十日日軍未撤，馮等又下令反攻，日人又向張自忠及許多親日分子從事疏通，致反攻未成事實[8]。」

第二十九軍三十七師士兵奔赴宛平

7　何基灃、鄧哲熙、戈定遠、王式九、吳錫祺，〈七七事變紀實〉，《文史資料選輯》第一輯（北京：中華書局，一九六〇年版），頁二十。

8　中國第二歷史檔案館編，〈盧溝橋事件第十六次會報〉，《抗日戰爭正面戰場》（江蘇：鳳凰出版社，二〇〇五年），頁二六一。

經過七月八、九兩日的戰事，雙方均增援部隊，戰事逐漸擴大。宛平城郊及八寶山戰鬥曾予敵人以重大打擊，致使日寇要求暫時停戰。七月十日上午，日本特務機關長松井大佐派員向中方洽商，希望停戰會商。結果為：

一、雙方立即停戰；

二、雙方各回原防；

三、雙方組織視察團監視雙方撤兵情形。日方並要求中國方面以保安部隊接替吉星文團防務。

於是，第二十九軍又增加保安隊一團至盧溝橋城內，當時日方僅將其第一線部隊撤至預備隊之位置，反責二十九軍為何未撤回原防。秦德純的答覆：「所謂原防即戰前原駐地點，日軍原駐天津者，應回天津；原駐豐台者，應回豐台。我軍原駐宛平城內，因應戰移防城上，我軍由城上撤至城下，即為原防。」當場日方便無話可說。

實際上，日方之要求停戰，有兩重意思。首先，以停戰之名作修整，以備再戰。更深層目的在於向其國內作虛偽宣傳，故作和平之舉，再用宣傳機器在日本宣傳日軍如何受中國軍隊之迫害殘殺，作為調動大軍侵略之口實。

盧溝橋事變發生，宛平守軍集合待命出擊

第二十九軍官兵在前線的英勇作戰，得到了全國人民的聲援與鼓舞。很多當地百姓看到自己的軍隊奮勇殺敵，就自發組織起來送水、送飯、搬運彈藥，支援前線，長辛店鐵路工人為了協助軍隊防守宛平縣城，在城裡與戰士們一起挖好了防空洞，修好了槍眼。

第二章　張自忠、張允榮插手談判

為了加強盧溝橋一帶的兵力，馮治安乃於七月八、九兩日先後將駐保定的陳春榮旅之一團、東北軍第五十三軍萬福麟部的騎兵團，及鋼甲車兩列開到長辛店一帶，計畫在七月十日夜間襲擊豐台之敵。

面對這突如其來的事件，七月八日宋哲元即致電蔣介石，說明情況。蔣介石遂命宋哲元到保定，指揮作戰。

鑒於秦德純對日態度一向強硬，今井武夫七月十日晚到椅子胡同找張自忠[1]，張自忠便讓張允榮[2]參加談判。張允榮與今井武夫談了三小時後，午夜，今井武夫和松井向張自忠提出：「一、第二十九軍代表向日本軍表示道歉，並聲明負責防止今後不再發生類似事件；二、對肇事者給予處分；第三、盧溝橋附近永定河左岸不得駐紮中國軍隊；第四、鑒於此次事件出於藍衣社、共產黨以及其他抗日的各種團體的指導，今後必須對此作出徹底取締辦法。對以上要求須向日軍提出書面承認，對第四項的具體事項作出說明。當

1　《今井武夫回憶錄》（上海：上海譯文出版社，一九七八年版），頁二十一。

2　張允榮原爲馮玉祥内保處長，西北軍失敗後賦閒。一九三三年參加察哈爾抗日同盟軍。曾與日本簽約出賣口北六縣。到天津與日本合辦惠通航空公司，任董事長，專爲日軍買地用於建飛機場，後將董事長一職讓給張自忠。張自忠訪日時，他任代表團副團長，是張自忠與日本之間的聯絡人。張允榮在冀察政委會與二十九軍中無職務。

承認上列各項後，日、華兩軍即各回原駐地，但在盧溝橋附近需按我方要求進行[3]。」

七月十一日，張自忠對今井武夫指定在崇文門大街四號院張允榮私宅內（這套院子是張允榮任中日合辦的惠通航空公司董事長發財後新置的宅院）與日方進行談判，目的在於甩開秦德純，由張自忠做主談判，張允榮在二十九軍和冀察政權（宋哲元任委員長時，不擔任任何職務，直至張自忠上任）中沒有任何職務，僅因為他是張自忠拜把兄弟，就成了對日交涉的負責人。當日晚間，雙方議定三條：

一、冀察第二十九軍代表向日本軍表示遺憾之意，並將負責人予以處分，更聲明將來負責防止再惹起此類事件；

二、中國軍為了避免與豐台日本駐軍過於接近而易惹起事端起見，不駐軍於盧溝橋城廓和龍王廟，以保安隊維持治安；

三、本事端認為多半是胚胎於所謂藍衣社、共產黨和其他抗日系統各團體的領導，故此將來採取對策，並徹底取締。

雙方對以上各項均表同意。

而此時中央政府對這一談判並不知情，「現中央並非申明宣戰，仍需說明和平願望，而地方政府已與對方簽訂和平條件，中央尚不知底蘊……是中央與地方太不聯繫[4]」。實際上，宋哲元和秦德純對於議定內

3　日本防衛廳防衛研究所戰史室編，田琪之譯，〈中國事變陸軍作戰史〉，《中華民國史資料叢稿譯稿‧第五輯》（北京：中華書局，一九七九年版），頁一四一。

4　中國第二歷史檔案館編，〈抗日戰爭正面戰場〉，《盧溝橋事件第四次會報》（江蘇：鳳凰出版社，二〇〇五年），頁二三九。

容也同樣毫不知情。

同日，宋哲元由魯返津，主持大計。七七事變爆發後，蔣介石要求宋哲元到保定領導抗戰，以戰逼和。宋哲元是軍人，應該服從上級的命令。可是為什麼他沒有去保定反而去了天津？原因是他已經估計到中日之間將有一場大戰，但是他與張自忠自四月十五日請假赴日到現在一直未曾見面詳談過。張自忠向他請假是半個月，可實際在日本住了三十五天，當他由日回國時，宋哲元正在山東樂陵。宋哲元曾派鄧哲熙、李炘二人赴青島接張自忠至樂陵詳談，但是被張自忠拒絕了[5]。隨後張自忠去了濟南，說久仰韓主席的政績，在濟南住了一天一夜之後，就直接由濟南回到了天津。所以，宋張二人未曾見面，軍長不瞭解師長對於戰爭的意見，他怎麼決定打還是不打？因此他必須去天津找張自忠。

宋到天津後才知道張自忠、張允榮在北平已插手談判。而單方面與兩張談判是今井武夫[6]的精心設計，目的就是甩開秦德純。張允榮藉著攀上張自忠，狐假虎威，倒也在二十九軍內頗有淫威。

七月七日晚事變發生後，日軍見秦德純對日強硬，便拋開秦德純，想起了對日獻媚的張允榮，便認定由他擔任日華交涉的主要負責人，計畫通過他對張自忠進行遊說，從而分裂二十九軍。若張自忠簽了字，那麼宋哲元就不得不答應。七月十日，日本駐北平大使館武官今井武夫先與張允榮談了超過三個小

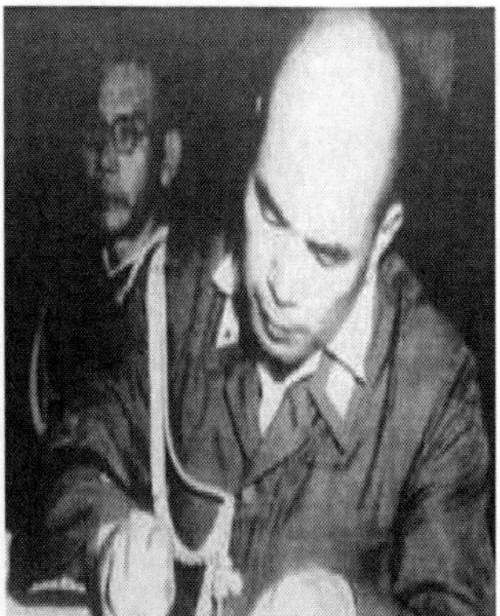

今井武夫

5 參見《世界日報》，一九三七年五月三十日。

6 時任日本駐中國大使館駐北平陸軍助理武官。

時，七月十一日便有了張自忠與松井太久郎簽訂的《停戰協定三條》。張自忠自從訪問日本以來，雖然在廣大群眾和媒體中被罵為漢奸，但是在日本軍界和親日派的心目中，他是溫和派，是知日人士。

至此，七七事變似乎可以「和平」解決。日軍在華北無理取鬧也不是一次兩次了，每次都能靠談判解決，宋哲元相信這次也能。只不過還是以我軍的屈辱退讓來解決罷了。自冀察政務委員會成立以來，蔣介石多次告誡宋哲元要忍辱負重，穩定住華北的局面，在不喪失國家重大利益的情況下，能讓則讓，能忍則忍。

這次的簽訂《停戰協定三條》，將一場一觸即發的戰爭大事化了，穩定住了華北的大局，讓華北駐屯軍不再折騰，蔣介石那裡也就好交代了。這是張自忠的考慮，宋哲元即使知道了也無可奈何了。

《停戰協定三條》簽訂之時，就是日本陰謀得逞之日。

在中國東北和朝鮮的日本關東軍於七月八日晨召開緊急會議，研討「盧溝橋事件」的對策，會議一致認為，應乘機對「（中國）冀察（地區）一擊」，決定將關東軍第十一旅團主力調往長城一線待命，以支持日本中國駐屯軍，並另動員二個旅團準備進行華北作戰。關東軍還派人趕赴天津，鼓動日本中國駐屯軍「徹底地擴大下去」。日本朝鮮軍司令官小磯國昭獲知消息後，立即向日本參謀本部進言：日本應「利用這一事件推行統治中國的宏圖」。可見，日本關東軍和日本朝鮮軍都在以七七事變為契機，為發動全面侵華戰爭而推波助瀾。

七七事變的消息傳到東京後，軍政界的法西斯分子立即借題發揮，以盧溝橋事件為契機，策劃全面侵華戰爭，並積極推動軍部和內閣盡快決策，及早發兵。在參謀本部，法西斯軍人揚言，現在是「千載難逢的良機，此時還是幹為好」、「事已如此，決心幹吧！應當制訂進攻南京的計畫[7]。」一時間，硝煙四起，戰雲翻騰，對華開戰之聲甚囂塵上。

七月九日上午，日本內閣四相會議決定了所謂「不擴大」方針，即要求中方反省、道歉，否則，「我方將及時採取措施」。日本內閣所謂「不擴大」，一是感到僅僅是「盧溝橋事件」還不足以作為擴大侵華的藉口，還需等待時機；二是將七七事變發生的責任推到中國頭上，無理要求中方道歉、撤軍等，實際上是在使事態惡化，以便尋求新的出兵藉口；三是聲稱必要時日方將採取「適當措施」，為日本擇機出兵埋下了伏筆。

儘管如此，日本軍部法西斯仍不滿意，參謀本部第二部認為，中國正在繼續準備抗日，這種情況再發展下去，日本將失去出兵良機，同時，日本中國駐屯軍也將陷於中國軍隊的「包圍」之中。為此，必須從速出兵救援。這一意見得到軍部認可。

七月十一日上午，日本內閣五相會議通過了陸軍大臣杉山元的提案，決定增兵派往華北，聲稱「派兵是為達到目的而顯示武力」。會議決定將「盧溝橋事件」稱為「華北事變」，表明日本內閣已將「不擴大」事態方針，改變為擴大事態方針，將「盧溝橋事件」造成的局部衝突擴大為華北地區的戰爭。同日下午，日本政府發表〈派兵華北的聲明〉，聲稱中國第二十九軍「於七月七日夜在盧溝橋附近進行非法射擊，由此發端，不得已而與該軍發生衝突」、「這次事件完全是中國方面有計畫的武裝抗日，已無懷疑餘地」、「為維持東亞和平，最重要的是中國方面要對非法行為、特別是排日侮日行為表示道歉，並為今後不發生這樣

7　日本防衛廳防衛研究所戰史室編，《戰史叢書八六・中國事變陸軍作戰I》，頁一五。

的行為採取適當的保證。由此，政府在日本內閣會議上下了重大決心，決定採取必要的措施，立即增兵華北」，結尾還加上「政府為使今後局勢不再擴大，不拋棄和平談判的願望，希望由於中國方面的迅速反省而使事態圓滿解決」。顯然，日本內閣和軍部已經下定決心了。增兵的消息很快報至天津的中國駐屯軍。陰險的是，北平特務機關長松井太久郎和日本駐北平使館武官今井武夫在得到天津駐屯軍參謀長橋本群同意後，決定坐等援兵的到來，這期間先穩住二十九軍。因為現在從人數上說，日軍還不是二十九軍的對手，貿然開戰，勝算不大。於是三人一合計，隱瞞了增兵的事實，並與冀察當局簽訂了《停戰協定三條》，作為緩兵之計。

實際上，十一日當天，何應欽在電話上已經通知了二十九軍參謀長張樾亭，告以日方源源調兵，應有準備。但是，宋哲元未見到張自忠，也不知道張自忠對戰與和態度，加上中日兩國軍力懸殊，所以有所顧慮。

七七事變前中日軍事實力對比表

	日 本	中 國
年工業總產值	60 億美元	13.6 億美元
年產鋼鐵	580 萬噸	4 萬噸
年產煤	5070 萬噸	2800 萬噸
年產石油	169 萬噸	1.31 萬噸
年產飛機	1580 架	無自產能力
大口徑火炮	744 門	
坦克	330 輛	
汽車	9500 輛	
戰艦	52422 噸	
海軍軍力		
海軍兵力	12.7 萬人	2.5 萬人
艦艇數	285 艘	66 艘
排水量	115 萬噸	5.7608 萬噸
空軍軍力		
飛機生產能力	2700 架，可以投入戰鬥的 1600 架	600 架，全部進口，無自產能力。可以投入戰鬥的 223 架
陸軍		
兵力	常備軍兵力不過 38 萬人。戰前的日本法律規定，凡 17 到 40 歲的男子必須服役，所以理論上戰時可動員 1000 萬人參戰。受過軍事訓練，可迅速形成戰鬥力者，合計超過 448 萬。	現役常備軍 170 餘萬，而受過軍事訓練的預備役兵員僅 150 餘萬。以當時中國的人口總數和經濟基礎而論，前者數額大得完全不合理，後者又小得不成比例。

一九三二年「一・二八」淞滬抗戰時，中國第五軍（裝備德械的王牌部隊）、第十九路軍，兩支勁旅頑強作戰，最終不敵，與日本簽訂了屈辱的《淞滬停戰協定》。一九三三年「長城抗戰」時，中央軍與北方的雜牌軍二十餘萬人參與了會戰，包括中央軍的楊傑、晉軍的商震、西北軍系的宋哲元、東北軍的萬福麟以及雜牌軍孫殿英，都是拼命地在打。孫殿英的部隊甚至手拿月牙護手鈎，外號「花子兵」，這樣的軍隊也在赤峰與日軍拼了一場命。手拿大刀，靠夜行軍、急行軍的宋哲元部隊取得了羅文峪、喜峰口戰役的勝利，使平津免於淪陷，但是冷口和古北口都被日軍突破，最後，承德淪陷，與日軍簽訂了屈辱的《塘沽協定》。憑藉這樣的軍事實力與日軍開戰，宋哲元心裡是能估計到結果的。

除了實力上的擔憂外，宋哲元與蔣介石也有很深的宿怨，他也擔心蔣介石借機排除異己。一九三五年六月，宋哲元被免去察哈爾省主席職務時，就曾憤怒地對人說：「誰再相信蔣介石抗日，誰就是傻瓜笨蛋[8]。」

兩年前的背叛，是宋哲元心中揮之不去的陰影。蔣介石會不會表面抗日，背後又和日軍媾和，再將抗日的將領當作替罪羊呢？所謂「一朝被蛇咬，十年怕井繩」。

此時的宋哲元只能採取邊備戰邊求和的策略。七月八日，蔣介石即電令冀察當局：「宛平城應固守勿退，並需全體動員，以備事態擴大。」蔣命令軍事委員會辦公廳主任徐永昌、參謀總長程潛，調師北上，

8　李世軍，〈宋哲元和蔣介石關係的始末〉，選自《江蘇文史資料選輯》第四輯（江蘇人民出版社，一九八〇年版），頁一二二。

增援第二十九軍。徐永昌提議部署與宋哲元有淵源之部隊孫連仲第二十六路軍、龐炳勳第四十軍與高桂滋第八十四師等部調動。蔣介石於七月九日下令孫、龐部北上，率部向石家莊集中；令開封綏靖公署主任劉峙派一師至黃河以北，準備兩師待命出動；令沿江、沿海及重要城市負責長官加強戒備，各地重要工事限期完成。七月九日，蔣氏還指示徐永昌、程潛、軍事委員會訓練總監唐生智和軍政部長何應欽：「我軍應準備全部動員。各地皆令戒嚴，並準備宣戰手續。」

事變發生後，蔣介石令正在重慶主持川康整軍會議的軍政部長何應欽速回南京，每日主持會議，研議對日抗戰方策和應戰措施，為準備開戰。從是否絕交宣戰，到劃分戰區，抽調部隊；從兵器彈藥，到通訊聯絡；從糧秣燃料，到後方醫院等，均一一研究落實。

這次蔣介石是動真格的了。經過一九三六年的西安事變，形成了全國一致抗日的局面，使蔣深知，再不抗日，南京國民政府就有可能喪失權威，喪失統治合法性。

七月十七日，蔣介石發表了著名的〈廬山講話〉：「如果戰端一開，那就是地無分南北，人無分老幼，無論何人，皆有守土抗戰之責任，皆應抱定犧牲一切之決心。」抗日的呼聲響徹中華。

值得注意的是，講話中特別指出：（一）任何解決，不得侵害中國主權與領土之完整；（二）冀察行政組織，不容任何不合法之改變；（三）中央政府所派地方官吏，如冀察政務委員會委員長宋哲元等，不能任人要求撤換；（四）第二十九軍現在所駐地區，不能受任何的約束。蔣介石特別提到保護冀察當局不容改變。

蔣介石讓宋哲元速赴保定指揮作戰，原因有四個：（一）宋哲元在保定方便指揮作戰對敵人有威懾作用；（二）向日軍表明我軍堅決抵抗的態度，以戰逼和；（三）避免宋哲元在平津受日方和漢奸的讒言，一時頭昏宣布自治；（四）若宋哲元堅守民族大義，維護團結，日軍或者漢奸趁機軟禁宋哲元，可能出現挾宋哲元以令冀察政委會的局面，抑或是做掉宋哲元，另立一親日派主政，到時日本會不戰而勝。所以七月十日下午，蔣介石見宋哲元遲遲不回電，便急派二十九軍駐南京代表李世軍去樂陵當面告知宋不能回北平的理由。是怕宋被俘，二十九軍會群龍無首。可以說，蔣介石考慮得非常周到，但是宋哲元卻於七月十一日從山東老家直赴天津，此刻他最關心的是張自忠對戰爭的態度。

第三章　宋哲元到天津的八天

七七事變爆發之後，蔣介石敦促宋哲元到保定領導抗戰。但是由於宋哲元一直未與自日歸國的張自忠見面詳談，所以幾經考慮之後，宋哲元於七月十一日抵達天津。

第一節　專田盛壽訪宋

七月十一日，日本藉口解決所謂多年來的華北懸案，在《停戰協定三條》提出了取締抗日團體的要求。七月十二日，宋哲元發表書面談話稱：

此次盧溝橋發生事件，實爲東亞之不幸，局部之衝突，能隨時解決，尚爲不幸中之大幸。東亞兩大民族，即是中日兩國，應事事從順序上著想，不應自找苦惱。人類生於世界，皆應認清自己的責任。余向主和平，愛護人群，決不願以人類作無益社會之犧牲。合法合理，社會即可平安，能平即能和，不平即不能和。希望負責者以東亞大局爲重。若只知個人利益，則國家有興有亡，興亡之數，殊非盡爲吾人所能意料[1]。

正是因為宋哲元不瞭解在張允榮家談判的內容，所以他發表了這樣的談話。秦德純也在七月十一日電

1 《大公報》（上海版），一九三七年七月十三日，第三版。

話南京方面稱「不承認有上述事實，謂並未簽訂任何條件[2]」，並對松井說：「即使對其他條件讓步的話，唯獨對中國軍隊撤出盧溝橋一項，決不能同意[3]。」說明秦德純對此也不知情。

在日本內閣決定增兵華北的前提下，日方有恃無恐，便想借此機會逼迫中國承諾徹底施行取締抗日運動，既然宋哲元已經到了天津，七月十四日上午日本方面派專田盛壽參謀送去日軍提出的〈解決條件第三項細目協定〉的要求，內容共有七項[4]：

（一）徹底鎮壓共產黨之策動。（二）罷黜排日之要人。（三）有抗日色彩的中央機關應從冀察撤退。（四）抗日團體如藍衣社、CC團等，應撤離冀察。（五）取締排日言論、宣傳機關及學生與民眾運動。（六）取締學校與軍隊中之排日教育。（七）北平市之警備由保安隊擔任，中國軍隊撤出城外。

此七項與七月十一日對張和談之條款相比，變本加厲。至此，宋哲元對日本是否真正願意平息事態產生了懷疑，決心備戰，但他仍不瞭解張自忠的對日態度。

而在專田盛壽送來〈解決條件第三項細目協定〉的同時，日軍也在軍事上積極部署。同在七月十二日，駐津日軍派兵強佔了天津東、西、北三個火車站，切斷了平津之間中國軍隊的聯繫。同時日軍通過水旱兩路向天津大量增兵。

2　《盧溝橋事件第四次會報》，頁二四〇。
3　今井武夫，《今井武夫回憶錄》（上海：上海譯文出版社，一九七八年版），頁二十九。
4　參見〈大本營陸軍部〉摘譯《日本軍國主義侵華資料工編　上》（成都：四川人民出版社，一九八七年版），頁三一七頁。

七月十三日，二十八架日軍戰鬥機飛抵天津東局子機場，上海至天津的航運自此中斷。日軍借談判之機調兵遣將，平津局勢危在旦夕[5]。在此期間，宋哲元秘密接見了冀東偽政府的兩位保安隊長張慶餘、張硯田，每人發放一萬元安家費，並答應反正後可以收編加入二十九軍[6]。此時，漢奸們正在籌組大北方人民自衛政府[7]。

宋哲元到天津三天未見到張自忠，從而感到形勢不妙，一旦發生戰爭，天津就會保不住，於是他有了放棄天津的打算，因此他給蔣介石發了一封準備放棄天津的電報稿，蔣介石批覆絕不可。電文如下[8]：

5 中共天津市委黨史研究室等編，《日本帝國主義在天津的殖民統治》（天津：天津人民出版社，一九九八年版），頁五四五—五四六。

6 張慶餘，〈冀東保安隊通縣反正始末記〉，全國政協文史文員會編，《七七事變》（北京：中國文史出版社，一九八六年版），頁七十一。

7 〈軍政部參事嚴寬呈何應欽部長告平津漢奸企圖促成偽大北方人民自衛政府情形電〉，《盧溝橋事變史料》（上冊），頁一四七。

8 秦孝儀主編，《盧溝橋事變史料》（上冊）（臺北：中央文物供應社，一九八六年版），頁一四五。

冀察綏靖主任宋哲元請示應否放棄天津電

——民國二十六年七月十四日、北平

宋哲元副手啓元未機牯電：敬遵鈞旨，一定本中央之意旨處理。惟軍隊係駐防性質，集結需時日，天津以東大沽、小站一帶之軍隊亦不易，且天津地方重要，在目前對之應否放棄，統乞示遵。北平。寒午。參。

蔣委員長批覆：北平。宋主任明軒兄：寒午參電係。天津絕對不可放棄，務望從速集結兵力應戰。近情盼詳覆。中正。戌。機。牯。

第二節　宋哲元寓所會議

七月十四日下午二點三十分，張自忠由北平返天津。當日晚間，張自忠、張允榮、齊燮元、陳覺生等人拜訪天津駐屯軍參謀長橋本群。同時，馮治安接宋哲元急電趕到天津。

晚上九點，南京統帥部召開的會議中也接到「宋為親日分子齊燮元、張自忠、張允榮、陳覺生四大金剛所包圍」[9]的情報。

宋哲元天津寓所

9 《盧溝橋事件第四次會報》，頁二四〇。

七月十五日，二十九軍高級軍事會議在天津宋寓召開。國府軍政部參事嚴寬在給其上司何應欽的電報中，介紹了開會的情況：

天津市府秘書長馬彥翀

> 南京。部長何：一〇一五密。極密。津宋寓會議，意見稍有出入：（一）張等力主和，日對張等由陳（覺生）、馬（彥翀）居中拉攏，故張等對日外交處處讓步，藉鞏地盤。（二）馮等力主戰，對日絕不讓步。陳等對外企圖仍恃華北特殊，主張地方與日媾和，力謀在外施其伎倆，並以收復失地及中央軍北上之利害，極力挑撥與包圍宋氏。是以近來此間閒言甚多也。職寬叩。刪。印[10]。

《民國檔案》也記載了二十九軍官兵的態度：宋哲元態度無可疑慮，不過希望俟有準備後再抗戰。且宋主張攻勢作戰，不主張守勢作戰……至河北則主攻不主守。秦德純、馮治安，則始終強硬主戰，且甚服從中央……中下級幹部及士兵，則完全情緒熱烈，不惜一拼，士氣大爲可用。這說明宋哲元此時已無法指揮張自忠，所以宋哲元無奈在七月十六日單獨給馮治安下了作戰命令——「陸軍第二十九軍作戰命令戰字第一號」[11]，任命馮治安為北平地區總指揮，由馮治安呈報南京國民政府，蔣介石在此命令文件後批有「存」字。

---

10 秦孝儀主編，〈軍政部參事嚴寬呈何應欽部長告天津宋寓會議意見不一情形電〉，《盧溝橋事變史料》（上冊）（臺北：中央文物供應社，一九八六年版），頁一四五。

11 秦孝儀主編，《盧溝橋事變史料》（上冊）（臺北：中央文物供應社，一九八六年版），頁一四八。

嚴寬電報中提到的陳覺生與馬彥翀是親日派。其中，陳覺生任北寧鐵路管理局局長兼冀察交通委員會主任委員[12]。盧溝橋事變發生後，陳覺生唯日軍之命是從，而對宋哲元隱而不報，讓北寧鐵路每天都有絡繹不斷的日兵車自東北開進關內。

馬彥翀是天津市政府秘書長，於一九三六年八月二十日又兼任興中公司的常務董事[13]，為日本人批地開工廠，當然反對中日之間發生戰爭。

二人所謂的「單獨與日媾和」，實際上是策劃了華北脫離中央。後來的蔣介石〈廬山講話〉也因此出現了冀察政局不容不合法改變等字眼。對於陳覺生的賣國之舉，世人早已不齒。現代作家張開評論道：

那位坐失北寧路主權早被彈劾的陳覺生，此次竟作了「和平」的使者，奔走於中日之間，一若自己是個第三個國人，我們必須予以嚴密監視[14]。

12　李雲漢，《宋哲元與七七抗戰》（臺北：傳記文學出版社，一九七三年版），頁一八三。

13　一九三六年八月二十二日上海《申報》刊登中日合辦中興公司成立，張自忠任董事長，石井成一爲副董事長，馬彥翀、平山敬三爲常務董事。

14　參見張開，〈釁起盧溝橋宵深驚炮火　鋒罹平津　露泣忠良〉，轉引自張《晉察冀人民抗日鬥爭史參考資料 第十一輯「七．七」抗戰》（晉察冀人民抗日鬥爭史編輯部，一九八二年）。

第三節　宋哲元下達作戰命令

宋哲元於七七事變後先發電報力主消滅當前之敵，由於七月十五日宋寓所內的和、戰分歧，宋哲元只好於七月十六日發布〈作戰命令〉，單獨由馮治安領導二十九軍，力保北平、盧溝橋及豐台。

宋哲元發布戰字第一號命令（一九三七年七月十六日）

陸軍第二十九軍為確保北平及迅速撲滅盧溝橋、豐台之敵下達作戰命令

民國二十六年（一九三七年）七月十六日

陸軍第二十九軍作戰命令　戰字第一號

一、軍為確保北平重點及其附近地區對敵抗戰，同時以一部迅速撲滅盧溝橋、豐台之敵，以使後方兵團之進出容易。

二、部署：

（一）總指揮官　第三十七師師長馮治安。

（二）區分：

右地區隊：

指揮官　騎兵第九師師長鄭大章。

副指揮官　第三十八師副師長王錫町。

軍官團團長徐以智。
第三十八師特務團第二二五團（欠第一營）。
第二二六團第二二七團教導大隊。
特務旅（欠第一團團部及第一營）。
騎兵第九師第二旅（欠第五團）。
軍官團。
軍士訓練團。
左地區隊：
指揮官　冀北保安司令石友三。
副指揮官　獨立第三十九旅旅長阮玄武。
冀北保安第一旅。
冀北保安第二旅。
獨立第三十九旅。
城防守備隊：
指揮官　第一一一旅旅長劉自珍。
第三十七師第一一一旅。
第三十八師第二二五團第一營。

特務旅第一團（欠第二營）。
河北省保安第一旅第二團
右側支隊：
指揮官　獨立第二十七旅旅長石振綱。
獨立第二十七旅。
總預備隊：
指揮官　總指揮官兼任。
第三十七師（欠一一一旅）。

三、指導要領：

（一）右地區隊對各方向所來之敵，需均能抗戰。應佔領由永定門附近起，經平苑大道——南苑營房——亙團河附近。並於通敵各道路附近，利用地形，對各方向配置所要之兵力。以主力集結於中間要點，待敵接近，即依機動夾擊及逆襲等手段擊滅之。對南苑至北平城之交通線，應特別注意保護。第二二六團附工兵一部，先在廊坊附近竭力防敵前進。並相機破壞敵人之交通，至不得已時，退歸地區隊。為使地區守備部隊之戰鬥容易起見，應以騎兵主力，在地區守備部隊前方廣行活動，並破壞被敵利用之交通線，隨時隨地牽制擾害之。

（二）左地區隊佔領由北平城東北角經北苑亙昌平車站附近，應在通敵方道路，利用地形，於第一線配置所要之兵力。以主力集結於後方各要點，誘敵進至不利之位置，即以機動夾擊之手段擊滅之。對於懷柔、昌平方向前進之敵，應與南口附近守備部隊確保連（聯）繫，協力殲滅之。

（三）北平城防守備隊按城防計畫固守之。

（四）右側支隊確實佔領黃村、龎各莊至固安大道之各要點，並以黃村附近鐵路線爲活動基線，對於天津方向之敵，掩護我右側，對於豐台方面之敵，協同總預備隊殲滅之。

（五）南口駐津軍應負責掩護左地區隊之左側。

（六）總預備隊協同各地區隊及右側支隊，由各方面包圍盧溝橋、豐台附近之敵，應於最短時間迅速捕滅之。

（七）各部在作戰期間，應多派有力小組便衣游擊隊，盡力擾害敵之行動。

（八）各部應即完成準備，候令開始行動。

軍長　宋哲元（印）

第三十七師師長馮治安（印）

下達法：召集命令受領者印刷交付

蔣委員長批示：存。15

15　秦孝儀主編，《盧溝橋事變史料》（上冊）（臺北：中央文物供應社，一九八六年版），頁一四八—一五一。

附——對一九三七年七月二十八日以宋哲元名義簽發的〈作戰命令〉再考析

本文爲筆者於《中國近現代史史料學學會學術會議論文集之七——中國近現代史及史料研究》發表的文章

上個世紀八十年代，突然冒出了一個新史料，在一九八七年日本駐華戰友會（即當年的侵華鬼子兵），為了紀念盧溝橋事變而編印一本《紀念盧溝橋事變五十周年文集》中刊登了一份一九三七年七月二十八日午前十時由當時駐軍軍長宋哲元所簽發的〈作戰命令〉。由我國的訪日學者帶回，未經任何考證、核實，立即被選入人民大學彭明、武月星教授所編的《中國現代史資料選輯》中（遺憾的是只選入這一份），之後，這份〈作戰命令〉不斷被推薦、被傳抄、被引用。甚至有人以此為據而下結論。為了歷史科學的嚴肅性，筆者曾三次公開呼籲，但未能制止對此假史料的使用，甚至有人公開為假史料辯護。因而這份假史料更肆無忌憚地干擾了我國七七事變史的研究，為此再次進行考析。既然其用日文刊出，必應有中文本做為原件，北京的抗日紀念館經日本的三井安吉教授將保存在津久井廣手中的〈作戰命令〉原件複印，至今保存在北京盧溝橋抗日紀念館。筆者複印後仔細辨析，肯定它是假的，理由如下：

一、一九三七年七月二十八日史料之真假問題從以下四方面審查：

（一）由「命令」文本看：

一共是八開紙五張，全部用硬筆書法刻寫（似乎是油印件），除第一頁做封面外，第三、四兩頁上面都有塗改勾劃的文字和痕跡，說明這不是一個正式文本。但在此未定稿上卻有宋哲元的硬筆書法簽名和圖章。按慣例，這種關係千萬人頭落地、大片國土存亡的〈作戰命令〉，軍長怎能在一個勾劃塗改後的文件上簽名、蓋章呢？何況宋哲元一貫是用毛筆簽名，從筆體上看，它不是宋哲元所簽，再用宋哲元之子保存的一九三五—一九四〇年公務用章來對比，命令上的圖章是假冒的。所以筆者肯定，這個文本不是出自二十九軍的軍部。

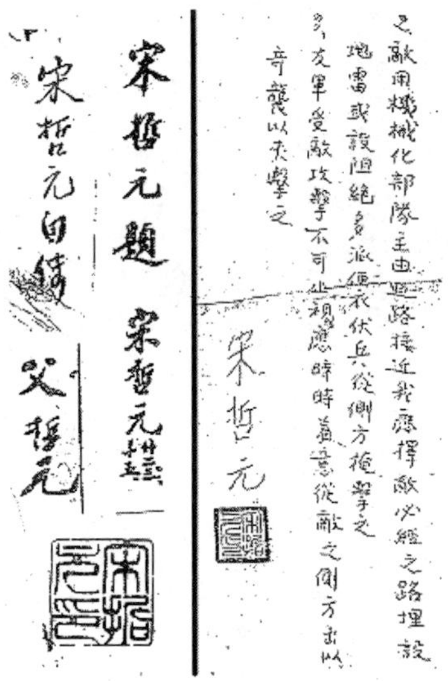

左側是宋哲元親筆題字。
右側是偽造的作戰命令，被大陸史學界引用，經作者多次呼籲，指出其漏洞，但這份文件已經干擾了正常的歷史研究二十多年。

（二）由文件的格式看：

從臺灣一九八六年秦孝儀主編的《盧溝橋事變史料》中刊載（引自總統府機要檔案）的一九三七年七月十六日宋哲元簽發並呈報給國民政府軍事委員會的〈作戰命令〉全文比較，七月二十八日作戰命令不夠正規。前者有命令的發佈者及目的，如「陸軍第二十九軍為確保北平及迅速撲滅盧溝橋豐台之敵下達作戰命令」。而七月二十八日的假命令開頭只有命令月日字樣，其中空白是後來用毛筆「七廿八午前十時」填的，奇怪的是上面有毛筆字填的日期，卻沒有宋哲元的毛筆簽名。再說七月十六日宋哲元所簽發的〈作戰命令〉註明是「戰字第一號令」。而七月二十八日的作戰命令根本沒有文件序號。可能當年那位編造者根本不知道宋哲元已發了一個作戰令了。如果這兩份命令都是一個人簽署，起碼要排個序號吧！所以筆者認為這種不合規格、紙面又塗塗改改的文件，不可能由二十九軍軍部發出來。

（三）從「命令」的內容看，其要害有二：

1、它不是下令調軍去消滅敵人，而是命令「對敵行持久戰相機出擊以擊滅之收取最後勝利」，這和前一天（七月二十七日）宋哲元拒絕日本最後通諜，發表自衛守土通電的決策不符（事實在七月二十八日晚下令天津李文田主動出擊，一直打到海光寺日本駐屯軍司令部），而不是「對敵行持久戰、相機出擊」；

2、假命令將二十九軍的四個師重新組合成為三個路軍，由主和將領張自忠任兩個路軍（平津地區）總指揮，而七月十六日命令中的北平地區總指揮是馮治安，卻降為副總指揮（軍隊中降為副職等於削了兵權）。這個內容更加荒唐，宋哲元的二十九軍是屬於國家的軍隊，他僅僅是個軍長，在未經呈報批准，不可能將自己的四個師改為三個路軍，尤其是七七事變前後，宋的身邊不僅有漢奸，還有何應欽的親信嚴寬，毛澤東的代表張經武，和一大批中外新聞記者，宋的一舉一動都有人監視、報導，他的師改為路軍，這麼大的變動不呈報國民政府軍事委員會？更沒有任何一方的電報稿、回憶錄中提及此事？既然是軍的命令，尤其是陣前換將，更換總指揮的命令應該下達到全軍各基層，不僅是南苑趙登禹應該有，駐北苑的阮玄武也應該有，駐天津的李文田應該有，駐察哈爾的劉汝明更應該有。可是這些人沒有一個人在回憶錄、電報稿中說有這麼個「命令」。筆者在海峽兩岸有關檔案資料中查找，都查不到有關七月二十八日宋哲元簽發二十九軍〈作戰命令〉的片紙隻字，那怎能證明這是一九三七年七月二十八日宋哲元簽發的作戰令呢？

（四）「命令」的來歷有問題：

七月二十八日「命令」公布的時間不是在當年，而是在五十年以後。據抗日戰爭紀念館的權威人士在一九九九年《軍事歷史》第三期上公布七月二十八日命令之來源「作戰命令保存於時任天津駐屯軍混成旅團司令部陸軍軍曹津久井廣（勤務兵）手中，津久井廣當時跟隨天津駐屯軍第二聯隊與駐通州的二十九軍一部作戰，他在作戰過程中，從一名戰死的二十九軍將校的背囊中搜尋到此則作戰命令並一直保持到今天」，權威人士並以一九九八年九月七日日本安井教授回信做為依據，這就是說一個侵華老兵的話就可以證明這是當年二十九軍軍長宋哲元簽發的作戰令嗎？筆者分析假命令的製造者不是津久井廣，因為這份「命令」在如年之後已無任何政治作用，僅僅是滿足一個侵華老兵炫耀自己所獲得戰利品的虛榮心而已，但津久井廣在文件的來歷上說了謊，筆者在查閱七七事變時期七月七日宋哲元致蔣介石、何應欽電報中記載了「一九三七年通縣的中日駐軍衝突發生於七月二十七日凌晨三點，由傅鴻恩營長率軍抵抗，經一小時戰鬥，由傅營長率部衝出重圍，敵復以飛機跟蹤轟炸刻已抵南苑收容整理」。這說明七月二十七日以後中日在通縣已無軍事衝突，沒有戰爭怎能有「戰死的二十九軍將校」呢？何況日軍的軍紀極嚴，如果繳獲了如此重要的敵方軍隊部署命令，怎敢不上繳而始終保存在一個士兵手中達五十年之久？又怎能在戰後那麼多日本官僚政客的回憶錄中也沒有人提到過有關七月二十八日命令的文字記載呢？這種在中日雙方檔案、文獻、回憶錄、電報稿中都查不到，僅憑一個日本侵華老兵的敘述就使我們的軍史學家、權威人士當作珍貴史料輾轉傳抄，選錄於自己的著作中，未免太天真了吧！與此相反，在臺灣一九八六年秦孝儀主編的《盧溝橋事變史料》中卻查到了七月十六日宋哲元簽發並呈報給國民政府軍事委員會的〈作戰命令〉全文，最後是宋哲元和馮治安兩人簽字蓋章，並有蔣介石批字「存」。同時在南京民國檔案館公布的（見《民國檔案》一九八七年二、三期〈盧溝橋事變後國民政府軍事機關長官會報會議記錄〉中亦有關九月十六日宋哲元呈報二十九軍作戰命令的記錄，筆者又查到在劉汝珍（當年守廣安門的團長）於一九三九年八月一日發表的〈一九三七年北平血腥突圍錄〉中亦記錄了當年二十九軍軍部如何下令調軍和執行七月十六日作戰命令的情況。我們將七月十六日宋哲元所簽發的〈作戰命令〉，和七月二十八日以宋哲元名義所簽發的〈作戰命令〉相比，真假就昭然若揭了。那麼這個「命令」是誰製造的呢？筆者認為津久井廣所言來自通州倒可啟發我們回憶；一九三七年的通州是大漢奸殷汝耕的冀東防共自治政府的首府，根據不平等條約，其所屬兩個縣都列為非武裝區，那裡的官員都由天津駐屯軍司令香月清司任命，是偽滿洲國和中國政府管轄地的中間地帶（所謂的非武裝區），這裡是藏汙納垢的場所，走私、販毒的溫床，更是日本間諜和漢奸們活動的大本營。所以，這份以挑撥二十九軍領導層（任意調動主帥）和惑亂軍心的假命令，很可能出於此處。他們事先做好，只是把日子空著，沒想到事態發展太快，七月二十七日宋哲元就拒絕了香月清司的最後通牒，到七月二十八日凌晨，中日戰爭已在南苑打響，這份「命令」已經派不上用場了，到津久井廣手中已是一張廢紙，所以也沒有上繳的必要了。對於這份史料之真假已經有人提出多次了，但使用者、推薦者，都不願承認它是假的，又始終拿不出一份當年的資料以證實其真，僅在一九九九年《軍事歷史》第三期上李宗遠發表了一篇〈對盧溝橋事變期間一份「作戰命令」的考析〉中提出了七月二十八日作戰命令上宋哲元圖章「和一九三六年四月宋哲元所蓋冀察綏靖主任關防印模風格一致」。

注意！風格一致可不是印模一致！這能說明就是宋哲元的圖章嗎？這個假簽名、假圖章的〈作戰命令〉在中國已經橫行了二十年，我們的軍史學家、權威人士仍找不出一個和假圖章相同歷史文件上的印模來，反而照舊輾轉傳抄於自己的著作中，使之在許多抗日書籍中佔據重要地位，甚至對於真正是宋哲元簽發的七月十六日〈作戰命令〉上面明明寫的是「戰字第一號令」卻擅改為「戰字予先號令」，真是令人啼笑皆非。

二、關於「臨危受命」的問題。自一九八八年《中國現代史資料選輯》中提供了這份以宋哲元名義簽發「命令」全文後，這份假史料已打入我們的史學界，北京抗日紀念館張承鈞主編的《佟麟閣將軍》（一九九〇年出版）在書中發布了以宋哲元名義簽發的〈作戰命令〉（由人民大學張同新教授提供），但時間改為七月二十九日。讀者當即提出疑問：「趙登禹將軍已於七月二十八日戰死，怎麼軍長在其死後仍給布置軍務？」張承鈞不理，兩年之後（一九九二年）又將此有原則錯誤的文件在《趙登禹將軍》一書中刊出，仍是盜用宋哲元名義。筆者在海峽兩岸有關檔案資料中查找，都查不到有關七月二十八日宋哲元簽發二十九軍〈作戰命令〉的片紙隻字，到一九九三年林治波著的《抗戰軍人之魂—張自忠將軍傳》中將這份假史料當做了「臨危受命」的依據。一九三七年七月二十八日是宋哲元率秦德純、張維藩、馮治安離平的日子。據說宋離平之前給張自忠留下手書由張代理冀察委員長，所以此「命令」不正是張自忠臨危受命的依據嗎？這位史學家把時間和史實顛倒了，自七月十九日宋哲元離津赴平到七月二十八日下午三點張自忠抵達鐵獅子胡同（宋哲元和張維藩、秦德純、馮治安開會的地方），宋、張二人既沒有見過面，更沒有書信或電報交流，尤其是張自忠七月二十五日擅離職守，捨棄了對天津三十八師的領導權而奔赴北平之後，並未到宋哲元處和二十九軍軍部報到，所以在七月二十八日午前十時，宋不可能將平津地區的抗日指揮權交給張自忠（因七月巧日在天津宋離開會，張自忠明確主和）。事實是七月二十八日拂曉南苑的中日戰事已經打響，沙河保安隊已附敵，到「午前十時」根本不需要發布這個「對敵行持久戰、相機出擊、以擊滅之」的命令了，歷史事實七月二十八日傍晚宋率秦德純、張維藩、馮治安到保定報到後，立即赴馬廠收攏二十九軍由平津撤下來的軍隊，此時更未曾將軍權授給張自忠。隨後很快就接到國民政府令，二十九軍升格為第一集團軍、宋哲元為第一集團軍司令，三十七師升格為七七軍、三十八師升格為五十九軍、一四三師升格為六八軍，從整個七七事變過程看，沒有一個檔案記錄二十九軍四個師改稱三個路軍的事，更沒有任何任命張自忠為平津地區總指揮的文件，這怎能說是臨危受命呢？歷史已證明張自忠留平後，重新改組冀察政委會，撤換了一批抗日人士，換上了一批漢奸，任命潘毓桂為北平市警察局長，張允榮為平綏鐵路局局長，邊守靖為天津市長。可惜這個重組的政權因李文田在天津的抗戰而失去了日軍方的支持，最後張自忠隻身逃出北平，被國民政府給予撤去天津市長和三十八師師長的處分，這些血的教訓能用「臨危受命」來解釋的清楚嗎？

三、談一談擅改史料問題。史料是客觀存在的現實，後人寫史的依據，所以選擇史料和運用史料解釋歷史現象是個極其嚴肅認真的工作，而有的軍史學家、權威人士將七月二十八日「命令」的內容引用在自己著作中卻任意增填或改寫，使之到讀者耳目中的是變了味的「命令」，可是又都用宋哲元的名義，這就歪曲了七七事變的史實。自一九八九年人民大學彭明教授將這份「命令」收錄《中國現代史資料選編》以來，隨後被多本抗日書籍所引用，每個引用者都用宋哲元名義，但版本繁多、內容各異，如前抗日戰爭紀念館館張承鈞主編的《佟麟閣將軍》（一九九〇年出版）和《趙登禹將軍》（一九九二年出版）的命令發布日期均為七月二十九日午前十時，而後來出版的林治波著《抗戰軍人之魂張自忠傳》（一九九三年）和郭汝瑰、黃玉章主編《中國抗日戰爭正面戰場作戰記》（二〇〇二年出版）以及高鵬編著《盧溝橋抗戰》（二〇〇五年出版）等書都寫的是七月二十八日。對於命令的內容亦是由各書的作者任意加以修飾或改寫，筆者由抗日戰爭紀念館保存的中文原件影本中看到的命令要求是——「軍為確保平津兩市及其附近地區對敵行持久戰、相機出擊以擊滅之」。但張承鈞主編的書中不僅日期改了，還擅自加了「軍事要求」四個字，平津前面加了「北」和「天」字。將「相機出擊，以擊滅之」改成了「伺機轉為進攻」，將收取最後勝利改成「取得」最後勝利，並在戰鬥部署中加了小注「營相當於日軍大隊編制」。而在彭明的《中國現代史資料選輯》中除將要求由「相機出擊以擊滅之收取最後之勝利」，改為「伺機轉為進攻取得最後勝利」之外，並將命令中的指導要領也做了文字上的修改，如將第一路軍原文「務必據守北平、且使後方得有機動之餘地，應鞏固佔領北平南北之線」改成了「必須佔領陣地、鞏固北平的南北線。以後方機動部隊的餘部守備北平」等等。一九九三年出版的林治波著《抗戰軍人之魂張自忠傳》則將七月二十八日命令掐頭去尾的抄上一段，以此做為張自忠臨危受命的依據。在二〇〇二年出版的《中國抗日戰爭正面戰場作戰記》（郭汝瑰、黃玉章主編）上冊三十八頁再全部抄錄《中國現代史資料選輯》之外又擅自增加了作戰方針，將原文的「戰鬥部署」改為「兵力部署」，又增加了「將全軍分為三路；第一路軍防守北平地區，以第一三二師、三十八師之一三一旅及軍特務旅為右地區部隊」（這種一個命令，多種不同版本也是少見的……）經過黃玉章先生的文字修飾，七月二十八日這份漏洞百出的〈作戰命令〉就逼真了，以此明確詔示，七月二十八日的命令「確是」宋哲元發布於軍部的，此書曾由出版社送予原國民黨主席連戰二百套，也干擾了台灣的學術研究。這種史書怎能讓我們的後代瞭解祖國的苦難和以史為鑒呢？

第四節　蔣介石廬山講話

蔣介石廬山講話（一九三七年七月十七日）

蔣委員長對於盧溝橋事件之嚴正表示

——民國二十六年七月十七日於第一期廬山談話會第二次共同談話會講[16]

各位先生：中國正在外求和平、內求統一的時候，突然發生了盧溝橋事變，不但我舉國民眾悲憤不置，世界輿論也都異常震驚。此事發展結果，不僅是中國存亡的問題，而將是世界人類禍福之所繫。諸位關心國難，對此事件，當然是特別關切，茲將關於此事件之幾點要義，爲諸君坦白說明之。

第一，中國民族本是酷愛和平，國民政府的外交政策，向來主張對內求自存，對外求共存。本年二月三中全會宣言，於此更有明確的宣示。近兩年來的對日外交，一秉此旨，向前努力，希望把過去各種軌外的亂態，統統納入外交的正軌，去謀正當解決，這種苦心與事實，國內都可共見。我常覺得，我們要應付國難，首先要認識自己國家的地位。我們是弱國，對自己國家力量要有忠實估計，國家爲進行建設，絕對的需要和平，過去數年中，不惜委曲忍痛，對外保持和平，即是此理。前年五全大會，本人外交報告所謂：「和平未到根本絕望時期，決不放棄和平；犧牲未到最後關頭，決不輕言犧牲」，跟著今年二月三中全

16　秦孝儀主編，《盧溝橋事變史料》（上冊）（臺北：中央文物供應社，一九八六年版），頁一—四。

會對於「最後關頭」的解釋，充分表示我們對於和平的愛護。我們既是一個弱國，如果臨到最後關頭，便只有拚全民族的生命，以求國家生存；那時節再不容許我們中途妥協，須知中途妥協的條件，便是整個投降，整個滅亡的條件。全國國民最要認清，所謂最後關頭的意義，最後關頭一到，我們只有犧牲到底，抗戰到底，唯有「犧牲到底」的決心，才能博得最後的勝利。若是彷徨不定，妄想苟安，便會陷民族於萬劫不復之地！

第二，這次盧溝橋事件發生以後，或有人以爲是偶然突發的，但一月來對方輿論，或外交上直接間接的表示，都使我們覺到事變發生的徵兆。而且在事變前後，還傳播著種種的新聞，說是什麼要擴大《塘沽協定》的範圍、要擴大冀東僞組織、要驅逐第二十九軍、要逼迫宋哲元離開，諸如此類的傳聞，不勝枚舉。可想見這一次事件，並不是偶然。從這次事變的經過，知道人家處心積慮的謀我之亟，和平已非輕易可以求得；眼前如果要求平安無事，只有讓人家軍隊無限制的出入於我們的國土，而我們本國軍隊反要忍受限制，不能在本國土地內自由駐紮，或是人家向中國軍隊開槍，而我們不能還槍。換言之，就是人爲刀俎，我爲魚肉！我們已快要臨到人世悲慘之境地。這在世界上稍有人格的民族，都無法忍受的。我們的東四省失陷，已有了六年之久，繼之以《塘沽協定》，現在衝突地點已到了北平門口的盧溝橋。如果盧溝橋可以受人壓迫強佔，那末我們百年故都，北方政治文化的中心與軍事重鎮的北平，就要變成瀋陽第二！今日的北平，若果變成昔日的瀋陽，今日的冀察，亦將成爲昔日的東四省。北平若可變成瀋陽，南京又何嘗不可變成北平！所以盧溝橋事變的推演，是關係中國國家整個的問題。此事能否結束，就是最後關頭的境界。

蔣介石廬山講話

第三，萬一眞到了無可避免的最後關頭，我們當然只有犧牲，只有抗戰！但我們的態度只是應戰，而不是求戰；應戰，是應付最後關頭，必不得已的辦法。我們全國國民必能信任政府已在整個準備中，因爲我們是弱國，又因爲擁護和平是我們的國策，所以不可求戰；我們固然是一個弱國，但不能不保持我們民族的生命，不能不負起祖宗先民所遺留給我們歷史上的責任，所以到了必不得已時，我們不能不應戰。至於戰爭既開之後，則因爲我們是弱國，再沒有妥協的機會，如果放棄尺寸土地與主權，便是中華民族的千古罪人！那時便只有拼民族的生命，求我們最後的勝利。

第四，盧溝橋事件能否不擴大爲中日戰爭，全繫於日本政府的態度，和平希望絕續之關鍵，全繫於日本軍隊之行徑，在和平根本絕望之前一秒鐘，我們還是希望和平的，希望由和平的外交方法，求得盧事的解決。但是我們的立場有極明確的四點：（一）任何解決，不得侵害中國主權與領土之完整；（二）冀察行政組織，不容任何不合法之改變；（三）中央政府所派地方官吏，如冀察政務委員會委員長宋哲元等，不能任人要求撤換；（四）第二十九軍現在所駐地區，不能受任何的約束。這四點立場，是弱國外交最低限度，如果對方猶能設身處地爲東方民族作一個遠大的打算，不想促成兩國關係達到最後關頭，不願造成中日兩國世代永遠的仇恨，對於我們這最低限度之立場，應該不至於漠視。

總之，政府對於盧溝橋事件，已確定始終一貫的方針和立場，且必以全力固守這個立場。我們希望和平，而不求苟安；準備應戰，而決不求戰。我們知道全國應戰以後之局勢，就只有犧牲到底，無絲毫僥倖求免之理。如果戰端一開，那就是地無分南北，年無分老幼，無論何人，皆有守土抗戰之責任，皆應抱定犧牲一切之決心。所以政府必特別謹慎，以臨此大事；全國國民亦必須嚴肅沉著，準備自衛。在此安危絕續之交，唯賴舉國一致，嚴守秩序。希望各位回到各地，將此意轉達於社會，俾咸能明瞭局勢，效忠國家，這是兄弟所懇切期望的。

早在〈廬山談話〉前，蔣介石已由情報中得知宋哲元被親日的所謂「四大金剛」包圍，生命恐有危險，立即通知二十九軍駐南京辦事處主任李世軍轉告宋哲元警惕。所以，蔣介石在這個談話中，又強調了宋哲元二十九軍軍長、冀察政委委員長地位不能改變，看出此時他是力挺宋哲元的[17]。

第五節　《香月細目》的簽訂

一九三七年七月十八日，因前華北駐屯軍司令田代皖一郎病故，香月清司接任。宋哲元在張自忠的要求下，與時任冀察政務委員會交通委員會主任陳覺生和張自忠，到偕行社[18]會見新任司令香月清司。香月趁此提出中方需對盧溝橋事件道歉，而宋的說法則是應雙方道歉，此外面對日方其他方面的苛刻要求，宋以需到北平與馮治安商量為由未做任何回答。

一九三七年七月十九日上午七時三十分，宋哲元乘火車從天津返回北平。日本則煞費苦心地設計了一個暗殺宋哲元的方案，即在這列火車必經之楊村大橋的橋墩上安裝炸彈，謀圖重演「皇姑屯事件」。但是，由於計算有誤，日本放置的炸彈於宋列車過後五分鐘才爆炸，宋並未炸傷。

回到北平的宋哲元當即給南京國民政府發電報，表示昨天「與香月在某俱樂部見面，雙方表示不願事

17　李世軍，〈宋哲元和蔣介石關係的始末〉，《江蘇文史資料選輯》第四輯（江蘇人民出版社，一九八〇年版），頁一三七。

18　偕行社是漢奸殷汝耕為日軍修建的俱樂部，此時是田代皖一郎的靈堂。宋哲元去弔唁，同時也由此會見了剛上任的香月清司。

態擴大，早有恢復盧溝橋事變前之和平狀態。本人始終站在國家立場、國民地位，本中央意旨處理，希望中央忍耐[19]。」北平市長秦德純亦向軍事委員會侍從室主任錢大鈞報告昨日宋哲元與香月的會晤情況，表示「未涉其他」[20]。宋哲元下令拆除通衢要道路障和防禦工事，並將關閉數日的城門打開，以示和平誠意。

在宋哲元離津之後，南京國民政府外交部代表董道寧即於七月十九日下午二點四十分對日提出公告，拒絕了日方的無理要求。

董道寧的公告明確表達了中國政府的態度，但意想不到的是當天夜間十一時半，張自忠、張允榮親臨華北駐屯軍司令部，同華北駐屯軍參謀長橋本群、專田盛壽等密談三個半小時，簽訂了秘密協定，即《停戰協定第三項誓文》，史稱《香月細目》，其內容包含七點：

一、徹底彈壓共產黨的策動。

二、對雙方合作不適宜的職員，由冀察方面主動予以罷免。

三、在冀察範圍內，由其他各方面設置的機關中有排日色彩的職員，予以取締。

1937年7月19日上午7時半，宋哲元離津赴平

19 秦孝儀主編，《盧溝橋事變史料》（上冊）（臺北：中央文物供應社，一九八六年版），頁一五六。

20 秦孝儀主編，《盧溝橋事變史料》（上冊）（臺北：中央文物供應社，一九八六年版），頁一五七。

四、撤去在冀察的藍衣社、CC團等排日團體。
五、取締排日言論及排日的宣傳機關，以及學生、群眾的排日運動。
六、取締冀察所屬各部隊、各學校的排日教育及排日運動。

民國二十六年七月十九日
第二十九軍代表　張自忠　張允榮

又，撤去在北平城內的第三十七師，由冀察主動實行之[21]。

據日本防衛廳史料記載：「以上內容因雙方約定對外不發表」[22]，所以對於這一協定，宋哲元「始終未作承認」[23]。此時說明張自忠已取宋而代之，蔣介石的〈廬山講話〉早已被拋在腦後，張自忠不僅奪了宋哲元的權，而且出賣了三十七師的弟兄。

由於張自忠與日方約定《香月細目》對外不發表，所以宋哲元、蔣介石、中共在二十九軍中的地下黨員都不知情。七月二十日，宋哲元發表書面談話，略謂：「本人向主和平，凡事以國家為前提。此次盧溝

21 日本防衛廳防衛研究所戰史室著，田琪之譯，《中國事變陸軍作戰史》第一卷第一分冊（中華書局，一九七九年版），頁一八四。
22 日本防衛廳防衛研究所戰史室著，田琪之譯，《中國事變陸軍作戰史》第一卷第一分冊（中華書局，一九七九年版），頁一五。
23 李雲漢，《盧溝橋事變》（臺北：東大圖書公司，一九八七年版），頁三四六。

橋事件之發生，決非中日兩大民族之所願，蓋可斷言。甚盼中日兩大民族，彼此互讓，彼此互信，彼此推誠，促東亞之和平，造人類之幸福。哲元對此事件之處理，求合理合法之解決。請大家勿信謠言，勿受挑撥，國家大事，只有靜聽國家解決。」同時對各方寄來的大批抗戰勞軍捐獻，宋哲元均以局勢已平息為由，通電表示「謝絕」。

香月清司之所以選在七月十九日簽約，是因為來自關東軍和朝鮮軍的第一批增援部隊預計將在七月二十日到達。而在當時的華北，日本華北駐屯軍的實力與中國第二十九軍的差距太大，如果沒有來自關東軍和朝鮮軍的增援部隊，武力進攻沒有絕對的勝算。所以，日方將與中國政府交涉的期限確定為七月十九日，則表明其根本就沒有和平解決事變的誠意。

而《香月細目》演繹出來的和平「幻影」使張自忠更堅定了求和的主張。二十九軍內部和戰雙方的分歧也使身為軍長的宋哲元不敢貿然決定全軍出擊。時間一分一秒地過去，七月二十日，天津駐屯軍終於等來了援軍。

七月二十日，日軍攻擊長辛店及宛平城，三十七師團長吉星文在戰鬥中負傷。宋面對這一情況，召開多次高級幹部軍事會議，甚至到三十七師師長馮治安家商議，據馮治安之子馮炳瀛回憶當時會議情況時說：「張自忠因為曾去日本參觀和觀看閱兵式，認為日本國力強大，部隊裝備精良，因而他覺得與日軍作戰不可能取勝[24]。」

---

24 〈回憶我的父親——馮治安將軍〉，《朝陽文史》第三輯，頁二三一—二三二。

第四章　中日戰爭的升級

第一節　日本發出最後通牒

與平津彌漫的求和氛圍不同，日方於七月九日的內閣會議上，尚確立不擴大事態的處理方針，但在七月十一日，日軍便向華北再次增派三個師團，為全面侵華做準備。

七月二十一日，劉汝明抵平謁宋報告：「察主席劉汝明，以冀政會委員長宋哲元，業已由津返平，本人特於前夜十二時許由張垣搭平包快車於昨晨六時四十分抵平，謁宋報告察省地方軍政備情形云[1]。」孫連仲、商震部隊希望到北平支援，宋因與張自忠的矛盾不願暴露，表示除非必要時，不希望二部北調。同日，三十七師防地由趙登禹師接防。盧溝橋前線一帶吉星文團退至長辛店，由石友三保安隊接防。

七月二十二日，楊宣誠在致何應欽的報告中指出，宋哲元方面可能會出現混亂[2]。

七月二十三日，此時宋哲元因不知蔣介石對日態度「究竟此戰如何打法？似係有探尋中央內情之意」[3]，而派人到南京詢問。

1　《競報》，一九三七年七月二十一日。
2　秦孝儀主編，〈軍事委員會參謀本部第二廳第一處處長楊宣誠上何應欽部長有關華北情形之報告——民國二十六年七月二十二日〉，《盧溝橋事變史料》，頁一六五。
3　中國第二歷史檔案館編，〈盧溝橋事件第十五次會報〉，《抗日戰爭正面戰場》（上）（江蘇：鳳凰出版社，二〇〇五年版），頁二六〇。

七月二十四日，二十九軍三十七師二一九團團長吉星文受傷後呈何應欽部長，表態「盧溝橋戰況誓與共存亡」。

同一天，英國哈吉森爵士面見宋哲元將軍詢問關於張自忠——橋本群協議之事，「宋將軍否認他知道真正內容，而中國外長個人也告訴我『中央政府也毫無所知』[4]」。

齊燮元催宋哲元撤兵，並謂如再不撤，日軍將以飛機百架轟炸北平[5]。

廊坊事件

七月二十五日，張抵平和宋、馮、劉、秦開會，會後宋哲元命令張自忠、劉汝明各回崗位準備作戰。下午四時左右，日軍以修理沿途電線為由強佔廊坊火車站，北平和天津的鐵路交通即告中斷，形勢極為緊張。負責駐守該地的三十八師一一三旅（旅長劉振三）二二六團（團長崔振倫）憑藉牢固工事與日軍交火，致使日軍傷亡很大[6]。

七月二十六日，千餘名日軍由天津開抵廊坊火車站，下車後即修工事，同時並以飛機十四架，裝甲車數輛向中方駐軍猛烈轟襲，致使中方前線作戰官兵與北平、天津方面聯絡中斷，形成廊坊駐軍獨立作戰局

---

4 〈中國一九三二・七—一九三八〉，《英國外交事務文獻》，第四十五卷（美國大學出版社），頁一〇〇。

5 中國第二歷史檔案館編，〈盧溝橋事件第十六次會報〉，《抗日戰爭正面戰場》（江蘇：鳳凰出版社，二〇〇五年），頁二六一。

6 崔振倫，〈廊坊抗戰始末〉，《七七事變》（北京：中國文史出版社，一九八六年版），頁一二六。

面，最終只得主動撤退。在兵力單薄情況下，宋哲元密電何應欽「速飭龐軍集結滄縣，以作總援」[7]。

引崔振倫〈第二十九軍第三十八師第一一三旅第二二六團的團長〉的回憶：

廊坊在兵要地理上說，是個必爭的地方，敵人爲了攻陷北平，非把廊坊這個釘子拔掉不可。從七月十一日開始日軍不斷向我軍挑釁，而且人數一次比一次多，態度一次比一次強硬。到了七月二十五日下午，中日雙方談判。我們的要求是：「你們的任務完成後盡快離開廊坊，以免發生誤會。」敵人要求出站宿營。我方說：「此地有駐軍，你們在此宿營絕對不行，還是趕快離開此地。」這樣反覆爭執，終無結果。待我方人員回來後，敵人就行動起來了。我方師部的命令是「不准敵人出站進街，不准開槍」。我到劉旅長那裡報告邢營長與宋營長先敵開火的意見，劉旅長沒加可否，光是低著頭吸煙。正在這個時候，宋連長進來，神情不安的說，這次開火是他連裡的一個列兵，叫王春山，他自己集結了五挺機關槍，沒有得到任何人的命令就向敵人開火了。廊坊的抗日戰爭，就是這樣開始的。這次因敵人沒重武器，只有重機槍，小口徑炮，特別是立足未穩又加上他們輕敵，所以傷亡很大。到了七月二十六日，日軍在天津調兵，集結完了即將向我們進攻，開來九架飛機，分三組在我們的營房上空轉了一個圈即開始轟炸。七月二十六日，我們撤出了廊坊，退往安次縣城。七月二十七日，我們夜襲廊坊，我們使用的兵力比敵人大兩倍，我對廊坊的地形、市街又熟悉，士氣也旺盛，打起來較順手，所以敵人傷亡重大，敵人的傷兵列車及護衛醫務人員全

7　秦孝儀主編，《盧溝橋事變史料》（上冊），頁二二二。

被殲滅；後我奉命撤出[8]。

對於廊坊事件還有一種說法，根據一九四三年七月五日《周佛海日記》，廊坊事件是張自忠下令他的三十八師士兵開的槍，筆者認為此說不確，因為七七事變時張自忠是主和的。

廣安門事件

廊坊激戰同時，根據劉自珍（時任二十九軍三十七師一一一旅旅長）回憶所記，一九三七年七月二十六日凌晨，日軍二百人由豐台乘車三十五輛回城內東交民巷日本兵營。負責廣安門的是一三二師獨立二十七旅的六七九團團長劉汝珍。張自忠（張並未回津，而是留在北平策劃「和平」）通知劉：「宋委員長命令開城門放行。」劉感覺此事蹊蹺當即請示宋，得到的答覆卻大相徑庭：沒宋命令不准進城。晚七時，秦德純拿著宋哲元的命令放行，日軍在城門外站立一天氣憤之極，一進城門便向中方士兵射擊，日本顧問櫻井在混戰中腿部受傷。中方再次關閉城門，僅十車日軍進城，其餘仍留在城外。已進城的日軍，因見街頭巷口築有巷戰工事，到處挨打，寸步難行，走投無路，復由日本使館出來交涉[9]。

8 《七七事變——原國民黨將領抗日戰爭親歷記》（中國文史出版社，一九八六年版），頁一〇〇—一〇九。

9 劉自珍，〈記北平七七事變前後的兩件事〉，上海文史館等合編，《史料選編》，一九八七年第一期。

最後通牒

七月二十五日廊坊事件和七月二十六日廣安門事件相繼爆發，期間日本援軍已經到達，香月清司有了作戰資本，向宋哲元攤牌。

七月二十六日，午後三時半，香月清司向宋哲元發出最後通牒，要求二十九軍三十七師軍隊於二十七日正午以前撤離盧溝橋與北平城，否則後果由中方承擔。言辭咄咄逼人：「如不實行，則認為貴軍未具誠意，而不得不採取獨自之行動以謀應付。因此，所有一切責任，並應由貴軍負之[10]。」

漢奸齊燮元催宋哲元撤兵，並謂如再不撤，日方將以飛機百架轟炸北平[11]。

日本華北駐屯軍對我二十九軍之最後通牒

——民國二十六年七月二十六日

二十五日夜間，我軍爲保護廊坊通信所派士兵，曾遭貴軍非法射擊，以致兩軍發生衝突，實深遺憾。查此事發生之原因，實由於貴軍對於我軍所訂之協定，未能誠意履行，而緩和其挑戰的態度。如果貴軍有使事態不趨擴大之意，須將盧溝橋及八寶山附近配備之第三十七師於二十七日正午以前撤至長辛店，並將

10　秦孝儀主編，《盧溝橋事變史料》（上冊）（臺北：中央文物供應社，一九八六年版），頁一八九。

11　中國第二歷史檔案館編，〈盧溝橋事件第十六次會報〉，《抗日戰爭正面戰場》（江蘇：鳳凰出版社，二〇〇五年），頁二六一。

北平城內之三十七師撤出城外，其在西苑之第三十七師部隊，亦須於二十八日正午以前，先從平漢路以北地帶移至永定河以西之地，並陸續撤退至保定方面。如不實行，則認爲貴軍未具誠意，而不得不採取獨自之行動以謀應付。因此，所有一切責任，並應由貴軍負之。

日本司令官
陸軍中將　香月清司

七月二十七日，宋哲元派張維藩拒絕日本最後通牒，並報告國民政府：「此種要求，實屬無理之甚，均以嚴詞拒絕[12]。」並發出自衛守土通電[13]：

自哲元奉命負冀察軍政之責，兩年來以愛護和平爲宗旨，在國土主權不受損失的原則下，本中央意旨處理一切，以謀華北地方之安寧，此國人所共諒，亦中日兩民族所深切認識者也。不幸於本月七

（申報）
中華民國貳拾陸年柒月貳拾柒日
香月向宋提最後通牒
宋哲元決心應戰
通令二十九軍抵抗
日軍炮轟北平廣安門
廊房楊村今晨又衝突
中日局勢臨最後關頭

12 中國第二歷史檔案館，〈蔣何宋密電選〉，《歷史檔案》，一九八五年第一期。
13 《大公報》（上海版），一九三七年七月二十八日，第一版。

日夜，日軍突向我盧溝橋駐軍襲擊，我軍守土有責，不得不正當防禦。十一日協議雙方撤兵，恢復和平。不料於二十一日炮擊我宛平縣城及長辛店駐軍，於二十五日夜，突向我廊坊駐軍猛烈攻擊，繼以飛機、大炮肆行轟炸，於二十六日晚，又襲擊我廣安門駐軍，二十七日早三時又圍攻我通縣駐軍，進逼北平，南、北苑均在激戰中。似此日日增兵，處處挑釁，我軍爲自衛守土計，除盡力防衛，聽候中央解決外，謹將經過事實推誠奉聞。國家存亡，千鈞一髮，伏乞賜教，是爲至禱。

第二十九軍軍長宋哲元叩感

同時，宋哲元下令設立北平城防司令部，馮治安為城防司令，陳繼淹、田春芳、石振綱、邵文凱四人為副司令，準備固守北平。晚酉時，蔣介石密電宋哲元固守北平三日，中央日夜兼程增援[14]。在這天晚間，宋哲元又派戈定遠[15]星夜馳赴保定，催促孫連仲、萬福麟等督師北上，協同作戰。

14　秦孝儀主編，《盧溝橋事變史料》（上冊），頁二三三。

15　戈定遠時任宋哲元的秘書長。

香月清司 小傳

香月清司

香月清司（一八八一——一九五〇），佐賀縣人，日本陸軍中將，日本法西斯軍人。陸軍士官學校十四期畢業，研究「步兵戰術」，在當時日本頗有名氣。之後入讀陸軍大學二十四期，畢業後歷任十二師團長、近衛師團長。一九二八年，濟南慘案中，提議駐東北的一部分日軍，急速調往山東，對北伐軍橫加阻擋，開了以武力對華進行干涉的先例。一九三一年「九一八事變」前，曾任日本關東軍旅團長，率部侵駐鐵嶺，歷時二年。一九三七年七月十一日，被任命為日本華北駐屯軍司令官。七月十九日，與張自忠、張允榮秘密談判，按照香月的要求，簽訂了《停戰協定第三項誓文》（史稱《香月細目》）。一九三七年七月二十六日，香月清司對宋哲元發出最後通牒，從而擴大了全面侵華戰爭。是侵佔平津和屠殺中國人民的直接指揮者。同年八月就任華北方面軍第一軍司令官，負責在河北省作戰。一九三八年三月二十九日，日本華北方面軍變更戰鬥序列，香月任第一軍司令官，同年五月三十日由梅津美治郎繼任。由於他在侵華戰爭中有功，不斷得到提拔，甚至一度成為日本陸相候選人。一九四五年八月十五日，日本投降，被判有期徒刑七年，留有《香月清司日記》。

張維藩 小傳

張維藩

張維藩（一八六五—一九六三），字介人，河北省豐潤縣人。少時讀過私塾，繼而升入青河陸軍中學，後考入保定陸軍學校。在校期間加入同盟會。保定陸軍軍官學校第一期畢業後，分配在十二師輜重營任排長。為繼續深造，又考入北京陸軍大學。一九二二年畢業後，於馮玉祥部任參謀。宋哲元在西北軍中任師長時，將張維藩調至該師任參謀長。宋哲元代陝西省主席時，張維藩兼陝西省建設廳長。第二十九軍成立，宋哲元任軍長，張維藩任參謀長。一九三二年八月，宋哲元兼任察哈爾省主席，張維藩兼察哈爾省建設廳長。一九三三年三月，第二十九軍奉命調至長城喜峰口前線抗日，張維藩隨軍行動，被蔣介石任命為第三軍團參謀長、制定作戰計畫。一九三五年冀察政務委員會成立，張維藩辭去二十九軍參謀長職務，宋哲元委任張維藩為二十九軍總參議兼任平綏鐵路局局長。七七事變前，華北形勢緊張，宋哲元因政治原因回山東，離北平之前，委託張維藩協助馮治安主持二十九軍軍務及部署抵禦日寇。七七事變爆發之初，宋哲元的許多抗日的決策和決定，以及對全軍發布的抗日守土命令，多由張維藩起草。抗戰開始後，張維藩隨二十九軍抗戰。及二十九軍升為第一集團軍，宋哲元任第一集團軍司令時，張維藩任司令部參謀長。宋哲元逝世後，張維藩到上海閒住。一九四六年，張維藩至北平閒居。一九六三年七月，逝世於北京。

第二節　南苑大轟炸和佟趙兩將軍殉國

北京的南苑原是滿清皇族用來狩獵的園囿。一八九四年，清政府為了加強首都的安全，把駐守京城的神機營從通州調至南苑，並在南苑興建兵營六座。一九〇四年至一九〇五年，袁世凱編練新式陸軍，新軍第六鎮的司令部即駐紮於此，此後南苑兵營又多有修整。一九二二年十月後，南苑成為馮玉祥所部駐地。馮玉祥下野後，南苑兵營變為空房。一九三五年八月二十八日，南京國民政府任命二十九軍軍長宋哲元為平津衛戍司令，二十九軍軍部就設在南苑兵營，三十七師師長馮治安也率軍進駐。

「長城抗戰」後，軍長宋哲元深覺僅憑大刀片和手榴彈抵抗日本侵略絕非長久之計，而是需要能掌握現代武器的知識青年。恰逢當時許多愛國學生爭相尋找報國之路，駐守冀察的二十九軍便因勢利導，積極部署，招收一批中學以上學歷的愛國青年參加軍訓。開始只有經連長以上軍官的介紹才能加入二十九軍，後來接受了張經武的建議，改為一般社會人士招生。因此，大批愛國青年踴躍報名，參加二十九軍。二十九軍將招收來的愛國青年組織起來，形成了幾個軍事機構：

一是軍事訓練團。日本華北駐屯軍豈能坐視這種新生力量的成長，竟向宋哲元提出口頭和書面責難。宋哲元為了緩和矛盾，遂將軍事訓練團的「事」改為「士」字，這場風波才告平息。在商議團長人選的軍事會議上，眾將領共同議定把在香山讀書的佟麟閣請回來，由他擔任軍事訓練團團長，掛副軍長的軍職，負責日常訓練及教導，同時聘請富有軍事教育經驗的張壽齡將軍擔任教育長。張壽齡曾親自譜寫團歌，其歌詞言簡意賅，富有感染力──「風雲惡，陸將沉，力挽狂瀾在軍人……」激昂的團歌更增強了學生們愛國救亡的信心。

軍事訓練團分為三個大隊，開始只有四百餘人。一九三七年五月，宋哲元在山東老家又招了八百名知識青年，號稱「宋哲元的子弟兵」，全部交給佟麟閣，使軍訓團的學員達到一千二百餘人。

二是三十八師學兵營。一九三六年後，三十七師一部分轉駐西苑，另一部分進駐豐台盧溝橋一帶，在南苑空出來的營房就成了三十八師的學兵營用房。凡愛國青年報考軍事訓練團英語不及格的（西方先進武器都標有英文，需要考英語），都送到三十八師學兵營當學兵，由三十八師副師長王錫町和旅長董升堂、特務團團長安克敏負責訓練。

三是大學生訓練部。除了軍事訓練團招收一些愛國青年外，還有一些具備愛國思想的在校大學生也願意利用暑期的時間參加軍訓，為此，二十九軍特成立了大學生訓練部，對大學生進行暑期集訓。宋哲元常說：「學生求過心切，其志可嘉。當前國難深重，應加緊學些軍事技術，必要時放下筆桿拿起槍桿，以應急變。」但是日本顧問看到穿大褂的青年進兵營之後就換上了新軍裝，他們既驚訝又氣憤，所以沒事找碴，惹是生非。

集體回憶，郭孟龍執筆的《二十九軍軍訓團簡史》

四是參謀訓練班。除了擴充實戰人員外，戰鬥時起智囊作用的作戰參謀也不能少。二十九軍為培養參謀人才，成立了參謀訓練班，班主任由二十九軍副參謀長張克俠擔任，成員大多是抽調二十九軍中有文化的下級軍官，有參謀、副官、連排長等尉級軍官，還有一般社會人士招考而來的，如從草嵐子監獄釋放出來的劉昭，奉共產黨組織指示，直接報考了參謀訓練班。參謀訓練班主要講「作戰策略」，還曾邀請北京大學教授張友漁為訓練班講「社會發展史」和「日本問題」等理論課。

五是軍官教導團。賦閒在家的軍官也被二十九軍組織起來，作為軍官預備隊。他們有的來自「中原大戰」後戰敗的西北軍軍官，還有來自「九一八事變」後與大部隊散失的東北抗日聯軍和義勇軍軍官，還有來自被改編後的察哈爾民眾抗日同盟軍軍官。這些人富有戰鬥經驗，作戰能力也高於一般士兵。他們自願加入二十九軍，宋哲元將這些人組織起來，成立了軍官教導團，希望這些軍官經過短期訓練後即可操練新兵，能使新擴充的士兵快速投入到實戰中去。由於這批軍官身分較高，所以宋哲元親任軍官教導團團長。這些人與一般士兵的待遇不同，他們大都在北平城裡有家，為此團部給他們每人發一輛自行車，每逢週末他們可以騎自行車回家。

由於不平等條約的規定，駐北平的中國軍隊要受日本顧問的監視，要求不得出現排日等言論，因此南苑兵營裡還專門設有日本顧問的辦公室。南苑軍部總共六部電話，日本顧問辦公室裡就有一部。一九三七年，在這辦公室裡的兩個日本軍事顧問櫻井和笠原，他們可以隨意在兵營裡走動，瞭解兵營裡面的情況。軍部還給他們配了個翻譯官周思靖。周思靖是日本陸軍士官學校第二十二期騎科畢業生，和馮玉祥的長子馮洪國、盛世才之弟盛世騏同學。他日語嫻熟，掛少校參謀的軍銜。在中國軍事實力尚不足與日軍較量的情況下，二十九軍一面要擴充實力，保家衛國，一面又要敷衍日軍方，拖延其「華北自治」的企圖，還要時刻提防日軍無理取鬧，製造事端，危害華北安寧的舉動，所以不得不小心翼翼，如履薄冰，忍辱負重。

盧溝橋事變爆發後，形勢極為嚴峻，七月二十日，南苑軍部四百餘人撤到城裡的老君堂，開始做戰鬥準備。七月二十六日，華北駐屯軍司令官香月清司向宋哲元送去最後通牒。七月二十七日，宋哲元派張維藩退回最後通牒，表示拒絕，同時向全軍下了抵抗令，南苑兵營裡幾個沒有戰鬥力的軍事機構都接到了

日機轟炸南苑

向城裡撤退的命令。軍官教導團的人員騎自行車先行撤退。七月二十八日，日本飛機在南苑兵營旁的飛機場起飛，不斷對南苑進行轟炸。

日軍之所以能在二十九軍的眼皮底下修飛機場，實屬事出有因。宋哲元曾經嚴令禁止過盜賣國土給外國人。日人在平津及北寧路沿線不斷擴充軍事設施，先以北寧鐵路局長陳覺生名義，將豐台至盧溝橋一帶土地六千餘畝，實地測量，意圖購買作為建築兵營及機場之用，即當時報端所揭發的豐台土地問題。日人以詭秘手段企圖以高價向地主買地，少數地主在漢奸的慫恿下，亦有意把土地賣給日軍方。冀察當局發現此種情形後，除加強地籍的調查外，於一九三七年四月二十日發布命令：凡盜賣國土於外人者處死刑。此令公布後，地主均表示保證不再出售土地。日方遂利用惠通航空公司董事長張自忠和副董事長張允榮買地，有了天津市長張自忠的批文，日軍在南苑兵營的附近修建了飛機場，因此日軍飛機能夠快速起降，給南苑兵營造成了極大傷害[16]。

16　參見李雲漢著，《宋哲元與七七抗戰》（臺北：傳記文學出版社，一九七三年出版）。

王玉亭

七月二十八日，南苑的學員兵分兩路，一路由軍訓團團長佟麟閣和第一大隊的副大隊長劉又生率領，向天羅莊方向撤退。當走到高粱地的時候，佟麟閣被日軍炮彈炸死，劉又生被炮彈片劃破肚子，導致腸子流出，他把腸子按回肚中，繼續指揮學員撤出南苑，最終因失血過多而死。另一路學員由教育長張壽齡帶領，出大紅門向紅廟方向撤退。三十八師學兵營提前一天發武器，由副師長王錫町率領學兵營負責墊後。學兵營學員傅錫慶，作為掩護部隊撤退的機槍手，在最後撤出的過程中被子彈射穿腿部，不得已爬到公路旁的水溝裡，後由紅十字會解救送至協和醫院。副師長王錫町在撤退過程中，兩腿被炸彈炸傷，鮮血染紅了他的軍裝，幾乎成為一個血人。他身邊的師部特務團團長安克敏，將王錫町背在身上向外衝。第二天，平津的報紙上紛紛刊載二十九軍高級將領「兩死一傷」、「兩死」指佟麟閣和趙登禹，「一傷」指王錫町。軍官教導團的教官王玉亭，日軍轟炸南苑的前一天，他本可以隨自行車隊撤離，因為當天是他值班，所以他仍在辦公室堅守崗位，不幸被日本飛機炸死於南苑兵營中，年僅三十二歲。由於日軍機的狂轟濫炸，而我軍卻沒有任何防空設備，以致血流成河，損失慘重。雖然有一部分人倒下去了，但是大多數的人撤退出來。正在南京陸軍大學學習，聽到七七事變的消息便立刻奔赴北平的過家芳，在佟麟閣犧牲之後，被宋哲元任命接替佟麟閣為軍事訓練團團長，率領從南苑撤出來的學員與宋哲元的大部隊在馬廠（今河北青縣）集合，後來被編入馮治安的三十七師，參加了宋哲元領導的第一集團軍保衛平綏路的抗戰。他們以實際行動粉碎了日本戰爭販子三個月滅亡中國的狂言。參謀訓練班的劉昭從南苑出來以後，透過中國共產黨的關係，成為彭德懷領導的八路軍骨幹。軍事訓練團的吳江平則參加了晉察冀邊區的創建。從南苑兵營撤出來的這些熱血青年，他們肩負著保家衛國的重任，前赴後繼地投入到抗日戰場，堅持了八年艱苦的全面抗戰。

張壽齡小傳

第二十九軍軍訓團教育長張壽齡

張壽齡（一八九八—一九九九），字鶴舫。早年考入陸軍軍官預備學校，畢業後分派到當時的邊防軍第二師見習半年。後升入保定軍官學校，畢業後投入當時北洋陸軍最負盛名的馮玉祥將軍部隊任職，為教導團隊長。

一九二四年秋，第二次直奉戰爭爆發，張壽齡當時任馮軍新編第一旅參謀長，率趙席聘、張維璽兩團為先遣支隊，於午夜首先入北京城，布置城防，囚禁了大總統曹錕。一九二五年一月，他調任馮軍第二師第二十一旅參謀長，駐防包頭。是年仲秋，第二師奉命進駐甘肅。隨即調任甘肅督辦公署參謀處長。

一九二七年，張壽齡調任馮軍任軍事政治學校中將校長，招收三千餘名具有中學文化知識的青年，集中在蘭州訓練。一九三〇年一月，張壽齡調往西安，任馮軍後方總司令部參謀長。一九三一年初，被第二十五路軍總指揮梁冠英以顧問名義聘請為幕僚。一九三一年，第二十五路軍移駐河南信陽，張壽齡以二十五路軍顧問身分代表二十五路軍駐在漢口與各方聯繫。十月九日張學良適從歐洲出訪回國，任國民革命軍陸海空軍總司令部副總司令，張壽齡被任命為陸海空軍總司令部高級參謀。一九三五年，國民政府開始任官時，他曾被國民政府中央政治會議通過為陸軍少將。

一九三六年底，張壽齡應第二十九軍宋哲元軍長邀聘為第二十九軍辦軍事教育。後輾轉到了第五戰區，任督察官。一九三九年一月，張壽齡奉命負責在湖北均縣章店鎮組建戰區幹部訓練團，戰區司令長官李宗仁任團長，他任教育處長。一九四五年，張壽齡隨同李宗仁調任漢中行營總務處長。一九四七年，張壽齡當選為國民代表大會代表，翌年五月，去南京參加國民代表大會會議。李宗仁當選為副總統，北平行轅隨之撤銷，張壽齡即脫離軍職，還居上海。一九四九年中華人民共和國成立後，張壽齡以中國國民黨革命委員會（簡稱「民革」）成員身分參加土地改革工作，後擔任教師，退休後堅持參加社會活動，任民革中央委員會團結委員，民革上海市委會顧問，上海市文史研究館館員。一〇一歲去世。

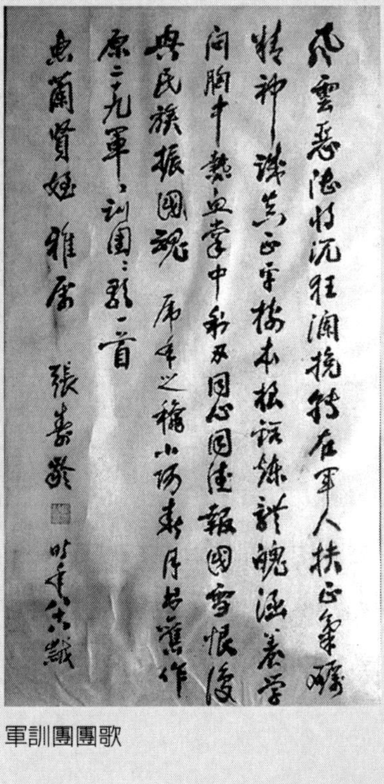

軍訓團團歌

劉又生小傳

劉又生（一九〇三—一九三七），字錫璋，河北省鹽山縣劉紅廟村人。一九〇三年生於農家，幼年在原籍讀過幾年書。後來到天津讀書，畢業於天津警官學校。

一九二二年底，經親友介紹，十九歲的劉又生到北京投馮玉祥北洋陸軍第十一師學兵團入伍，學兵團團長由馮兼任，由十一師參謀長石敬亭代理，學兵團營長是張自忠。

馮玉祥為提高本部三萬官兵的軍事素質，增強戰鬥力，第二年（一九二三）五月引進大批陸大、日本士官和保定軍校畢業生到北京南苑兵營當教官。保定軍校第九期畢業生：何基灃、張克俠、董振堂、季振同、邊章五、張壽齡、何章海、傅同善等都同時加入西北軍。

一九二六年，劉又生和幹校畢業生參加了五原誓師。一九二八年六月，馮玉祥領導的第二集團軍佔領了北平和天津。馮玉祥為加強鐵路運輸線，成立了隴海路警務處，委劉又生任鄭州鐵路員警訓練所中校所長。一九二九年春，因他表現突出獲馮玉祥署名頒發的立功奬章和證書。

一九三〇年三月，馮、閻、桂聯合反蔣，「中原大戰」爆發。半年後，西北軍全面瓦解，馮玉祥宣布下野。劉又生隨師長張印湘改編為隸屬吉鴻昌第二十二路軍，劉任該軍第三十一師上校參謀處長。一九三三年，劉又生隨吉鴻昌參加馮玉祥在張家口組織的察哈爾民眾抗日同盟軍。

一九三六年，劉又生、李克昌二人來到北平。當時，佟麟閣任二十九軍副軍長兼南苑軍訓團團長和大學生訓練部主任。李克昌擔任了南苑軍訓團第一大隊（軍官大隊）上校大隊長，劉又生任中校副大隊長，加緊訓練抗日戰士。

一九三七年七月七日，盧溝橋事變爆發。七月二十八日凌晨，日軍從通縣、豐台出重兵從地面、空中兩路攻打南苑兵營，總兵力是三個步兵聯隊（團）、一個炮兵聯隊、飛機三十餘架。佟麟閣接到宋哲元撤退的命令後，讓教育長張壽齡帶領缺乏實戰經驗的學生由大紅門撤退。佟麟閣帶領劉又生率第一大隊向天羅莊撤退。在撤退途中，劉又生腹部被炮彈片劃破肚皮，腸子流出，但他臨危不懼，把流出的腸子又塞進肚內，繼續指揮學員撤退，最後因流血過多壯烈犧牲。

劉又生的妻子鮑夢君是一個大學生，經馮玉祥的夫人李德全介紹，同劉又生結婚。劉又生犧牲時，他們的兒子劉吉平只有六歲。北平淪陷後，鮑夢君攜子到山東，以當小學教員維持生活，三年後因肺病去世，九歲的劉吉平流浪街頭討飯，被鄰居收養，十三歲下海當漁工，十八歲下礦當礦工，後來找到了河北省鹽山縣才回到家。

一九八三年，河北省鹽山縣民政局追認劉又生為烈士。

劉又生烈士證書

佟麟閣、趙登禹殉國

（一）佟麟閣將軍殉國

七月下旬，南苑駐軍有二十九軍衛隊旅和集訓的平津愛國學生軍訓團，騎兵第九師和二十九軍軍部及各師留守辦公人員，由副軍長佟麟閣負責指揮。由於番號繁雜，號令無法統一。宋哲元令趙登禹到南苑統一指揮，並急調河間、南宮、大名等地的趙部一三二師星夜急行軍向南苑集結。七月二十七日，團河失守。七月二十八日凌晨，日本軍隊展開了對北平二十九軍的總攻，主要目標是南苑。日軍主攻部隊第二十師團由南苑東南角和西南角攻擊，並配以空軍協助轟炸。由於二十九軍沒有防空武器，以致南苑守軍完全處於被動挨打的地位。南苑戰鬥一打響，佟麟閣親自指揮作戰，但由於通訊設備被炮火炸毀，聯絡中斷，指揮失靈，部隊各自為戰，秩序混亂。正在焦急中，佟麟閣遇到了軍部傳令兵，才知軍部已下令，南苑各部隊立即撤回城內。他立即決定自己到大紅門附近掩護收容，以阻止部隊毫無秩序的後撤。至中午一時左右，當他確信後面已沒有自己的部隊時，才和幾個隨從向北平方向撤退。此時軍訓團教育長張壽齡率員由紅廟方向入城，佟麟閣由大紅門方向入城，沒走多遠，就和日軍遭遇，他們一邊衝殺一邊繼續沿青紗帳前進，突然一顆敵彈射中了他的腿部，部下勸他稍退裹傷，他堅毅地說：「情況緊急，抗戰事大，個人安危事小[17]。」他毅然繼續帶傷鎮定地指揮大家轉移。此時日機不斷在南苑一帶狂轟濫炸，佟麟閣又被炸彈擊中

17　《北京日報》，一九八五年八月十六日。

頭部，壯烈殉國，終年四十五歲。

佟麟閣犧牲後，遺體寄厝於雍和宮附近柏林寺，直至抗日勝利葬於香山。

（二）漢奸周思靖出賣趙登禹將軍

漢奸周思靖

同日，趙登禹也遭到日軍伏擊而殉國。據日方寺平忠輔的《盧溝橋事件》分析，日軍曾通過收買內奸周思靖獲得了趙登禹返城路線的重要資訊，遂在中途埋伏。

周思靖（一九〇六－一九五四），浙江諸暨人。一九二九年十月至一九三一年七月在日本陸軍士官學校騎科學習，與馮玉祥的長子馮洪國、盛世才的弟弟盛世騏是同期（第二十二期）畢業生。一九三七年七七事變前，周思靖在二十九軍任少校參謀，由於其精通日語，分配在二十九軍中任日軍顧問充當翻譯。他在南苑軍中掌握大量的軍事機密，以軍官的身分為日本特務提供情報，直接和日本軍方通話。

一九三七年七月二十六日，在周思靖和熊少豪的帶領下，櫻井少佐率日軍五百名及坦克數輛，欲攻入廣安門內增兵東交民巷。日軍失敗後，櫻井落荒而逃跌入糞坑，周、熊二人冒險去搭救掉進糞坑的櫻井。

七月二十八日，周思靖利用職務之便（他在南苑軍中辦公室有電話），將趙登禹將軍的進城路線和時間通知了日軍。午後十二點五十分，趙登禹和二十九軍上校參謀馮洪國握手告別後，登上一輛黑色轎車向天羅莊疾馳而來，前後各有一輛滿載護衛兵的卡車。有關趙登禹返城的原因，推測很可能是接到了北平城裡宋哲元的命令。因為當天下午在北平召開了高級軍事會議。在上午十一點，埋伏在天羅莊三岔路附近的日軍一木清直大隊，曾經和路過此地的二十九軍的騎兵隊發生過戰鬥，所以地上還殘留著人、馬的屍體。

此時，趙登禹乘坐的小汽車向天羅莊方向急速駛來，埋伏在此地的日軍便攜重機關槍進行猛射，汽車在槍林彈雨中艱難前行，不幸前後兩輛卡車上的士兵幾乎全被射殺。子彈將小汽車打成了蜂窩狀，車上的司機大腿上中了很多槍，好不容易從車裡爬出來，但因失血過多很快死了。趙登禹將軍靠在車的後座上，手掌放在膝蓋上，全身中彈無數，像睡著一樣斷了氣。身邊的副官頭靠在橫窗上，從頭到腳已中數彈，場面慘不忍睹。

隨後，日軍從副官身上搜出了趙登禹的名片，從座椅上發現了蔣介石給宋哲元的電報、宋哲元給趙登禹的命令狀、一三二師將校勤務表等其他重要文件，證實了旁邊身穿便衣的就是趙登禹將軍，日軍將趙將軍屍體由車內拉出拍照後，向上級請功去了。

又據另一日方資料，也證明了南苑戰役中趙登禹殉國的經過，其中談到「……十二時五十分，第三大隊機關槍中隊伏擊了一個車隊，並且推進陣地，追殺中國士兵。十四時稍過，日軍士兵發現轎車內正坐陣亡一著便服之人，車中有第二十九軍機密書信文件，據受腿傷的司機證言，遇難者爲第一三二師師長趙登

趙登禹將軍殉國（引自寺平忠輔著：《盧溝橋事件》，日本讀賣新聞 1970 年出版）

禹將軍[18]。」

關於趙登禹返城情報被出賣另有一版本。數年前，號稱「留日軍旅作家」的薩蘇在其所著《國破山河在》之〈血沃南苑〉中信誓旦旦地大講出賣二十九軍反攻和軍事調動機密的全部計畫是潘毓桂所為，並稱佟麟閣、趙登禹的犧牲也是潘毓桂出賣。再加上潘毓桂乃偽滿洲國著名影星李香蘭的義父，更使得這篇文章滿城風雨，甚至網路上隨處可見漢奸潘毓桂向日軍出賣二十九軍情報的偽史。而這種捕風捉影的作法實在不夠嚴謹。

潘毓桂，字燕生，河北省鹽山人。一九三五年六月，他夥同石友三、白堅武發動「北平自治」。十二月，冀察政務委員會成立時，潘隨王揖唐、王克敏等混入冀察政務委員會，任政務處處長。一九三六年初，潘毓桂因替日本呈《華北防共自治協定》給宋哲元，被宋當場焚毀，並將潘撤職[19]。潘賦閒在家。一九三七年七月時潘毓桂乃無職賦閒之人，根本沒資格參加二十九軍的高級軍事會議，怎能盜取二十九軍情報呢？

從兩處日方資料證明，趙登禹是乘車返城途中受伏擊陣亡。特別是寺平忠輔的回憶錄已經證實趙登禹的殉國是由於漢奸周思靖出賣情報所致。由此可知，趙登禹將軍的殉國完全是日方特務機關收買漢奸周思

18 《支那駐屯步兵第一連隊第三大隊南苑附近戰鬥詳報（昭和十二年七月二十七日—十二年七月二十八日）》（日本）

19 何基澧等，〈七七事變紀實〉，《文史資料選輯》第一輯（中華書局，一九六〇年版）。

靖預謀殺害的結果。

兩日後，有關方面派人開車尋來，在一農夫指引下，將趙登禹屍體從掩埋的黃土中找出，裝車運回北平先農壇邊的龍潭寺暫厝。抗戰勝利後，馮治安、何基灃回到北平，給趙登禹將軍舉行公祭，並將趙登禹葬於盧溝橋畔。

趙登禹 小傳

趙登禹

趙登禹（一八九八—一九三七），山東菏澤人。字舜誠、舜臣。自幼習武，一九一四年投第十六混成旅馮玉祥部參軍，後因身材高大，擔任歷任馮玉祥的警衛員。一九一九年，馮玉祥部駐防湖南常德，趙登禹曾打死一隻屢傷人畜的猛虎，被馮玉祥譽之為「打虎英雄」。一九三〇年「中原大戰」，任馮軍第四路宋哲元部第二十五師師長。馮玉祥兵敗下野，趙登禹率部隨宋哲元入晉，被張學良收編，任第二十九軍三十七師一〇九旅旅長。一九三三年，參加長城抗戰，夜襲敵營奪回喜峰口。因戰功升任第一三二師師長，率部回駐察哈爾，後移駐河北河間等地。一九三五年，四名沒有護照的日本特務潛入察哈爾省境內繪製地圖，行至張北縣，被趙登禹扣留，引發「張北事件」。

一九三七年七七事變爆發，任北平南苑前線總指揮。七月二十八日晨，日軍主力在數十架飛機的支援下向南苑發起猛攻。當天下午趙登禹回北平城參加軍事會議，漢奸周思靖將趙登禹的進城路線和時間洩露給日軍，日軍一木清直大隊提前埋伏，趙登禹將軍殉國。七月三十一日，國民政府明令褒揚，追贈為陸軍上將。趙登禹將軍犧牲時，年僅三十八歲，留下一雙兒女，兒子三歲，女兒一歲半，家屬沒有來得及和大部隊一起撤退，只得回山東老家，在鄉親們的周濟下艱難度日。抗戰勝利後，何基灃、馮治安回到北平，給趙登禹將軍舉行公祭，因沒有找到趙登禹家屬，由佟麟閣之子佟兵代為打幡。

一九四六年三月，北平市政府和各界人士在八寶山忠烈祠為趙登禹等舉行隆重的入祠儀式，並將西城區從崇元觀往南至太平橋的一段馬路更名為趙登禹路。中華人民共和國建立後，毛澤東主席親筆簽發烈士證，趙登禹被追認為中華人民共和國革命烈士。

但在「文革」時期，紅衛兵將趙登禹烈士的遺體從棺材中拋出，其墳墓成了空墳。

國府明令
褒卹佟麟閣趙登禹
追贈陸軍上將從優議卹
生平事蹟存備宣付史館
殉國捐軀之趙登禹師長

佟麟閣小傳

佟麟閣

佟麟閣（一八九二—一九三七），河北省高陽縣人。原名凌閣，字捷三。一九一二年北洋備補軍左路前營管帶馮玉祥在河北景縣募兵，佟麟閣應募，開始軍人生涯。一九二五年任國民軍第一師師長，隨馮玉祥加入基督教，成為虔誠的基督徒。次年，兼隴南鎮守使。一九三一年任第二十九軍教導團長兼張家口警備處長。一九三三年五月，被馮玉祥委任為察哈爾省政府代理主席、察哈爾民眾抗日同盟軍第一軍軍長，參與收復多倫等地。八月，馮玉祥通電下野，察政由宋哲元主持，佟麟閣回故鄉河北高陽，後轉北平香山讀書。一九三六年，二十九軍軍訓團急需領導，經各師長同意，將佟麟閣請來，以副軍長身分任軍訓團團長。一九三七年盧溝橋事變爆發後，南苑是日軍重兵進攻的主要方向，在敵密集炮火之下，佟麟閣與第一三二師師長趙登禹誓死堅守，指揮部隊英勇抗擊。佟麟閣被敵機槍射中腿部。七月二十八日，遭日本飛機襲擊，頭部受重傷，英勇殉國。他是抗日戰爭中殉國的第一位高級將領。七月三十一日，國民政府追贈為陸軍上將。一九四六年三月，北平市政府和各界人士在八寶山忠烈祠為佟麟閣等隆重舉行入祠儀式，並將西城區的一條街更名為佟麟閣路。中華人民共和國建立後，佟麟閣被追認為共和國的革命烈士。

第三節　風雲突變——冀察政委會走馬換將

七月二十五日，宋哲元曾在北平召開軍事會議，張自忠從天津來到北平參會。會後，宋哲元命令張自忠返回天津，劉汝明返回張家口，分別組織部隊，做好戰鬥準備。劉汝明隨即回到張家口防地，但是張自忠並未返回天津，而是留在北平府右街靈境胡同的小公館內。此時，張允榮也來到北平，與潘毓桂、張璧聚集在張自忠公館內密謀策劃奪權。七月二十七日，日軍向宋哲元發出最後通牒，宋哲元退回了最後通牒，並下令二十九軍抵抗。宋哲元的抵抗命令打亂了張自忠等人向日軍妥協的計畫，所以，他們加快了奪權的步伐。

七月二十八日晨，日軍向北平南苑、北苑、西苑、黃寺、團河等駐軍發動總進攻[20]。隨後，駐平綏線「沙河保安隊（該保安隊屬石友三部）附敵」[21]。

沙河市位於河北省北部，北平之北，太行山東麓。沙河區位優越，交通便利。古稱「趙北之咽喉，襄南之藩蔽」，是溝通晉、冀、魯、豫的交通樞紐。張允榮策動沙河保安隊附逆，下午接收了平綏鐵路，就任平綏鐵路局長，切斷了二十九軍與後方的聯繫。駐防平綏線沙河保安隊附敵，北平通往察哈爾省聯繫被切

20　秦孝儀主編，〈軍政部參事嚴寬呈何應欽部長報告日軍對平郊總攻戰況及軍情電〉，《盧溝橋事變史料》（上冊）（臺北：中央文物供應社，一九八六年版），頁一九一—一九二頁。

21　〈沙河保安隊附敵〉，《申報》，一九三七年七月二十九日。

斷，北平陷為孤城。

中央社南京二十九日上午四時電

京中軍事機關二十八日深夜得北平方面報告，駐平綏線沙河保安隊附敵。北平形勢突變，宋哲元、秦德純、馮治安、陳繼淹等二十八日晚十一時半率部離平。

沙河保安隊附敵

今晨北平形勢突變——宋哲元率部隊午夜赴保定，馮治安、秦德純、陳繼淹偕行，張自忠兼代冀察委員長職（一九三七年七月二十九日《申報》）。

同時，二十九軍官兵英勇抗戰，佟麟閣、趙登禹於中午先後殉國，官兵傷亡慘重，形勢變得極其嚴重。

當日下午三時，正當宋哲元、秦德純、馮治安、張維藩（第二十九軍原參謀長，時任平綏鐵路局長）開緊急會議，研究如何固守北平三日的問題時，騎兵師長鄭大章求見，報告佟、趙犧牲和南苑被炸情況。鄭大章剛剛退出，張自忠又到會，對宋表示「如宋暫時離平，大局仍有轉圜的希望」。和張自忠同時行動的還有他的拜把兄弟張允榮

一九三七年七月二十九日為北平淪陷日

沙河保安隊附敵

今晨北平形勢突變

宋哲元率部隊午夜赴保定

馮治安秦德純陳繼淹偕行

張自忠兼代冀察委員長職

沙河保安隊附敵

已經抵達平綏鐵路局進行控制，三十八師獨立三十九旅阮玄武又率軍由南口回到北苑，隨時聽從張自忠的調遣。在此千鈞一髮、宋張矛盾即將發展到二十九軍中兄弟鬩牆的危急時刻，秦德純力挽狂瀾，對二人曉以大義，要防止日軍趁虛而入。為此，宋哲元交出了冀察政務委員會、冀察綏靖公署和北平市的領導權。

張自忠此次奪權的靠山不僅是那群拜把的漢奸，主要是駐防在北苑的阮玄武旅約六千精兵。張自忠既欲奪權，必要以軍隊為後盾，所以在一九三六年底趁宋哲元對北平城防調動之機，將三十八師獨立三十九旅阮玄武的隊伍插入北平，旅部及大部分兵力駐北苑，另有一營駐天壇，這一支軍隊只聽張自忠一人之令，他們對日軍的態度與三十七師截然不同。當時老百姓流行的話「三十七師打，三十八師看」，指的就是這部分同在北平的二十九軍的隊伍。宋哲元對這部分人號令不了，既不敢讓他們守城，亦不敢調他們離平（怕因此和張自忠矛盾公開化）。這一支勁旅六千人，即是張自忠奪權的實力，如果他們奉張之命行動，自己人和自己人在北平城打起來，後果不堪設想。

同時，張自忠的拜把兄弟張允榮已經抵達平綏鐵路進行控制，趕走了宋哲元任命的平綏路局長張維藩的部下。平綏路是聯繫北平到綏遠的鐵路，是北平通向塞北的重要交通命脈，也是北平市民糧食的供應線。日軍若掌管平綏路，進可以向綏遠進兵，與蒙古偽軍夾擊中國守軍；退可以固守隘口，阻止中國軍隊從綏遠收復華北失地。所以，張自忠奪權後，張允榮同一時間便替日軍兵不血刃地控制了平綏鐵路，使北

朝日新聞 號外
宋哲元遂に北平落ち
秦德純と保定に逃亡
親日派らが要職に就く
この號外は本紙に再錄しません

宋哲元秦德純離平，日本報紙認為親日派上臺。（1937 年 7 月 29 日號外）

平成為一座孤城，切斷了北平與河北省、綏遠省的交通。

七月二十八日晚，宋哲元率秦德純、馮治安等匆匆乘車離平赴保[22]。被迫撤走的第三十七師官兵沿途仍受到了日軍飛機的跟蹤轟炸。實際上北平已於二十九日凌晨淪陷（國家規定七月二十九日為北平淪陷日）。此刻，張自忠取宋而代之的願望終於實現了。

軍政部參事嚴寬呈何應欽部長告宋秦離去平津失守電[23]

——民國二十六年（一九三七年）七月二十九日

限即刻到。南京。鬥雞閘四號。何部長：一〇一五密。極密。（一）演進日久之複雜化，僉晚實現。（二）聞僉晚戰爭，張[24]、石（友三）等部有參加日軍行動之説，馮（治安）部傷亡極慘，豔丑全部撤退。宋（哲元）、秦（德純）亦走，平、津形同失守。（三）日人提出此間要員更動，豔實現。（張）自忠、（齊）燮元、（張）允榮、（潘）毓桂、張璧（璧）、陳仲（中）孚、（陳）覺生將主要政，漢奸全獲勝利。（四）據報此間現狀，僅敷過渡，前途演變，不知胡底。中央若不予制裁，國事前途，更多荊棘。（五）此間人士對宋等僥倖大位，不忠誠實不堅決之誤國唾罵。（六）豔子南海槍聲費（過）後，退入居仁堂之

22 蕭振瀛，《蕭振瀛先生紀念文集（附：蕭振瀛回憶錄）》（臺北：世界書局，一九九〇年版），頁一九二。
23 秦孝儀主編，《盧溝橋事變史料》（上冊）（臺北：中央文物供應社，一九八六年版），頁一九四。
24 指阮玄武的獨立三十九旅。

二十九軍部員兵及特務團、軍訓團忽然亂潰，行轅所有物件悉被掠去。（七）居仁堂已被張部進佔。（八）職等今晨始避居西什庫教堂。職寬叩。豔。印。

張克俠得到宋哲元離開北平的消息，立即通知了北京大學的教授張友漁。張友漁是中共地下黨，他迅速把消息報告給中共北平市委，北平市委決定北平的一萬八千名共產黨員和民主青年全部撤離。

第五章　北平淪陷之後

第一節　張自忠上臺後的主要舉措

一九三七年七月二十九日北平淪陷後，張自忠走馬上任，並推行了一系列的措施，主要有：

一、接見松井，大開城門

七月二十九日，張自忠上臺後於晨七時「接見日本駐平特務機關長松井，商談『善後辦法』」[1]，在得到松井「該國軍隊，決不進城」的許諾後，即下令將城內阜成、西直、東直、德勝、安定等各城門的沙袋撤除，「旋即城門完全開放，任人通行」，當晚還將自七月八日以來實施的北平戒嚴解除，「全市各處障礙物亦下令全部撤盡」[2]。張自忠又於八時給香月清司打電話，

中華民國二十六年七月三十日

張自忠昨已就新職
并開冀察政會臨時會議
定今日赴綏靖公署視事
平市治安由警憲負責維持

華北局勢突變後
蔣昨有重要表示

通縣昨

努力維

1　〈張自忠接見松井後北平城門大開　宋哲元今晨已抵保定　傳趙登禹不幸陣亡說〉，《大美晚報》，一九三七年七月二十九日。

2　〈平市昨解嚴，各城門昨日下午完全開放〉，《世界日報》，一九三七年七月三十日，第四版。

稱自己已接任冀察政務委員會委員長[3]。午後，張自忠通電軍事委員會駐保定辦事處熊斌，報告「平津軍政由彼負責」[4]。為安定民心，張特於下午五時接見新聞記者，對外宣稱「日方聲明不入城、不投彈，平市治安可保無虞」[5]。

二、重組政權，更換成員

在得到日方不進城的保證後，張自忠即著手接任職務[6]，進行人事調整，重組政權。七月二十九日上午九時，張自忠以冀察政委會名義任命潘毓桂為北平市警察局

北平晨報

冀察政委會 新聘委員八人

津蘇領館被襲事 日反駁抗議

政院會議

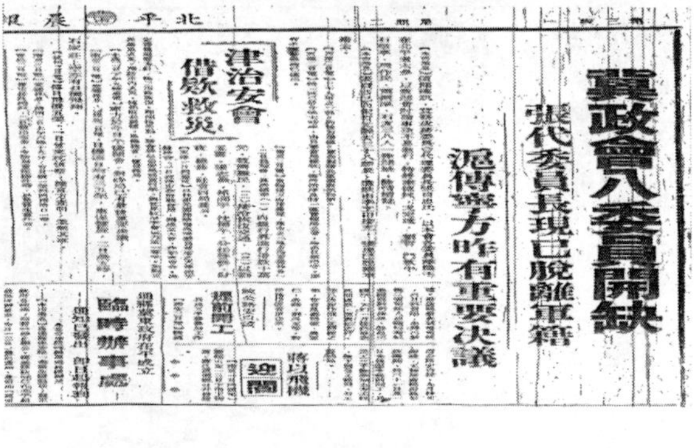

北平晨報

冀政會八委員開缺

張代委員長現已脫離軍籍

津治安會 借款救災

臨時辦事處

3 《大公報》，一九三七年七月三十一日，第一張第三版。

4 《大公報》（上海），一九三七年七月三十一日，第一張。

5 〈張自忠昨已就新職 並開冀察政會臨時會議 定今日赴綏靖公署視事 平市治安由警憲負責維持〉，《世界日報》，一九三七年七月三十日，第三版。

6 張自忠上臺後僅接任冀察政務委員會委員長及北平市市長兩個政務職位，對於冀察綏靖公署主任這一軍務職位，因宋哲元、馮治安等已攜軍隊離去，張自忠實際無能力接任此職。

長，員警一律換黑衣以示改朝換代[7]。任命張允榮為平綏鐵路局局長，張璧為社會公用局局長。張本人於下午二時就任北平代市長，下午三時就任冀察政務委員會代委員長。七月三十一日，張自忠任命天津市府首席參事邊守靖為代理天津市長，李景陽為天津警察局長。此時天津員警四千人已「奉令解除武裝，駐軍退至靜海一帶」[8]，李景陽接任職務後，即令員警一律換黑衣[9]值崗，甚至幫助日軍將劉家鸞留下的零星保安隊繳械。八月二日，張自忠以「冀察政委會各委員離職不在北平者太多，以致開會討論事項不易進行」[10]，將秦德純、戈定遠、劉哲、門致中、石敬亭、周作民、蕭振瀛、石友三八人一律開缺，並於八月三日改聘張允榮、張璧、楊兆庚、潘毓桂、江朝宗、冷家驥、鄒泉蓀、陳中孚八人為委員[11]。實際上，張自

七七事變戒嚴時守城的員警

7　自一九二八年起，南京國民政府規定城市員警夏季服裝爲黃色、白裏腿。
8　魏宏運主編，《中國現代史資料選編——抗日戰爭時期》（黑龍江人民出版社，一九八一年版），頁一五。
9　國民政府規定員警夏季制服是黃色，員警著黑色制服暗含政變之意。時任北平警察局長的潘毓桂在《盧溝橋事變後北京治安紀要》中也有「特將郊區長警皆改著黑色制服」的記載。
10　〈冀政會八委員開缺〉，《北平晨報》，一九三七年八月三日。
11　楊兆庚並未就任委員一職，數日後即離開北平。

忠無權改組冀察政委會，因為冀察政委會委員是南京中央決定的。隨著一系列的人員變更，大量漢奸和親日分子控制了冀察政委會及平津市府各機要部門。

三、停止對抗，解除武裝

七月二十九日，張自忠剛一上任，就接到其手下的三十八師在副師長李文田和天津保安司令劉家鸞率領下向天津日軍發起反擊戰的消息。天津抗戰令張自忠十分尷尬，他立即向天津發電，稱「和平有望」[12]，「令停戰，並謂再受壓迫即撤退」[13]。為杜絕隱患，避免日方猜忌，張自忠還將手下所控部隊「改為保安隊，每日晨昏由日人詢（訓）話」[14]。八月二日，張自忠手下的阮玄武旅「在北苑及西苑繳械」[15]。為獲取日方信任，張自忠甚至不惜「向宋哲元辭去三十八師師長」，自願「脫離軍籍」[16]，釋去兵權，下令解除武裝的軍人一律改換保安隊衣服。

12 馬仲廉，《盧溝橋事變與華北抗戰》（北京燕山出版社，一九八七年版），頁一三〇。
13 〈張自忠二十九日電津令停戰〉，《大公報》（上海），一九三七年八月一日，第一張。
14 〈張自忠主持無力〉，《申報》，一九三七年八月三日，第一張。
15 秦孝儀主編，〈軍政部參事嚴寬呈何應欽部長報告北平失守後情況電〉，《盧溝橋事變史料》（上冊），頁二〇六。
16 〈張代委員長現已脫離軍籍〉，《北平晨報》，一九三七年八月三日。

四、潘毓桂被重用

接替宋哲元的張自忠以冀察政委會名義任命潘毓桂為北平市警察局長。據潘毓桂《盧溝橋事變後北京治安紀要》記載，他上任之後立即著手以下幾件事：

（一）實施管控言論，對排日出版物進行查禁。如「檢查報紙取締言論」、「郵電檢查」、「檢扣外埠報紙」、「查獲反動書籍」、「取締集會結社」等，一切抗日排日言論為非法。

（二）下令各學校「禁讀黨義」。

（三）在警察局內「淘汰黨化人員」。

（四）搜查宋哲元、秦德純、馮治安、陳繼淹及雷嗣尚等二十九軍要人的住宅。從宋哲元家抄出了電臺，從馮治安家裡抄出了四桿槍[17]。

（五）對入城日軍予以招待，向日軍供給運輸車[18]。

（六）解散阮玄武的軍隊。

（七）下令員警換黑警服。

（八）向日軍告密，殺害北平市衛生局長謝振平。

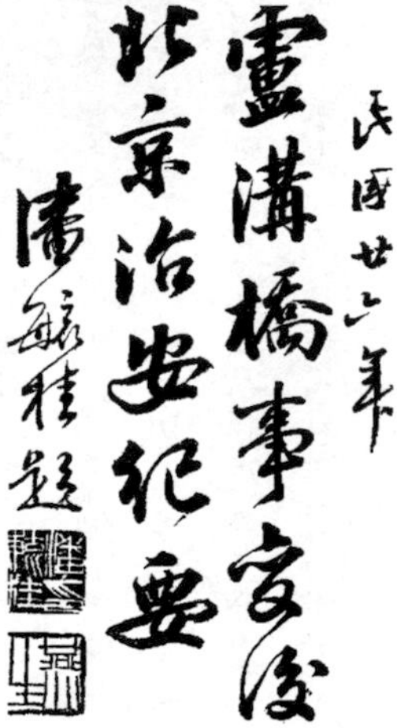

17 潘毓桂，《盧溝橋事變後北京治安紀要》，頁一四。

18 具體參閱潘毓桂所著《盧溝橋事變後北京治安紀要》，頁六—三五。

謝振平

謝振平（一八九三－一九三七），畢業於北平陸軍軍醫學校，一九二二年加入西北軍，歷任陸軍醫院院長、少將軍醫處長兼省立平民醫院院長，二十九軍長城戰役兵站醫院院長等職。一九三六年一月，任北平市衛生局局長。一九三七年七月二十八日，二十九軍撤守時，謝振平受命留平安置衛戍醫院八百傷兵。潘毓桂想徵用衛生局的汽車為日軍運兵，被謝振平拒絕。潘毓桂向日本憲兵隊告密，八月十五日，謝振平被日本憲兵隊逮捕，受嚴刑拷打，堅貞不屈，十月被秘密殺害。抗戰勝利後，謝振平被國民政府追認為抗日烈士，入祀八寶山忠烈祠。二〇一五年，中華人民共和國民政局頒發了謝振平烈士證。

潘毓桂以賣國賊自命，替日做事尤其賣力。當代學者楊鍾健曾評論道：

最賣力氣的當然還是潘毓桂，他以賣國賊自命。人一至於如此，也就不必批評。據他說要等百年以後，讓歷史評定他的是非。這眞是侮辱現在所有活著的人的說法。他這樣的行爲，婦孺無不切齒，判別是非還要費這麼多的手續嗎？他在北平的職權，非常之大，除公安局外，懲治盜匪和緊急治罪等部，也由他執行，大有威風八面的氣概，所以許多人也就在這樣情形下犧牲了。不過事實上北平公安局直到日兵入城許多日，還掛著青天白日旗，爲最後撤去國旗的機關。後來員警的帽章也換了，一切的一切，全照日人的意思「明朗化」了。最令人肉麻的，如潘作詩捧日本軍人，説日人如何地好，此詩竟有人譯爲英文發表，一時傳爲笑柄。潘以外當然還有許多，不能一一畢舉。這些人之重要者，報上發表談話，或在廣播講演，所述之言，無非認賊作父、背叛國家的那一套，聞之令人痛心[19]。

而正當張自忠躊躇滿志之時，由天津方面傳來了令他震驚的消息——他手下的第三十八師官兵在副師長李文田和天津警備司令劉家鸞的率領下，未經他的命令，就向駐防天津市區的日軍發起了反擊戰。這一突然的變故令張自忠十分尷尬，他急忙向天津市府發電報，稱「和平有望」[20]、「令停戰，並謂再受壓迫即撤退[21]」，但此時天津各戰鬥點都處於激戰中，已無法制止。此時的張自忠為爭取北平維持會長職務，以辭去軍職為代價，向日軍方表示自己與天津反擊戰毫無關係，以保留自己剛掌握的政權，但事與願違。張自忠雖然聘請江朝宗為冀察政委會委員，想將北平地方維持會掌握在自己手中，但老奸巨猾的江氏不甘居張之下，以患病為由拒絕合作。

第二節　李文田、劉家鸞領導天津抗戰

七月二十七日，宋哲元拒絕了日軍遞交的「最後通牒」，發出自衛守土通電，命令全體二十九軍抗戰。李文田見廊坊已經被日軍攻佔，知大戰不可避免，與其坐以待斃，不如先發制人。於是在七月二十七日上

19　楊鍾健著，《抗戰中看河山》（北京：三聯書店，二〇一四年版）。
20　〈七七事變紀實〉，選自《文史資料選輯》第一輯（中華書局，一九六〇年版），頁二八。
21　《大公報》（上海），一九三七年八月一日，第三版。

天津北安道二十號「七人會議」原址

午十時，在李文田寓所召集了在津的主要軍政人員會議，商議對策。會議參加者有：三十八師副師長兼天津市警察局長李文田、第一一二旅旅長黃維綱、獨立二十六旅代旅長李致遠（旅長李九思參加廬山軍訓團學習未歸）、天津保安司令劉家鸞、三十八師手槍團團長祁光遠、天津保安隊總隊長寧殿武、天津市政府秘書長馬彥翀等七人，史稱「七人會議」。

會議就出擊的問題展開激烈爭論，足足開了十二小時。因為李致遠不同意主動出擊，主張等張自忠師長的命令行事，但又和張師長聯繫不上（張師長此時正在府右街靈境胡同四姨太李碧茹的小公館中，和張允榮、潘毓桂、張璧等人策劃「和平」）。有人認為不可錯過戰機。劉家鸞提出民主選舉的決議方式，願意等張師長命令的可以回去等，願意參加戰鬥的立即組織起來。為了統一指揮，成立了「天津市各部隊臨時總指揮部」，最終大家推選李文田為總指揮，劉家鸞（原東北軍將領，手下的保安隊為東北軍官兵，具有一定戰鬥力）為副總指揮。李文田沉著冷靜，果斷周全，最終制定打破編制、重新組合、主動出擊、給日軍一個措手不及的方案，立即得到與會者擁護。攻擊時間定於七月二十九日凌晨二時。很快擬出了「誓與津市共存亡，喋血抗日，義無反顧……」22的抗戰通電。

當時的兵力有：第三十八師手槍團一千餘人，天津市六個保安大隊三千人23，第一一四旅二二八團約一千五百人，獨立第二十六旅兩個團約三千人。另外，駐天津小站的黃維綱旅第二二三團及駐鹹水沽的第二二四團第三營（共約二千人）作總預備隊。

會議對參戰部隊做出部署：寧殿武指揮第一一四旅二二八團、保安隊第六大隊攻擊東車站（今天津站）；祁光遠負責指揮手槍團，配獨立第二十六旅六七八團的第二營及保安隊第一大隊會攻海光寺日軍兵營；李致遠指揮獨立第二十六旅（欠第二營）配保安隊第二大隊攻擊天津總站（今津北站）及東局子日軍飛機場；保安第三大隊在西站附近維護交通安全，防止敵人進入；第一一二旅二二四團兩個營附

津市今晨激戰

各車站多由我軍收復

李文田等通電抗戰

【本市消息】自衝突發生，日軍得寸進尺，屢圖不遜各處，近且變本加厲，突於今晨襲佔我特別四區，我當局以守土有責，[illegible]部隊，是謂應戰。凡日軍所在地點，自今晨二時起，分別發生劇烈衝突，[illegible]

1937年7月29日天津《益世報》

22 電報稿原件保存在天津市檔案館。

23 他們原是東北軍于學忠的部隊，根據《何梅協定》，他們不能駐紮在華北，于學忠便將部分部隊託付宋哲元，以便反攻之用。

日軍炮轟後天津市區慘狀

保安第四、第五大隊堅守大沽海防；武裝員警負責各戰場之間的交通指引和疏導。

「七人會議」結束後，參戰部隊立即回營準備大餅、綠豆湯。總指揮部設在西南哨門角，李文田和劉家鸞坐鎮指揮。

七月二十八日夜，隨宋哲元被迫離平赴保定的秦德純以宋哲元名義，由軍部以密碼下令給李文田，令其立即集中全部兵力組織出擊天津日軍。秦德純用心良苦，是想利用天津張自忠的部隊大出擊挽救張自忠的命運[24]。

七月二十九日凌晨二時，戰鬥打響，中國軍隊奮勇殺敵，由於日軍沒有防備，開始進展頗為順利。獨立第二十六旅第六七八團和保安隊在祁光遠指揮下，於凌晨二時突襲海光寺，日軍在道路上架大炮阻擊，中國官兵在猛烈炮火下前赴後繼，幾經衝鋒，到黎明前打到日本兵營周邊，並佔領了東停車場。日軍龜縮在兵營內做困獸鬥。晨五時後，日軍飛機起飛向中國

24 參見秦寄雲、趙鍾璞，〈秦德純的一生〉，文見中國人民政治協商會議全國委員會文史資料研究委員會編，《文史資料選輯 第五十二輯》（北京：中華書局，一九六五年版）。

軍隊掃射。日步兵趁機反撲，戰鬥極為激烈！

襲擊東局子機場的部隊在夜幕中接近機場，消滅了日軍哨兵後衝進停機坪，日軍慌亂抵抗，戰士們揮舞大刀與敵人展開肉搏。與此同時，一部分戰士把汽油潑到敵機上引燃焚燒，十幾架飛機在火海中報銷。至拂曉，日軍援兵到達並以飛機助戰，中國軍隊才撤出戰鬥。

攻擊鐵路東站的任務由寧殿武率領的第一一四旅二二八團、保安隊承擔。部隊包圍了東站（即老龍頭火車站），日軍守備隊和航空兵拼死抵抗，並燒毀了站前建築物。中國軍隊在大炮掩護下很快佔領了車站，日軍不得不退守一個倉庫中負隅頑抗。事後，第一一四旅的二二八團參加了攻打海光寺的戰鬥。但不久又命令該部撤出天津（筆者認為可能是接到了張自忠「和平有望」的電報後被迫撤退）。

獨立二十六旅朱春芳團長指揮部隊向天津總站進攻，部隊先利用預置在北寧公園的大炮轟擊，過後步兵發起攻擊，總站被克復後，中國軍隊又乘勝攻佔了被日軍佔領的北寧鐵路總局。

進攻日軍老巢日租界的戰鬥尤為慘烈。從淩晨二時到黎明不足三小時內，經過了反覆爭奪，中國軍隊方攻入日租界，並從大和街（今興安路）、旭街（今和平路）、福島街（今多倫道）三個方面包圍了日軍守備部隊。日軍把警官都推上前線，租界實行戒嚴，日僑民組織了「義勇隊」。在中國軍隊的攻擊下，日軍「已完全陷入危急狀態」。

戰鬥中，天津的老百姓踴躍參軍。正當中國軍隊大戰正酣時，於北平掌權的張自忠卻發來了「和平有望」的電報，下令停戰，可收到電報的秘書長馬彥翀無法及時將電報轉到李文田手中，激戰無法制止。

天亮後，日軍飛機開始狂轟濫炸，飛機過處屋倒房塌，烈焰騰空，沒有對空武器的中國軍隊傷亡慘重，只得暫時撤退，一些據點和重要部門得而復失。日機還毫無人性地轟炸屠殺平民。海光寺之敵以炮兵轟擊河東，敵騎兵闖進南開大學校園，將校舍全部焚毀。從北平和關外陸續開來日軍增援部隊，而作為預備隊的黃維綱旅兩千餘人在剛出發時即受到日軍阻截，所以遲遲未能參戰。戰況對中國軍隊越發不利。為避免四面受敵，保存抗日力量，部隊經過十五小時戰鬥不得不忍痛於二十九日晚奉命撤退，但小部尚在紛戰。

七月三十日，天津淪陷敵手。此役，中國軍民死傷不下兩千人，數萬難民流離失所。李文田在關鍵時刻接受宋哲元的抗日命令，及時將天津周圍的部隊集中調動成為一支強有力的抗日力量，給日軍以重創。激戰持續了十五小時後由於敵我力量懸殊，為了保住這支有生力量，李文田指揮各部且戰且退，各部及保安隊經靜海、滅河、唐官屯、馬廠（今河北省青縣），向宋哲元報到後，第三十八師升格為第五十九軍。

七月三十日，天津淪陷敵手。在戰鬥期間，李文田部的九十餘名傷病被送到北寧鐵路醫院進行救治，日軍攻入後，將全部傷兵連同醫護人員射殺。

此次戰鬥中，最為悲壯的就是數百中國將士血灑公大七廠，上演了一場天津版的「四行倉庫保衛戰」。公大七廠位於今天津市河北區萬柳村大街，是一處制高點，由此能看到北寧鐵路總局及火車站等重要地點。七月二十九日凌晨，中國軍隊趁夜色對公大七廠內的日軍發動進攻，這支隊伍主要由劉家鸞天津保安隊組成，他們是由留守華北的東北軍改編而來，對於霸佔東北的侵略者，滿懷國仇家恨，英勇戰鬥，給予日軍沉重的打擊，攻佔了廠內的電機房。但中國軍隊武器裝備較差，未能完全佔領整個廠房。

七月三十日下午三時，李文田已帶領大部隊撤離，但這些士兵依靠水樓、廠牆等有利地形與日軍周旋，直至三十一日晚，所有將士壯烈犧牲，戰鬥才結束。

天津大出擊，雖然二十九軍的武器裝備落後，且戰鬥開始前就缺少統一協調行動的計畫，再加上各部戰鬥力參差不齊，戰術陳舊，總預備隊黃維綱旅因大沽遭到日軍包圍發生激戰而遲遲不能增援等原因而功敗垂成，但它是抗戰初期中國軍隊主動進攻的重要戰鬥之一。

公大七廠遺址

保安隊員奮戰的水樓

犧牲的保安隊員

滿是彈痕的大樓

李文田 小傳

第二十九軍三十八師副師長李文田

李文田（一八九四—一九五一），字燦軒，河南浚縣人。自幼喪父，生活困難，由舅家供養。高中畢業後考入保定陸軍軍官學校，畢業於六期步科。參加西北軍後，曾任漯河兵工廠總監、團長、旅長等職。西北軍失敗後，堅持在山西練兵，擁護宋哲元重組二十九軍，是八名共建二十九軍的骨幹將領之一。二十九軍初建時是張自忠三十八師的三個旅長之一，為三十八師副師長兼一一四旅旅長。張自忠任察哈爾省政府主席時，李文田任省政府副主席兼保安司令。張自忠任天津市市長時，李文田任天津警備司令兼警察局長，同時還負責高中畢業生的軍訓。他親自給青年學生講國際形勢及進行愛國主義教育，影響了一些進步青年，後來投身於抗日戰爭。李文田在短暫的警察局長任期內，曾採取了一系列整飭警風、整頓警政的有效措施，如嚴禁員警毆打、欺壓人民，不得蓄長髮，身著制服不得出入娛樂場所，培訓員警救護知識，警民懇談溝通，清理大量積案，添購消防、救護設施等，使天津警務煥然一新。客觀上也為抗戰提前作了精神上、物質上的一些準備。

一九三七年四月至五月張自忠赴日訪問期間，李文田任代理天津市長。一九三七年七月二十五日，張自忠隻身離津後，天津的軍政主要由李文田負責主持。面對當時的形勢，他提前對三十八師的作戰進行了計畫，要求駐防在韓家墅、大沽、小站、葛沽、馬廠、廊坊、武清城關、楊村、河西務一帶的守軍適時向市內靠攏、集中，聽候出擊命令。七月二十七日，宋哲元拒絕日軍的最後通牒，發出自衛守土通電。李文田接到二十九軍軍長宋哲元的自衛守土通電後，立即決定抗戰，在其天津寓所召集開會，傳達了宋哲元的通電，決定參加二十九軍抗戰。經過一番爭論，李文田決定，要趁日本兵力尚未大增的情況下，攻其不備，先下手為強，迅速消滅市內日軍。到會人員一致推舉李文田為總指揮，劉家鸞為副總指揮。寧殿武指揮攻取東站，祁光遠指揮攻佔海光寺日本華北駐屯軍司令部，李致遠指揮攻佔天津總站（今北站）、炸毀東局子飛機場的飛機。全體三十八師官兵服從李文田統一領導，並簽署發布了由上述七人簽名的〈喋血抗戰，義無反顧〉的宣言。從七月二十九日凌晨二時起，天津守軍不斷給日軍造成重創，甚至燒毀了日本在天津東局子的飛機場。另一支部隊打到海光寺日本駐屯軍司令部。戰鬥只持續了十五個小時，二十九日下午三時左右，馬彥翀接到張自忠自北平發來的「和平有望」的電報，加之由於日本援軍正趕往天津，敵特漢奸也開始大肆活動，李文田不得不忍痛臨時決定撤退。他率領部隊且戰且退，全師官兵順利抵達保定，向二十九軍司令部報到。

天津抗戰不僅給日軍以重創，並免於三十八師部隊的流失，為今後抗日保存了一支勁旅。後被宋哲元任命為三十八師代理師長，他率領全師轉戰於河北省抗日前線。

在張自忠被蔣介石扣押時，三十八師升格為五十九軍，軍長一職由第一集團軍司令宋哲元兼任，李文田任副軍長。他對保持部隊完整，免遭分裂起了重要作用。

李文田始終堅持留在抗日前線率領三十八師官兵抗日，直到張自忠歸隊。他受命為三十八師師長。在協助張自忠參加保衛臨沂戰役時發揮了重要作用。一九四〇年他與張自忠共同指揮了隨棗戰役、襄樊戰役。

一九四〇年至一九四六年任第三十三集團軍副總司令。一九四七年任第三綏靖區副司令長官。由於不願打內戰，一九四八年脫離軍隊任總統府參軍（虛職）。一九五一年死於群眾運動。李文田將軍戎馬一生，以盡職、果敢著稱。尤其是在抗戰期間，他奮勇殺敵衝在前，多次負傷不退縮，是一位深受士兵和民眾愛戴的愛國將領。

劉家鸞小傳

劉家鸞

劉家鸞（一八九四—一九八二），字幼生，天津東麗區人。保定軍官學校第六期，後又考入陸軍大學。歷任東北第三、四方面軍團部參謀處長、東北第二軍參謀長。一九三〇年任平津衛戍司令部參謀長。一九三五年任天津保安司令。一九三七年七月二十七日接宋哲元自衛守土通電後，他與李文田聯合發出通電聲明，指出：「我方為國家民族圖生存……誓與天津共存亡，喋血抗戰，義無反顧」。七月二十八日，參加駐津三十八師副師長李文田為總指揮召開的抗戰部署會議，被推舉為副總指揮領導抗戰。七月二十九日凌晨二時，三十八師向天津日軍發起猛攻，一度打到海光寺日本華北駐屯軍司令部。後因日本援軍到來奉命撤退，七月三十日天津淪陷。劉家鸞隨李文田率三十八師赴保定向宋哲元報到，參加二十九軍抗戰。後任第三十三集團軍司令副官處處長，嗣後升任副參謀長，曾參加台兒莊、隨棗會戰等。一九四〇年任該集團軍駐渝代表。抗戰勝利後任華北「剿總」中將高參。一九四九年，隨傅作義在北平起義。中華人民共和國成立後任華北行政委員會專員、北平市人民委員會專員，後被聘為北京市政府參事室參事、北京市文史研究館館員。一九八二年病逝，享年八十八歲。

第三節　僞冀東防共自治政府保安隊反正

張慶餘

一九三七年七月二十九日凌晨二時，在天津守軍向日軍發動進攻一小時後，駐通縣的偽冀東防共自治政府保安隊，突然調轉槍口對準日軍，先是封閉通縣城門、斷絕市內交通，佔領電信局及無線電臺，接著派兵包圍冀東偽政府，抓獲了漢奸殷汝耕。同時，時任偽冀東保安隊第一總隊總隊長的張慶餘又派兵前往西倉，捉拿日本駐通州的特務機關長細木繁。這次反正，日通縣特務機關和守備人員全部被殲滅。

在七七事變之前，冀東最早出現了偽軍即偽冀東防共自治政府保安隊。偽保安隊由殷汝耕統轄，分為四個總隊，分別以殷汝耕、張硯田、李允聲、韓則信為總隊長，官階為中、少將，官兵一萬二千人。這一支保安隊與二十九軍關係很密切，其中部分原屬于學忠第五十一軍改編而來。據張慶餘《偽冀東保安隊通縣反正始末》的回憶，《塘沽協定》簽訂之後，國民政府密令河北省主席于學忠，用河北省政府的名義另成立五個特警總隊，經過訓練之後，開入冀東，警衛地方。于學忠聽命抽調所部團長張慶餘和張硯田分任河北特警第一總隊和第二總隊隊長。一九三五年五月，張慶餘奉于學忠命令開入冀東，分駐通縣、香河、寶坻、玉田、豐潤、順義、懷柔、密雲、三河、薊縣、石門、遵化、撫寧一帶。張慶餘的總隊部先駐薊縣，旋又移駐通縣。張硯田的總隊部則駐防撫寧縣之留守營。當第五十一軍調往甘肅時，張慶餘這兩個總隊因係地方特警，不算正規軍隊，所以沒有隨同開走。于學忠離河北前，曾密召張慶餘囑令：「好好訓練軍隊，以待後命。」同年七月，商震繼于學忠主持河北省政後，改河北特警隊為河北保安隊，仍令各總隊長安心供職，駐守原防。

一九三五年十一月，漢奸殷汝耕割據冀東二十二縣，在通縣成立冀東防共自治委員會（後改為冀東防共自治政府）。其後，將河北保安隊更名為冀東保安隊，歸偽政權統轄。不過名稱雖然更換，內部人事卻無任何改變。這時，張慶餘曾密派親信副官長孟潤生赴保定向商震請示應如何應付，商震囑孟潤生密告張慶餘：「目前不宜與殷汝耕決裂，可暫時虛與委蛇，余當負責向政府陳明。」

但是，張慶餘的大兒子張玉珩聽說張慶餘在偽冀東政權任職，認為張慶餘附逆叛國，有辱先人，登報與張慶餘脫離父子關係。張慶餘妻于德三也勸張慶餘迅速設法反正，以免為親友鄉黨所不齒。張慶餘因以密告妻子說：「我的意思現在雖不便明言，但將來總有分曉。你可轉告玉珩兒，叫他耐心等待，且看乃父以後的行動吧！」

宋哲元出任冀察政務委員會委員長以後，張慶餘和張硯田密請張樹聲介紹往見宋哲元，表明願隨宋抗日。為躲避日軍方和漢奸的耳目起見，宋哲元與張慶餘約定在天津英租界十七號路宋宅會晤。宋哲元對張慶餘說：「素悉二位熱愛祖國，近又聽俊傑（張樹聲字）兄說，二位願合力抗日，本人代表政府表示歡迎。」宋哲元還囑咐張慶餘加強訓練軍隊，做好準備工作。說罷，即命蕭振瀛送給張慶餘一萬元。後來保安隊在通縣起義，與張慶餘這次和宋哲元晤談有著密切關係。

盧溝橋事變爆發後，因宋哲元不在北平，張慶餘派心腹為冀東教育訓練所副所長劉春台密往北平見河北省主席馮治安請示機宜。馮治安對劉春台說：「現在我軍同日軍是和是戰尚未決定，請轉告張隊長，暫勿輕動。等我軍與日軍開戰時，請張隊長出其不意，一面在通縣起義，一面分兵側擊豐台，以收夾擊之效。」並轉請密告張慶餘：「可委派心腹人員與二十九軍參謀長張樾亭經常保持聯繫。」劉春台辭別馮治安後即往見張樾亭，取得聯繫。張樾亭當將張慶餘和張硯田所部編入戰鬥序列。

這時，日軍駐通縣的特務機關長細木繁中佐，為預防第二十九軍進攻通縣，特召集張慶餘和張硯田在通縣開軍事會議，商討防守事宜，並出示五千分之一的軍用地圖，要張慶餘根據地圖作出防守計畫。張慶餘起立發言：「我倆都是行伍出身，沒有學問，不懂得軍用地圖。但我倆確具信心，保證能守住通縣，並可配合皇軍打垮二十九軍。不過目前兵分力薄，戰守均無把握，我的意見，莫如先抽調散駐各處的保安隊集中通縣待命，然後再徐議攻守，如何？」細木深以為然，當即照准，並認為張慶餘忠實可靠，遂令散住各處的日僑亦集中通縣，以便保護。張慶餘隨即與張硯田分別下令，調動所轄散駐各處的部隊集中通縣待命，並對調回的部隊分別講話，暗事部署。

張慶餘見日軍大舉進犯南苑，並派飛機轟炸北平，知戰機已迫，不容坐視，遂與張硯田密議，決定於七月二十八日夜十二時在通縣起義。到時，張慶餘派兵封閉通縣城門，斷絕市內交通，佔領電信局及無線電臺，並派兵包圍冀東偽政府（在通縣文廟內），把漢奸殷汝耕禁閉起來。張慶餘同時又派兵前往西倉，捉拿日本特務機關長細木。細木聞槍聲四起，料知有變，率領特務數十人抗拒。細木一手持槍，一手指斥張慶餘軍官兵，大聲叫嚷說：「你們速回本隊，勿隨奸人搗亂，否則皇軍一到，你們休想活命……」細木的話還沒有說完，即被張慶餘軍亂槍擊斃。其餘特務見勢不妙，急反身竄回特務機關內，閉門死守。旋被張慶餘軍攻入，佔領了特務機關。

張慶餘部營長沙子雲奉張慶餘命督隊進攻西倉日兵營。日軍駐通縣的部隊約有三百餘人，連同憲兵、特警及日僑大約有六、七百人。聞張慶餘保安隊起義，知眾寡懸殊，難以力敵，遂集合憲警和日僑於兵營內，負隅頑抗，以待外援。由於日軍的火力猛烈，工事堅固，激戰達六小時以上，張慶餘部官兵犧牲於日軍炮火之下約二百多人，仍未得手。張慶餘見此形勢，若再不能突破，等日援兵到達，內外夾擊，更對張慶餘部不利，於是決定改用火攻，下令全軍：「有能從汽油庫（亦在西倉，距日兵營很近）搬汽油一桶到日兵營四周的，即賞現洋二十元！」士兵基於愛國義憤，聞命踴躍爭先，頃刻間，汽油桶已堆滿日兵營四周。張慶餘見汽油已運到，下令前線士兵，縱火焚燒。剎那間黑煙瀰漫，火光沖天，喊殺聲沸騰起來。張慶餘軍復用大炮和機槍猛烈轟擊，集中掃射。接著步兵在炮火掩護下，乘勢從四面衝入，遠的槍擊，近的刀砍。激戰至七月二十九日上午九時許，日軍除一部分逃亡外，頑抗者均被殲滅。

日軍駐順義一隊約二百人，亦被張慶餘駐順義的蘇連章團奉張慶餘命迅速予以殲滅。蘇連章團完成任務後，於七月二十九日上午十時整隊開回通縣。蘇團開抵通縣為正午十二時，適日軍派來轟炸機二十四架，對張慶餘通縣起義軍濫施轟炸，蘇團官兵躲避不及，傷亡頗眾。日機從正午十二時起至黃昏時止，輪番轟炸，達七小時之久。蘇連章見機轟炸猛烈，防空無備，實在難以支持，於是脫去軍服，棄械逃走。

張硯田因見日軍勢力強大，恐難與敵，乃乘日機轟炸，張慶餘忙防空之際，不辭而別，潛回天津寓所隱匿，該隊官兵亦因此相結伴逃跑。張硯田、蘇連章等相繼逃亡，這對通縣起義軍影響極壞。張慶餘獲悉後，深感局勢危急，像這樣混戰下去，日軍越來越多，勢難堅持，遂決定趁當夜日軍尚未合圍，放棄通縣，開往北平與第二十九軍合兵一處，再作後圖。於是，張慶餘將全軍分為左右兩個縱隊，由張慶餘親自督隊，平行轉進。及開抵北平城下，始悉第二十九軍已行撤出，退至長辛店、保定一帶。正在這時，日軍從城內殺出，適押解殷汝耕的汽車開至安定門與德勝門之間，被日軍將押解囚車的士兵衝散，將殷汝耕劫走。敵復從城內開出裝甲車二十多輛，集中火力向張慶餘起義軍猛烈轟擊。張慶餘教導總隊隊長沈維幹和區隊長張含明因在火線上督隊奮戰，致中敵彈相繼陣亡。

張慶餘見第二十九軍已去，本隊形成孤立，加以前被阻截，後有追兵，若聚兵一處，待至天明，敵機必來轟炸，這麼一來傷亡必多，實無異束手待斃。於是決計趁天色尚暗，化整為零，分全軍為一二〇個小隊，每隊五、六十人不等，由連排長率領分批開往保定集合。孰意行至中途，竟被孫殿英部分別截擊繳械。及張慶餘到保定後，張慶餘部官兵聞訊，都徒手步行到保定集合，請求張慶餘向孫殿英交涉，索還武器，仍願開赴前線為國殺敵。張慶餘當即用好言安慰，囑令靜待後命。嗣後，張慶餘見宋哲元，宋握張慶餘手歎息地說：「你這次起義，不負前約，惜我軍倉卒撤離，未能配合作戰，深覺愧對。」張慶餘等率領保安隊在通州起義，在當時震動了整個中國，更加表明了中國人民的愛國主義精神。

軍政部參事嚴寬呈何應欽部長告通縣偽保安隊反正激戰與南開等校遭轟炸等情電[25]

民國二十六年七月二十九日

南京。部長何：〇密。（一）豔晨通縣及其附近偽保安隊約五個大隊反正，與日軍激戰終日，並將通縣要區火焚。至午後，被日軍轟炸甚慘。現向西南撤退中。（二）津郊張慶餘保安隊亦與日軍衝突，旋被日機轟炸。南開、女師、工院等校亦被轟炸。（三）佟麟閣陣亡。趙舜城、鄭大章均有身殉說，尚待證。職寬叩。豔戌。印。

第四節　劉汝珍團北平突圍

劉汝珍

北平淪陷後，劉汝珍部被迫改編成著黑制服的保安隊，但劉汝珍和戰友們不甘心淪為漢奸，而毅然率部三千餘人突圍離平奔往察哈爾，與劉汝明一四三師會合，接受宋哲元指揮。

據劉汝珍回憶[26]，一九三七年八月一日下午四時，石振綱旅長、張傅熹參謀長、劉汝珍團長、趙書文團長四人，召開軍事緊急會議。劉汝珍

25　炸南開大學的日本飛機即由惠通航空公司所建天津東局子飛機場起飛。

26　秦孝儀主編，《盧溝橋事變史料》（上）（臺北：中央文物供應社，一九八六年版），頁三十九。

稱：「日寇欺我太甚，北平環境太劣，改為保安隊等於投降敵人，投降便是民族的罪人，我們寧死不屈。」張傳燾首先附議贊成，並以理據爭。劉汝珍繼續又提出目前要做的兩件事：一是殺盡城內日軍；二是迅速實現突圍。他說：「我們馬上準備突圍，在突圍以前，先把北平城內的日寇殺個一乾二淨，殺一個夠本，殺兩個便是一雙，殺盡以後，再拼著我們的頭顱和熱血，突圍而出。」對於突圍的提議，全體一致通過。而對於把城內日寇殺盡的提議，並未實行。這是由於北平是一座歷史悠久的古城，激戰會造成破壞，加之會造成突圍難度的增加。

會議之後又決定突圍的方向，決定兵分多路，走小徑，其中由安定門、小關鎮、報房、馬房、清河鎮，到羊房（距南口三十餘華里）為主要道路。期間，官兵不准放槍，士兵一律上刺刀，準備白刃戰。散會後，已經是晚十時，趁夜色部隊將北平近郊的電線切斷，以妨礙日軍各部的溝通，為突圍做準備。

六七九團在前，由劉汝珍團長（行至馬房，石振剛旅長脫離部隊，折回北平，劉即繼任旅長）率領，六七九團第一營營長李延瓚留平未出，由副營長張文賓（安徽人，第二集團軍軍官學校畢業）代領，第二營營長杜春堂留平未出，由副營長梁學信（山西人，第二集團軍軍官學校畢業，後繼杜任本營營長）代領，第三營由龔乃強營長（安徽人，西北陸軍幹部學校畢業，後繼劉任六七九團團長）率領。六八一團由趙書文團長（行至察省後，因病脫離部隊）率領，六八一團第一營由張聿堂營長（山東人，後任本團團長，現仍在職，所遺營長缺，由副營長張華斌繼任）率領，第二營由營長田明祥（河北人，後任四二七旅副旅長）率領，第三營由營長陳瑞武率領。石振綱旅長（行至馬房，脫離部隊，折回北平）、張傳燾參謀長（安徽人，安徽炮兵學校畢業，後任本旅副旅長，現任六七九團長），隨六七九團行進。

由於事前切斷了日軍的通信，劉汝珍部除遭到日軍炮火攻擊外，並未發生正面衝突，直至行進馬房。

馬房南有一道小河，上架一獨木橋，先頭部隊與日軍在此發生戰鬥，被敵擊斃及負傷十餘人。直到後續部隊投入戰鬥，日軍才向村中逃去，並被田明祥營長奪獲戰馬四匹。到了清河機場又與日軍發生戰鬥，排長魏萬清與其他三名戰士陣亡，另有五人受傷。隨後在清河鎮時又遇強敵，劉汝珍部傷亡百十人，但也繳獲三八式步槍二十餘枝，子彈四千餘發，輕機關槍三挺，甚至還繳獲了汽車等笨重物品，但無法運走。而從馬房向西北沿鐵道行進的部隊，與日軍的警戒部隊發生激烈戰鬥，日軍派坦克車十餘輛，飛機二十餘架，追蹤轟擊，造成我方數百人傷亡。

此次突圍，我方總計傷亡一千餘人，但保留了一支重要的抗日力量。

劉汝珍小傳

晚年劉汝珍

劉汝珍（一九〇一—一九九九），河北省獻縣人。因家貧僅在本鄉讀過小學，後加入馮玉祥所辦軍官子弟學校學習。後加入學兵營。一九一七年三月成為馮玉祥衛隊營的衛士，後又調為傳令兵。一九二一年成為馮玉祥第十六混成旅的排長。直奉大戰後升為連長。一九二五年春奉派到蘇聯基輔軍官學校學習。學成後回國參加北伐，任手槍旅旅長等職務。西北軍失敗後，劉汝珍成為宋哲元部趙登禹一三二師一〇九旅副旅長（旅長王長海）。至一九三六年十二月擔任二十九軍一三二師獨立二十七旅（旅長石振綱）第六七九團團長。

七七事變後，奉命急行軍由河北省任丘縣開至北平負責守衛廣安門。他是廣安門事件的親歷者。北平淪陷後，張自忠下令劉汝珍，將二十九軍軍服換成保安隊裡的制服。劉汝珍發現漢奸周思靖等附敵，決定突圍離平去投奔駐張家口的劉汝明。當二十七旅從北平逃出後，沿途受敵機轟炸，戰士受傷無法醫治。旅長石振綱感到前途渺茫，離隊回平。劉汝珍率隊繼續向張家口前進。當隊伍走到南口時遇到湯恩伯的十三軍，他們見到劉汝珍的軍隊都穿黑色制服，堅決不允許通過。劉汝珍對湯恩伯講了自己從北平突圍出來的二十九軍，要去投奔劉汝明，湯恩伯立刻給劉汝明打電話。劉汝明承認劉汝珍是他的弟弟，但沒有那麼多軍裝幫他們把黑色保安隊的衣服換下來，結果湯恩伯拿出三千套軍裝讓他們換上後才允許通過。和劉汝明會合後向宋哲元報到，參加第一集團軍抗戰，被提為二十七旅旅長。

一九三八年參加安徽亳州轉移戰。一九三九年至陸軍大學將官班第二期深造。畢業後加入軍官訓練團受訓。後率軍與日軍發生信陽之戰，又參加豫西鄂北之戰。一九四五年二月授陸軍中將。一九五四年由臺北移居美國。一九九九年逝世，終年九十九歲。

第五節　阮玄武旅投降

阮玄武畢業於保定軍校步科第六期，早年曾供職於西北邊防軍、國民革命軍，一九二六年隨方振武投靠馮玉祥時，與張自忠相識並義結金蘭[27]。

阮玄武

一九三三年八月察哈爾民眾抗日同盟軍解體後，經馮玉祥同意，北平軍事委員會分會決議後，由宋哲元收編抗日同盟軍餘部時成立獨立三十九旅。當時阮玄武被宋哲元先後任命為商都警備司令和康保警備司令[28]。阮玄武的基礎部隊是在東北義勇軍汲漢東部隊的基礎上編成的一個團[29]。一九三四年四月，宋哲元將改編後的湯玉麟舊部董翰卿一團[30]及張人傑的舊部一團[31]歸其節制，成立了暫編第一旅。

一九三四年，阮玄武被調任察哈爾整編第一旅中將旅長。一九三五年被編入二十九軍任三十八師獨立第三十九旅中將旅長，進駐懷來、延慶、康莊等地。一九三六年，該旅移駐北平北苑。

27 阮玄武，〈張自忠為國捐軀〉，《上海文史資料選輯》第五輯（一九八〇年版），頁一〇二。
28 宋哲元監修、梁建章總纂，《察哈爾通志》（三）（臺北：文海出版社，一九六六年版），頁二五二三。
29 阮玄武，〈方振武生平〉，《安徽文史資料》第二十輯（安徽人民出版社，一九八四年版），頁九十三。
30 李雲漢，〈調停察變〉，選自《宋哲元七七抗戰》（臺北：傳記文學出版社，一九七三年版），頁四十八。
31 宋哲元監修，梁建章總纂，《察哈爾通志》（三）（臺北：文海出版社，一九六六年版），頁二五二八。

宋哲元對阮玄武的官職任命是由於阮久歷戎機，另外也和阮與西北軍眾多人比較熟悉有關。到盧溝橋事變時阮玄武的獨立第三十九旅已然擁有「配備著步槍五千、輕機關槍兩百、山炮迫擊炮八門的六千名兵士[32]」。該旅所保留的部隊人員是身強體壯的優秀官兵，加上武器的精良，具有一定戰鬥力。

盧溝橋事變時，阮玄武「任三十八師獨立第三十九旅旅長，歸張自忠指揮，駐在北平北郊和通縣」[33]。而通縣在七月二十七日被日軍進攻後已經失守，這樣就只剩下北苑一處防地了。

宋哲元二十八日撤離北平時，本來是讓阮玄武旅一同撤退，田春芳曾回憶道：「阮見張自忠不走，他也就不願意離開北平了[34]」。因此，宋哲元離平後，各部隊紛紛隨之撤退。而留在北平的兩個旅，即駐守北平城內的趙登禹的第一三二師石振綱的獨立第二十七旅，和自南口集結於北苑的第三十八師阮玄武指揮的獨立第三十九旅，歸留平的張自忠指揮。

馮部在盧溝橋抗戰
阮部退集南口防守

[illegible]㈠宋哲元秦德純等已於廿九日晨[illegible]㈡馮治安刻在平漢綫之盧溝橋一帶指揮廿九軍各部作戰、并趕築防禦工事、[illegible]平北苑一帶廿九軍已由阮玄武[illegible]

32《今井武夫回憶錄》（上海譯文出版社，一九七八年版），頁五十二。
33 阮玄武，〈張自忠為國捐軀〉，《上海文史資料選輯》第五輯（一九八〇年版），頁一〇九。
34 田春芳，〈我所知道的張自忠〉，《陝西文史資料精編》第十卷《人物拾遺》（上）（陝西人民出版社，二〇一〇年版），頁五十六。

盧溝橋槍聲響起後，阮玄武正率領部隊「向南口撤退，他不參與三十七師盧溝橋抗戰[35]」。時任察哈爾省主席的劉汝明，在他的《一個行伍軍人的回憶》中記述，七月二十五日，接到宋哲元將軍的電話，催促他趕快回察，準備八月一日行動。「我接了這個電話，便連忙回察。因為時間倉促，僅奉家母一人同行，其餘妻子均丟在北平，搭乘平綏路的特別快車回張家口。不知消息如何走漏，火車一進沙河車站，日軍便起而襲擊。所幸防軍阮玄武旅竭力抵抗，才能通過，到了南口我的防地，才得到安全[36]。」劉汝明的回憶錄將時間錯記，實際應為七月二十七日[37]。不過說明阮玄武旅已經在南口一帶佈防，至少是有一部分兵力。南口是連接北平至察哈爾的門戶，事先，宋哲元沒有要撤退南口的計畫。在大戰一觸即發的關鍵時期，該旅不繼續在北平北郊一帶抗戰，卻移師南口佈防。實際上，獨立三十九旅在七七事變（尤其在七月二十七日）後，一直在被動防守。致使民間流傳著一句民謠：「三十七師打，三十八師看。」由於該旅只聽從張自忠一人指揮，宋哲元對這支部隊無法號令，既不敢讓他們守衛北平城，又不敢調他們離平，因為怕和張自忠矛盾公開化。這支部隊也成為張自忠挾兵自重的砝碼，對迫使宋哲元離平發揮了一定作用。

阮玄武回憶說：「那天（七月二十八日）一直在忙著布置作戰……張自忠打來電話……他要我把三十九

---

35 魏宏運主編，《中國現代史資料選編——抗日戰爭時期》（黑龍江人民出版社，一九八一年版），頁十五。
36 〈七七事變與廿九軍〉，選自《劉汝明回憶錄》（臺北：傳記文學出版社，一九六六年版），頁一八六。
37 〈劉汝明返張垣坐鎮〉，《中央日報》，一九三七年七月二十八日，第一張第三版。

旅集合起來，恢復常態，避免敵人在和談中找藉口進行刁難[38]。」於是，阮玄武旅奉張自忠之命從南口撤回北苑。

當時的報紙記載，沒過多久（即七月三十一日），北平城內部隊「多已改為保安隊，每日晨昏均由日人詢（訓）話，張等已無主持能力，諸事皆由漢奸操縱……」當年任一四三師師長的劉汝明在回憶錄裡也記載：「當時舍弟汝珍的步兵旅仍留北平擔任城防，歸張自忠指揮。兩天後（七月三十日），步兵旅改著員警制服。」要求員警一律換黑衣，以示改朝換代。

據當時任日本駐華北特務機關長的輔佐官寺平忠輔回憶，當時「石友三一直都在回避和日本軍產生衝突，已經不知道多少次打電話到我這，或者以別的方法來表達自己這個意願。這個阮玄武將軍抱著和石友三一樣的想法，找到了今井武官那兒。提出了盡最大努力避免戰爭，用更穩妥的方式來解決事件的想法[39]」。今井武夫向他提出：「如果你無論如何都想避免戰鬥的話，這麼做你看怎麼樣？兵營屋頂上不論多少支，盡量多豎一些白旗。另外，當日本飛機飛過來的時候，立刻在地面鋪上白布來明確表明你們沒有戰鬥的意願。如果日本軍的地面部隊攻上來的話，立刻拿著白旗左右搖晃，向對方表明自己絕對沒有抵抗的意思。這個時候，哪怕發射一發小子彈都會讓這些努力付之東流。日本軍會認為那些白旗只是單純的欺詐行動。另外，兵營裡，兵器是兵器，彈藥是彈藥，士兵是士兵，這些一定要徹底分開處理，然後立刻向對面的日本軍進行和平交涉。」阮玄武從日領館武官室出來之後，馬上在自己家裡打電話給部下，把剛才的

38　阮玄武，〈張自忠為國捐軀〉，《上海文史資料選輯》第五輯（一九八〇年版），頁一一〇。
39　寺平忠輔，《盧溝橋事件》（日本：讀賣新聞社，一九七〇年版），頁四一〇。

幾條作為命令傳達了下去[40]。

另外，時任日本駐華大使館駐北平陸軍助理武官的今井武夫在他的《今井武夫回憶錄》中記載：「由於阮旅是自動解除武裝的，結果當然在談笑中就解決了問題，停止了攻擊[41]。」留在北平的軍政部參事嚴寬於八月三日致何應欽的密電中陳述：「南京。部長何：一〇一五密。1.阮旅等冬（指八月二日）在北苑及西苑繳械[42]。」

值得一提的是，在獨立三十九旅中並不是所有官兵都甘為附逆，據馬仲廉編著的《盧溝橋事變與華北抗戰》一書中記載了三十日阮玄武「派人到日軍武官室聯繫自動解除武裝，向日軍投降」的文字，但七月三十一日交槍時出現了「許多軍官和士兵極為悲憤，有的謾罵，有的痛哭，有的將槍扔到井裡洩憤[43]！」的情景。

再看劉冠五的回憶，該旅教導隊隊長趙雲祥「寧願冒險率領全隊突圍，尋找出路，決不繳械。全隊官兵一致同意」。數百人在隊長率領下，暗中鑿牆，突圍至京西妙峰山，後轉到齋堂鎮。「接著三十九旅手槍

---

40 寺平忠輔，《盧溝橋事件》（日本：讀賣新聞社，一九七〇年版），頁四一一。
41 《今井武夫回憶錄》（上海譯文出版社，一九七八年版），頁五十二。
42 中國第二歷史檔案館編，〈嚴寬致何應欽密電〉（一九三七年八月三日），《抗日戰爭正面戰場》（江蘇古籍出版社，一九八七年版），頁二〇七。
43 馬仲廉，《盧溝橋事變與華北抗戰》（北京燕山出版社，一九八七年版），頁一三六。

隊隊副潘子明率領全隊士兵，也由北苑突圍到達該鎮，又有該旅的兩個連先後突圍到達[44]。」

獨立第三十九旅繳械後被編為保安隊，暫居北苑軍營不願離去。時任北平警察局長的潘毓桂在他八月六日的《治安紀要》中記載，保安隊原本是為防止匪患設立，而不是為了備戰設立，於是改保安隊為員警隊，「求名實之相符」[45]。八月十日，潘毓桂又以「二十九軍阮玄武旅仍在北苑逗留，深恐其勾結潰兵貽害地方，實有迅速解決、押送出境之必要。本日清晨，特派大隊員警前往逼令遣散。共遣去官兵一千零一十六人，並給資二千一百零六元，當官的每人兩元，士兵每人一元，時至午刻辦理竣事[46]。」這樣，獨立三十九旅最後一點兒兵力完全在日方和漢奸的「和平」煙幕下徹底被解決。張自忠與阮玄武都成了光桿司令。

阮玄武的投降行為始終未受到歷史譴責，反而在新中國成立後，擔任了上海市國民黨革命委員會的主委，享受國家高官待遇。

44 劉冠五，〈我所知道的趙雲祥部隊〉，《上海文史資料選輯》第三輯（一九八二年版），頁一一七。
45 潘毓桂，《盧溝橋事變後北京治安紀要》，頁十一。
46 潘毓桂，《盧溝橋事變後北京治安紀要》，頁十五。

第六節　冀察政權解體與治安維持會的成立

宋哲元離開北平以後，張自忠於七月二十九日到冀察政務委員會就職。他將原政務委員秦德純、蕭振瀛、戈定遠、劉哲、門致中、石敬亭、石友三、周作民等免職，增補張允榮、楊兆庚、潘毓桂、江朝宗、冷家驥、陳中孚、鄒泉蓀等為委員，這裡大部分是親日派。同時張自忠發表潘毓桂兼北平市警察局長。但他並不知日軍已經利用那批死心塌地出賣民族利益投靠日本的老牌漢奸組織偽政權了。

日軍駐華副武官今井武夫於七月二十九日晨與松井特務機關長協商後，決定立即組織北平市地方維持會，以老牌漢奸七十高齡的老朽江朝宗任維持會委員長，總商會代表冷家驥、銀行工會鄒泉蓀、自治會的呂均、原市政府的周履安和警察局長潘毓桂為維持會委員，並派日本憲兵隊長赤藤、冀察軍事顧問笠井、冀察政務委員會顧問西田等作為維持會的顧問。當日晨六時三十分，今井等邀集上述人等開會。會上，今井宣布他與松井商定的成立地方維持會，並要這些人擔任委員長和委員等職務。這批漢奸全部表示同意，唯江朝宗提出委員長一職不如由吳佩孚擔任更為合適。今井表示請吳佩孚出馬恐怕要引起許多糾

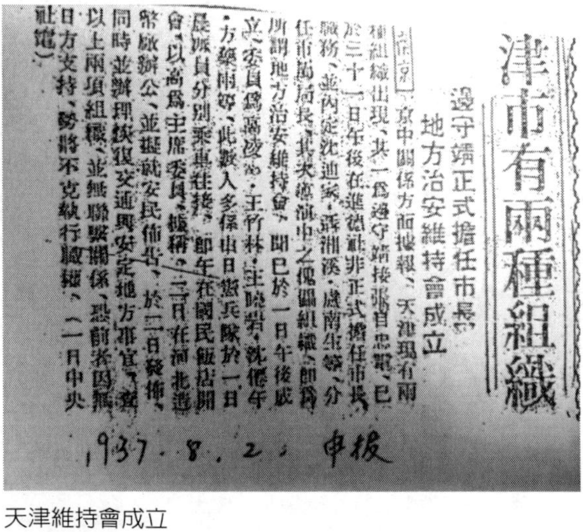
津市有兩種組織
遏守靖正式擔任市長
地方治安維持會成立
〔南京〕京中關係方面接報、天津現有兩種組織出現、其一為遏守靖接張自忠電、已於三十一日午後在進德社非正式擔任市長職務、並內定沈迪家、孫潤宇、盧南生等、分任市局局長、其次為津市中之傀儡組織、即所謂地方治安維持會、聞已於一日午後成立、委員為高凌霨、王竹林、王曉岩、鈕傳善、方藥雨等、此數人多係由日憲兵隊於一日晨派員分別乘車往接、即午在國民飯店開會、以高為主席委員、據稱、二日在河北道署辦公、並擬就安民佈告、於二日發佈、同時並辦理鐵路交通與安定地方事宜、聞以上兩項組織、並無聯繫關係、恐前者因無日方支持、勢將不克執行職權、（二日中央社電）
1937.8.2. 申报

天津維持會成立

紛，姑且留待以後研究，暫時仍請江出馬作為臨時措施。江也表示同意。當日下午，在江朝宗住宅又召集有關漢奸開了一次「協商」會議。七月三十日下午二時，正式成立了北平市地方維持委員會。至此，北平就淪陷為日本直接統治的殖民地。（八月十九日冀察政務委員會自動解體，江朝宗就任偽北平市長。）

北平偽政權組織成立以後，日軍對平、津實行軍事佔領。張自忠因為要躲避日軍的搜查，則秘密躲藏在東交民巷東口的德國醫院（現北京醫院）。九月初，張自忠化裝後通過了朝陽門日軍的檢查，順利地到達了天津。後乘英國駁輪到塘沽，然後準備取道濟南到南京。張一到濟南，蔣介石便令韓復榘將張扣押起來送往南京。

第七節　張自忠黯然下臺

日軍方一直以為張自忠在訪日歸來後，已經懾於日本帝國的武力強大，不願意輕易與日作戰。更何況日方於一九三七年七月十九日深夜剛剛與張秘密簽署了《香月細目》，沒想到這麼一位「知日人士」，在他剛上任的第一天（七月二十九日），天津即爆發了一場大出擊。

張自忠手下的第三十八師在副師長李文田和天津保安司令劉家鸞的率領下，未經他的命令，就向駐防天津市區的日軍發起了反擊戰。天津反擊戰的同時，冀東偽保安隊張慶餘、張硯田兩部因早已與宋哲元商定好在通縣反正，將通縣的日本間諜、特務、走私犯二百餘人盡數消失，並俘虜了大漢奸殷汝耕。

這突然的變故，令張自忠十分尷尬，他急忙向天津市府發電報，稱「和平有望」[47]、「令停戰，並謂再受壓迫即撤退」[48]。但此時天津各個戰鬥點都處於激戰中，已無法制止。此時的張自忠為爭取北平維持會長職務，採取辭去軍職以向日軍方表示自己與天津反擊戰毫無關係來保留自己剛掌握的政權，但他的願望已不可能實現。

張自忠被迫去職
齊燮元等紛墨登場
（北平）張自忠因外間紛紛謠傳渠與日方之關係甚形緊張、故已於今晨託病辭去冀察政委會代理委員長職、聞張已入醫院、同時冀察政委會之會務、現由齊燮元・張允榮・張璧・賈德耀・李思浩・五人組成之委員會處理、聞張自忠因日方壓迫其取堅決立場對付南京「自知地位不穩、乃辭職而去、（中央社六日路透電）

1937 年 8 月 7 日上海《申報》

天津反擊戰和通縣反正使日軍方十分震驚。通縣反正後，日軍方對有兵權在身的張自忠變得不信任。七月三十一日晨七時，張自忠「到進德社辦公，張允榮、張璧、潘毓桂、李思浩等均往謁晤，就時局善後，有所談商」。但到八月二日後，日軍方已操縱了漢奸分別成立平、津地方維持會，直接指使漢奸辦事，「張等已無主持能力，諸事皆由漢奸操縱[49]。」張自忠所謂的施政措施也無從實施。八月三日，張自忠欲拉攏江朝宗加入他的冀察政委會為委員，想將北平地方維持會納入自己的手下，可惜老奸巨猾的江氏不甘居張之下，以患腳氣病為由不買張自忠的賬。八月四日

47 馬仲廉，《盧溝橋事變與華北抗戰》（北京燕山出版社，一九八七年版），頁一三〇。
48 〈張自忠二十九日電津令停戰〉，《大公報》（上海），一九三七年八月一日，第一張。
49 〈張自忠主持無力〉，《申報》，一九三七年八月三日，第一版。

晨九時半，日軍開入北平城，經長安街開入市區[50]。至此，日方特務機關長松井太久郎對張自忠的許諾完全落空。當日，萬般無奈的張自忠已從新聞視野中消失。八月五日，張自忠「因病」躲進德國醫院[51]。八月七日，《北平晨報》上登載了張自忠已於八月六日將所有三職務（冀察政務委員長、北平市長、冀察綏靖公署主任）一併辭去[52]。至此，張自忠的「和平」美夢完全破滅。

張自忠下臺是必然的，其原因如下：

其一，日方在利用張自忠將宋哲元及二十九軍三十七師趕出北平後，即對其失去興趣，由香

1937 年 8 月 1 日，日軍佔領盧溝橋（方軍提供）

1937 年 8 月 4 日，日軍開入北平城（根據 1937 年 8 月 5 日，英國《泰晤士報》、上海《申報）記載，日軍於 4 日進入北平城。經作者查詢，這批日軍是從盧溝橋戰事結束後，到東交民巷修整的一支軍隊。

50 〈日軍開入北平城〉，《申報》，一九三七年八月五日，第四版。
51 〈冀察政委會將召開全體委會〉，北平《競報》，一九三七年八月七日。
52 〈張代委員長所有職務一併辭去〉，《北平晨報》，一九三七年八月七日，第三版。

月清司直接指使其身邊的漢奸，以架空張的權力。

其二，天津李文田的抗戰和冀東偽保安隊的反正使日軍十分震驚。尤其是李文田是張自忠三十八師的副師長，日軍方認為張自忠連自己的屬下都不能控制，已失去了利用價值。通縣張慶餘、張硯田反正後，雖然阮玄武部已對日投降，自願變為保安隊以表示效忠，但日軍對有兵權的漢奸已經不信任了。

8月8日，日軍在香月清司帶領下舉行進入北平城儀式

其三，二十九軍的廣大官兵不支持張自忠的「和平」政策，紛紛棄張而去。天津抗戰後，李文田率三十八師赴馬廠[53]向宋哲元報到；留在北平的劉汝珍團雖被迫換了保安隊的制服，但仍帶兵突圍離開北平，張自忠變成了光桿司令。

其四，張自忠原來的西北軍老上級（如韓復榘、鹿鍾麟）、老同事也帶頭對張的「和平」政策進行了譴責。廣大群眾包括學生對張追趕、謾罵。這期間，還有一些不甘附逆的故人，如賈德耀、田春芳、過之翰等，多以患病、工作結束等理由紛紛辭職或不辭而別，致使張自忠處境艱難。

其五，張自忠所依靠的政治班子都是他的拜把兄弟，多數是漢奸，當香月清司直接指使這些漢奸時，他們就立刻賣身投靠於日軍了。

其六，最主要的是，日方更需要一個地位較高、對日恭順且沒有軍權的傀儡。而一些在北洋時期或國民政府中做過國務總理級以上的高官，他們甚至下野後仍有一定號召力，而張自忠僅是天津市長、三十八師師長，地位條件都不夠。因此，日軍方直接支援漢奸籌建了偽組織——北平地方維持會。

從七月二十九日就職上臺到八月四日晨日軍入城，張自忠發動的這場短暫的政變以失敗告終。

53　馬廠：今在河北省青縣，宋哲元在此收攏隊伍。

國民政府關於撤職查辦張自忠的明令（一九三七年十月八日）[54]

中華民國二十六年十月七、八日國民政府公報《二四七九》號

八日　國民政府明令：張自忠撤職查辦以肅軍紀。

此次抗敵用兵，關係重大，全賴前方將領，忠誠爲國，不避艱危，庶能遏止侵陵，保我疆土，如有違律失職，自難曲予優容。茲據軍事委員會呈稱：天津市市長兼陸軍第三十八師師長張自忠放棄責任，迭失守地……張自忠著撤職查辦……以肅軍紀，而儆效尤。此令。[55]

賈德耀 小傳

賈德耀

賈德耀（一八八〇—一九四〇），字昆庭，安徽合肥人。初入保定速成學堂（北京武備學堂），一九〇一年十月獲公費留學日本資格。賈德耀先入日本陸軍成城學校完成預備學業，繼入日本陸軍聯隊步兵大隊實習，一九〇二年六月，考入日本陸軍士官學校第三期學習，一九〇三年十一月畢業，先入日本陸軍振武學校完成預科學業，

54　參見《中華民國史事紀要》（一九三七年七月—十二月）。

55　張自忠也因此成爲天津自建市以來唯一被撤職的天津市長。

後又入日本陸軍士官學校學習，一九〇四年春畢業回國。這段留日經歷為其日後與日本交鋒埋下了伏筆。

回國後進入北洋新軍，成為段祺瑞幕僚，曾任北洋軍第二鎮正參謀官，第二鎮馬隊第二標標統。一九一二年一月，任北京政府總統府軍事處參議官，一九一二年十二月二十九日被北京政府陸軍部授予陸軍少將。一九一三年四月，任河南護軍團長，率部參加鎮壓「二次革命」的軍事行動。一九一三年十一月，任保定陸軍軍官學校（校長曲同豐）教育長，參與主持保定軍校招生及教育事宜。一九一四年，升任陸軍第七師第十三旅旅長。翌年，調任十五混成旅旅長，馮玉祥此時是第十六混成旅旅長，二人成了同事，關係甚篤，其後結為異性兄弟。後來賈德耀卸任第十五混成旅旅長職務，從此開始從事軍事教育工作，與同學陸錦共同立誓不參加軍閥內戰。

一九一九年冬保定軍校校長楊祖德病逝。一九一九月八月，賈德耀就任保定陸軍軍官學校校長。任職時，不但改進學校對軍官的培養，還提拔了一批有為的青年教官。如錢大鈞、王以哲、何柱國等人。

一九二四年，賈德耀隨馮玉祥部參加第二次直奉戰爭，任陸軍檢閱使（馮玉祥）署參謀長，參與策劃「北京政變」，並與馮玉祥、鹿鍾麟等驅逐溥儀出宮。一九二四年十一月，段祺瑞復出，任中華民國「臨時執政」，並特任吳光新為陸軍總長。賈德耀因與吳是同鄉又是日本士官學校同期同學，故吳推薦賈任陸軍次長，並兼任執政府衛隊司令。同年十一月，賈德耀升任陸軍總長兼訓練總監。

一九二五年九月十八日，賈被北京政府陸軍部加陸軍上將銜。一九二五年十二月一日，任北京臨時執政府陸軍部總長。一九二六年，段祺瑞執政府內外交困，國務總理許世英辭職，賈德耀因與馮玉祥有舊誼，奉系也並不反感他，兼以國民軍中以鹿鍾麟為首的各將領的敦促，勉強應段氏之邀允為暫代國務總理，為此他成為一時的政治緩衝人。

一九二六年三月四日，賈德耀擔任北京臨時執政府（執政官段祺瑞）的國務總理。在擔任國務總理期間，平息了各大中小學校因長期欠薪而引起的罷教風波。剛解決了財政上一些問題，接著東北軍進關，直魯聯軍與國民軍在天津大沽口發生激戰。首都警衛總司令鹿鍾麟不得不去大沽口指揮作戰，各帝國主義藉口保僑，又提交八國最後通牒，使執政府無法應付。賈德耀既是國務總理，就必須在段氏意圖下處理、調解這些事務。最後調解不成，激起全國人民的反對。一九二六年，舉世震驚的「三一八」慘案發生後，作為國務總理的賈德耀在各方譴責下難辭其咎，遂於同年三月二十日決議全體內閣辭職，段祺瑞不允。同年四月十七日，再呈段辭去總理職務。此時吳佩孚密令手下監視段祺瑞，段氏政權處於四面楚歌境地。四月二十日，段決定下野離京，臨行前下令免去賈德耀本兼各職。

賈德耀辭職以後，一直在北京寓居賦閒。一九三二年六月二十五日，被南京國民政府軍事委員會任命為軍事參議院參議。一九三五年十二月，冀察政務委員會成立，但在委員會成員的人員分配問題上，由於冀察地區各方勢力複雜，委員會成員需要各方派出代表共同協商，日本人提名陳中孚為外交委員會主任。陳中孚在任職期間，做出了許多親日行徑。例如，一九三六年四月，日軍向冀察政委會要求賦予日本人在華北自由定居的特權，外委會只有陳中孚一人贊同，此提案被宋哲元否決。此外他頻頻與土肥原賢二為代表的日軍接觸「商討在華北進行防共」。一九三七年一月宋哲元撤除陳中孚外交委員會主任委員職。在選定代替人選時，宋哲元選中了賈德耀，因為賈是日本士官學校畢業，又在日本留過學，精通日語，更重要的是賈德耀的思想不是親日派，適合做外交工作，由此決定由賈德耀代替陳。這時殷汝耕已在冀東成立傀儡「冀東防共自治政府」。賈德耀認為這是在華北土地上的一個毒瘤，想通過外交途徑與日方交涉取消它。理由是既然冀察政委會成立，就不應再有其他政權。經與日方多次交涉，據理力爭，終以環境複雜險惡，日軍經常製造事端而難於有成。為此，賈德耀曾徹夜不眠，導致心臟病發作，未能正式任職，後由魏忠翰先生繼任。

由於宋哲元擔任冀察政委會委員長以來，日本人在華北並沒有撈到多少好處，因此日本人對宋哲元不滿，需要在華北物色一個傀儡，先後看中段祺瑞、吳佩孚，都被拒絕。後由於賈德耀當過國務總理，又在日本留過學，精通日語，在日本人眼裡：賈德耀可以成為「溥儀第二」的最佳人選。然而在面對日本人的多次誘勸時，卻被賈德耀拒絕了。

「七．七」盧溝橋戰爭爆發，至月底，二十九軍撤離平津，日本為了加強對華北的控制，以冀察政委會各委員不在北平者太多為由，想在北平組織一個完全聽命於日本的維持會，並設立五個常委，分別是張允榮、張璧、李思浩、齊燮元、賈德耀。當他得知自己被列入日本決定的五常委名單後，立刻化裝成老農民逃到天津，住進英租界，租賃了兩間毛姓家庭的房屋。日本軍部派人來向他提出要「租用」賈德耀北京的房屋，並遊說賈德耀參加偽組織，至於房子、生活費用均可由日方解決。賈德耀回答：「不要欺人太甚，你們以為用這房子威脅利誘，我就會屈服嗎？『餓死事小，失節事大』。」氣憤之下，心臟病復發，終日不離針藥。北京住房被日軍強佔改做日軍醫院宿舍。賈為此又避走香港，但由於當地生活水準過高，靠救濟難以維持生存。考慮到其長子在上海的一家銀行工作，為了生計，在一九三九年，賈德耀又前往上海投奔長子，但等到了上海，其長子已去了大後方參加抗戰，賈德耀成為了一個流浪者。心情抑鬱，心臟病復發，貧病交加，一九四〇年十一月在上海逝世。當時重慶國民政府曾在報上公布唁電，聲稱「在華北淪陷時，拒從敵偽，保持民族氣節，殊堪嘉獎，生平事蹟宣付國史館」等語。一九四一年三月十九日被國民政府軍事委員會追贈陸軍中將加上將銜。

第八節　李文田三救張自忠

當年宋哲元重組二十九軍時，李文田是八名共建二十九軍的骨幹將領之一。李文田與張自忠關係深厚，同在原西北軍中鹿鍾麟之下。張自忠任三十八師長，而李文田任副師長兼一一四旅旅長。張自忠任察哈爾省政府主席時，李文田任省政府副主席兼保安司令。張自忠任天津市市長時，李文田任天津警備司令兼天津警察局長。一九三七年四月至五月張自忠赴日訪問期間，李文田任天津市代理市長。一九三七年七月二十五日，張自忠隻身離津後，天津的軍政主要由李文田負責主持。後來張自忠因平津失守被國民政府追責扣押時，李文田始終堅持留在抗日前線率領三十八師官兵抗日，直到張自忠歸隊，並在協助張自忠參加臨沂戰役時發揮了重要作用。一九四〇年他又與張自忠共同戰鬥於南瓜店。不僅如此，在與張自忠的一生交往中，李文田還曾三次幫助張自忠脫離危機。

第一次，當張自忠因誤信和平，掉進日軍所設陷阱之時，李文田將分駐天津附近的軍隊集中指揮，對日作戰，免遭日軍將其各個擊破，因而為後來該師擴編為五十九軍和第三十三集團軍保存了骨幹力量。天津抗戰驚破了張自忠的「和平」夢。

第二次，一九三七年八月初，張自忠丟盔卸甲，被日軍拋棄之後被迫發表聲明辭去三個「代理」。此時，張自忠經營了多年的政權與軍權，全部丟失，只剩光桿司令，生死未卜，日人追索，民眾唾罵，難以存活下去。陳中孚曾到醫院看望張自忠，妄圖最後一搏，勸他東山再起。但是，張自忠覺著沒有本錢，心灰意冷。陳中孚見此也大為失望而去。

這時，躲入德國醫院的張自忠已經陷入絕境，而李文田、劉振三派周保衡來與張自忠會見，勸其回歸軍隊，轉向抗日。周保衡曾是張自忠警衛員。當時第三十八師已擴編為第五十九軍。宋哲元最擔心的是五十九軍的指揮問題：自己既不可能親在前方，而以參謀出身的李文田暫代軍長指揮劉振三、黃維綱兩個師長，確有困難，尤其是劉振三向來不把李文田看在眼裡。李文田也有自知之明，所以，在宋哲元找他談話時，李文田當面表示希望將張自忠找回來，以加強第五十九軍的團結和戰鬥力。宋哲元同意了他的意見，李文田便派周保衡赴北平見張，並將周保衡帶回張親筆寫的小紙條拿出給宋哲元看。這個紙條上寫道：學校既已開學，豈有不前往上課之理。宋哲元看罷說很好，還是把他找回來的好。李文田對張自忠的勸說，就像一根救命稻草，讓他有了生存的希望。

第三次，當原三十八師擴編為五十九軍後，因為這支部隊是李文田帶出來的，李有資格擔任軍長，但是李文田卻給張自忠保留了位置。待張自忠回歸軍隊，李文田甘居下位而接受張自忠領導，兩人團結禦侮、並肩作戰，直至張自忠犧牲。舊社會，一個舊軍人，有軍隊，了不起，如丟了軍隊，成了光桿司令，就一文不值。張自忠已經丟了軍隊，而李文田願意讓張自忠依然居上，掌管軍隊，任第五十九軍軍長，這是難能可貴的。

第六章　張自忠懺悔與歸隊

第一節　羈押南京，以死請罪

平津淪陷後，困於北平城內的張自忠見「和平」無望，取宋代之的想法也破滅，又加上日本軍方到處抓捕他，只得隱匿於北平東交民巷使館區的德國醫院（即現在北京醫院）裡。這時，部下李文田和劉振三派副官周保衡潛入北平，捎信給萬念俱灰的張自忠，問他是否願意歸隊，張自忠立刻在一張紙條上寫下「學校既然開學，學生焉有不去上課的道理」的內容，並交給周保衡帶回。張自忠發現醫院周圍遍布日本奸細，德國醫院不能久居，只好躲到外國友人家中暫避。據張自忠自述，他前後經過三次計畫出逃。終於在某大雨天，披麻戴孝裝扮成孝子模樣，騎著自行車出城上墳，混出了北平城趕往天津。這時，張自忠儼然為漢奸的代表，全國輿論對他可謂千夫所指。在趕往天津的路上休息時，張自忠遇到很多學生議論他，有的說要是遇到他就將他咬死。因為張自忠穿著孝衣，所以沒有被認出，但這次邂逅給他很大的刺激。期間，蕭振瀛趕往相見，張自忠見到蕭後，抱頭痛哭，稱「對不起團體，對不起大家」，蕭問其故，張自忠表示正是自己中了日軍奸計，以為宋哲元已經對日妥協，才要取代宋，致使平津迅速淪陷，至今後悔不已[1]。到天津後，他匆匆與家人話別，便乘坐英國商船逃往山東煙臺，轉到山東省會濟南。繼而準備前往首都南京面見老長官——

1　引自蕭振瀛著《華北危局紀實》（中國國際廣播出版社），頁六八—六九。

張俊聲

軍事委員會副委員長馮玉祥，再通過馮向蔣介石委員長轉寰請罪。

到了濟南後，山東省主席韓復榘將這位「漢奸」軟禁起來，並向中央進行了彙報。這時，張自忠的第三十八師已經根據軍事委員會的命令升格為第五十九軍，宋哲元兼任軍長，李文田任副軍長。部隊撤到了山東境內。部下劉振三聽同學——濟南警備司令吳化文說，張自忠被韓復榘監視。劉振三要吳化文帶話，威脅韓復榘，若張自忠有三長兩短，他要拉上隊伍上抱犢崮（山東境內，地勢險要，多年為土匪巢穴）當土匪鬧事。得知張自忠已成功脫險到達濟南後，宋哲元不念舊惡，為了團體的完整，並給張自忠一個出路，於是，與馮治安分派秦德純夫婦、張俊聲（張自忠的老上級，對張有恩）等人，攜款萬元，前往濟南對張自忠進行慰問。

宋哲元為什麼力保張自忠歸隊？其中一個重要原因是，在宋哲元被任命為第一集團軍總司令後，原二十九軍的主要力量之一第三十八師由此升格為五十九軍，而三十八師有多員能征善戰的幹將，即李文田、黃維綱、劉振三和李九思。當時如果讓李文田任五十九軍軍長，則難以服眾。蔣介石之前曾想讓秦德純擔任五十九軍軍長，秦德純瞭解實際情況，加以婉拒。宋哲元因此而兼任了第五十九軍的軍長，不過，作為集團軍總司令每日親臨戰場指揮已經是精疲力盡，無力去作其他高級將領的思想工作。但是，長此下去，則容易影響指揮作戰。現在張自忠既然已經回到抗日隊伍，並主動承認錯誤，故為了保持軍隊的完整，團結抗日，宋哲元主動放棄了個人恩怨，向蔣介石力保張自忠，使他能回到部隊領導五十九軍，以共同抗日。

此時，中央委派馮玉祥為第六戰區司令長官。馮玉祥、鹿鍾麟等率司令長官部沿津浦線北上抗日，恰巧火車路過濟南時，韓復榘率眾親往迎接。在車站，張自忠見到了馮玉祥、鹿鍾麟等人，韓復榘希望馮玉

第六戰區司令長官
馮玉祥

祥代張向蔣介石美言。馮玉祥爽快地答應向蔣介石進言，給張自忠戴罪立功的機會。張自忠分別見到秦德純、張俊聲、鹿鍾麟（張自忠在西北軍時是鹿鍾麟的部下）、蕭振瀛等故人後極感痛悔，道出了難言之隱，他說：「對不起長官、對不起朋友、無面目見人[2]。」、「想不到鬧了這麼一下，好像被鬼所迷。現在唯願一死，身邊常帶安眠藥，隨時想吃下去[3]。」、「這次由北平逃出，外人不知詳情，都說我作了漢奸。現在名譽掃地，真是跳到黃河也洗不淨[4]。」、「對不起團體，對不起大哥[5]。」眾人均對張自忠的認罪既惋惜又痛恨。他的老上級鹿鍾麟給了他八個字「以己之血，洗己之恥」。

鹿鍾麟

秦德純到濟南後，見張自忠被韓復榘軟禁，立即電呈軍政部長何應欽，大意表示他奉宋哲元令，偕同張自忠赴中央報告請罪，可各方輿論四起，恐對張不利，能否前往南京等語。不久接到何應欽回電，同意

2 蕭振瀛，《蕭振瀛先生紀念文集（附：蕭振瀛回憶錄）》（臺北：世界書局，一九九〇年版），頁一九四。
3 張俊聲，〈蔣介石派蕭振瀛破壞抗戰的內幕〉，選自全國政協文史資料研究委員會編，《文史資料選輯》第五十四輯，（中華書局，一九六五年版），頁九十四。
4 〈鹿鍾麟將軍的一生〉，選自《內蒙古文史資料》第二十七輯（一九八七年版），頁八十一。
5 蕭振瀛，《蕭振瀛先生紀念文集（附：蕭振瀛回憶錄）》（臺北：世界書局，一九九〇年版），頁四十四。

他們赴京。

馮玉祥派石敬亭（石敬亭原是張自忠的頂頭上司）為他的代表，加上宋哲元的代表秦德純，韓復榘派山東省政府委員張樾隨行監視，眾人乘列車護送張自忠往南京向蔣介石請罪。為了躲避學生們的盤查叱罵，秦德純等人乘坐頭等車廂，而將張自忠及隨從藏於三等車廂中。可車到徐州站時，突然上來三十餘位學生要到各車廂搜查「漢奸」張自忠，秦德純連忙安排張自忠暫避於廁所，一面邀請四位學生代表談話。事後，學生代表仍到各車廂查看，未見張自忠影子，這才悻悻而去。張自忠受此驚嚇後，更加不安。車到長江浦口需下車轉乘渡輪，張自忠害怕被扣押，神色慌張，將隨身一個包著三萬元存摺的小包暗自遞與秦德純夫人代為保存。

十月初，眾人到南京。秦德純立即與蔣介石侍從室主任錢大鈞通話，約定第二日午後謁蔣。行前，張自忠向秦德純請教如何報告，秦德純為人較為圓滑，為了替張自忠開脫罪責，他編了一個故事[6]，逐字逐句教張自忠，邊走邊誦。等秦德純陪張自忠到四方城晉謁蔣介石時，張自忠首先起立請罪說：「自忠在北方失地喪師辱國，罪有應得，請委員長嚴予懲辦。」蔣介石訓示道：「你在北方一切情形，我均明瞭，一切由我負責。」並囑咐張自忠保養身體，不要與外界接觸云云。原來七七事變前後，蔣介石通過軍政部安插在冀察政務委員會的參事嚴寬等人的報告，對七七事變期間張自忠的「和平」舉動早已知曉，故有此說。蔣介石隨即徵求秦德純意見，望他接替張自忠出任新成立的第五十九軍軍長，可秦德純知道張的舊部不好掌

---

6 這個張自忠曾在北平組織手槍隊突圍的故事曾被張廉雲作爲張自忠留平抗戰的根據。

握，也想保存團體完整，給張自忠立功贖罪的機會，便婉言謝絕了。

蔣介石對張自忠前後接見兩次，對張慰勉有加，使得張自忠深受感動。在回寓路上，他在車中對秦德純淚流滿面地說：「如果委員長令我回部隊，我一定誓死以報領袖，誓死以報國家。」但蔣介石知道全國輿論對張非常不利，先安置張自忠為軍政部中將部副的閒差。不准他回部隊，張自忠等於被蔣扣押。

張自忠被安置在二十九軍駐京辦事處居住。沒想到當時南京的學生得到了消息，他們成群結隊地來到辦事處，聲言要打死「漢奸」張自忠。駐京辦事處處長李世軍只好將張安頓至汽車房的小閣樓上隱藏，才算了事（秦德純的說法是，張被安置到韓復榘部的駐京辦事處）。

幾日後，秦德純和石敬亭等人北返覆命。為了擴編後的部隊保持完整，也為了給張自忠一個贖罪的機會，更為了張自忠免於軍法處分，宋哲元和秦德純不計個人恩怨，為張自忠編出了一個有違事實的報告，報告稱張自忠「於七月二十八日奉宋委員長命令留守北平……自宋委員長離平赴保後，職一面令駐城內石旅確保北平秩序，阻止日軍入城；一面派員與宋委員長妥取連絡，並電令在津李副師長文田督率所部，努力殺敵……」但這張報告並不能阻止蔣介石對張自忠撤職查辦的處分。十月八日發往全國的國民政府公報第二四七九號明令「茲據軍事委員會呈稱：天津市市長兼陸軍第三十八師師長張自忠放棄責任，迭失守地……張自忠著撤職查辦……以肅軍紀。而儆效尤。此令。」張自忠便成了天津一九二八年建市以來，被國民政府撤職的天津市長。輿論的壓力使得張自忠精神萎靡，意志消沉。在南京的兩個多月，他整日無事可做，繼續沉迷鴉片（自從一九二六年投晉後，張自忠即染此惡習直到犧牲）。

第二節　重掌舊部，投身戰場

第一戰區司令長官
程潛

一九三七年十二月初，日軍沿長江南北水陸並進向首都南京進攻，南京岌岌可危。南京的一些黨政軍部門紛紛向武漢三鎮撤退。宋哲元派專列接第一集團軍在南京人員到鄭州再轉到武漢，張自忠也隨行到達河南省鄭州。這時，宋哲元得知張自忠已經到鄭州，便派幕僚鄧哲熙由道口到鄭州向張自忠表示慰問。張自忠沒有立即隨車赴武漢而在鄭州停下來，是抱著乘機回到部隊的心思。宋哲元便派車將張接到了新鄉，張自忠的部屬也聯名向宋請願，要求張自忠回部隊。宋隨即將第五十九軍內部人事情況面向第一戰區司令程潛做了彙報（時程潛也駐新鄉），並且強調五十九軍非張自忠不能帶好，為了有利於抗戰，希望能設法叫張盡快回到部隊。程潛表示完全支持宋哲元的意見。宋回到總部，馬上給程潛上了一個簽呈，程潛即據呈轉電蔣介石。在此之前，馮玉祥、鹿鍾麟、李宗仁、宋哲元、蕭振瀛諸人早已向蔣介石說情，蔣也怕張自忠部下鬧事，便覆電准張自忠以部副代宋哲元整訓部隊名義回到第五十九軍。

宋哲元與張自忠的晤面是七月二十八日深夜分手後的首次會面。兩人相見百感交集。張自忠想到當初宋對己的知遇之恩以及現在的不計前嫌，更是羞愧萬分。宋哲元陪張自忠到第七十七軍講話，七十七軍本是原三十七師和一三二師合併的部隊。三十七師官兵中盛傳張自忠當了漢奸，以此笑話三十八師官兵。此次見面時，張自忠面色蒼白，一言不發，倒是宋哲元替他說好話：「當時為了對付日寇，我和張師長兩人總要留下一個，張師長留下了，我好脫身整頓隊伍[7]。」等張自忠回到自己的部隊（五十九軍）時已是深夜，他只講了一句——今日回軍，就是要帶著大家去找死路，看將來為國家我們死在何地。這番話惹得全軍哭泣。從此，張自忠死心已決。

不久，蔣介石便把五十九軍全部調赴第五戰區參戰。

自一九三八年二月下旬至四月下旬，臨沂保衛戰時守將龐炳勳部堅守臨沂不退。李宗仁長官調張自忠部增援臨沂。接到命令後，張自忠以代五十九軍軍長身分一晝夜急行軍趕至解圍，阻擊板垣師團。而原第三十八師二萬餘人，只剩下不足三千人，第一八〇師一萬人只剩下六千人，足證戰況之激烈。張自忠部為解救友軍而不惜犧牲的義舉尤令人感動。龐炳勳獲得青天白日勳章[8]。

此役之後，張自忠被解除處分[9]。

7　根據三十七師戰士孫家驥回憶稿。

8　王文燮，《中國抗日戰爭眞相》（上冊）（臺北：中華戰略協會，二〇一五年版），頁一五〇。

9　因臨沂之戰有功，國民政府解除了張自忠的處分。

張自忠被解除處分

國民政府公報令 渝字第三十六號

國民政府令（二十七年三月三十日）張自忠前經明令撤職查辦，茲據軍事委員會呈稱，此次臨沂之役，該員奮勇殲敵，樹立奇功，擬請撤銷前令，以資鼓勵等情。張自忠撤職查辦處分應准撤銷，用昭激勸。此令。

主席林森、行政院院長孔祥熙

（摘自《國民政府公報》）

第三編

將星隕落

抗戰八年，中國人民在抗擊日本法西斯的侵略中獲得了最終勝利，同時也付出了巨大代價。據何應欽《日軍侵華八年抗戰史》統計，抗戰期間有姓名事蹟可考的國民政府陸軍殉國、負傷、失蹤的官兵計三百餘萬人，空軍殉國官兵亦有四千餘人。其中，將軍級別的殉國烈士達二六八人，包括上將七名、中將五十六名、少將二〇五名。早在一九三八年，中國共產黨領導人毛澤東於延安舉行的紀念孫總理逝世十三周年及追悼陣亡將士大會上，就演說道：「從郝夢麟、佟麟閣、趙登禹、饒國華……諸將領，到每一個戰士，無不給予全中國人民以崇高偉大的模範[1]。」作為中華民族自強不息的重要信念，這些英烈楷模的事蹟與精神，極大地鼓舞著當時與後世的每一位華夏子孫。

自一九四九年中華人民共和國成立之後，在很長的一段時間內，由於海峽兩岸在意識型態的對立，中國大陸方面，無論是官方還是民間，在對待國民黨正面戰場的抗戰功績評價較低。改革開放以後，尤其是二十世紀八〇年代以來，伴隨著海峽兩岸關係的緩和，學術觀念的更新，以及文獻資料的不斷豐富，有關國民政府正面戰場的研究，逐漸走出黨派之爭而回歸於歷史本來面目。

自二十世紀三〇年代到現在，對歷史人物張自忠的評價呈現出明顯的階段性特徵。總體而言，其主要表現為：二十世紀三〇年代以負面評論為主；自一九四〇至一九四九年以正面評論為主；自二十世紀五〇年代至七〇年代鮮有評論；自二十世紀八〇年代至今，雖出現一些史實爭議，但幾乎全部屬於正面評論。關於張自忠的評價歷史，其實就是評價國民政府正面抗戰歷史的縮影，它不僅可以直接反映出海峽兩岸政

1 參見《解放》，一九三八年四月一日，第二卷，第三十三期。

治氣候的變遷，也可以清晰呈現出抗戰史研究的學術趨勢。因此，對張自忠的歷史評價進行梳理，無疑是我們反思國民黨抗戰史研究的重要切入點。而對張自忠進行歷史的評價，無法繞過其戰死殉國之事。就這種意義來說，對張自忠之死真相予以歷史性還原，庶幾為客觀評價張自忠的關鍵之鑰。

第一章　第一集團軍抗戰

自平津淪陷後，宋哲元就患有高血壓，後轉為腎病，但一直堅持在前線領導戰鬥，大名失守後，更是身疲力竭，豫北作戰曾兩次殿後，幾乎和日軍坦克相遇，撤到濟源時兩腿已腫脹得不能站立。在此情況下，他通過秦德純向蔣介石透露辭職的想法。蔣介石感到疑惑，決定請宋哲元吃飯，宋哲元不敢不去。

落座之後，宋哲元表示自己不能吃飯。蔣介石以為宋哲元是北方人，不習慣吃米飯，就讓傭人換饅頭。宋哲元又表示饅頭也不能吃時，蔣介石猛然抬頭看到宋哲元滿臉浮腫，口眼歪斜，才知宋哲元病入膏肓，同意他提出辭去第一集團軍司令職務，但是還安排他調任第一戰區任副司令長官。後宋哲元腎病轉成肝癌，只好離職休養。

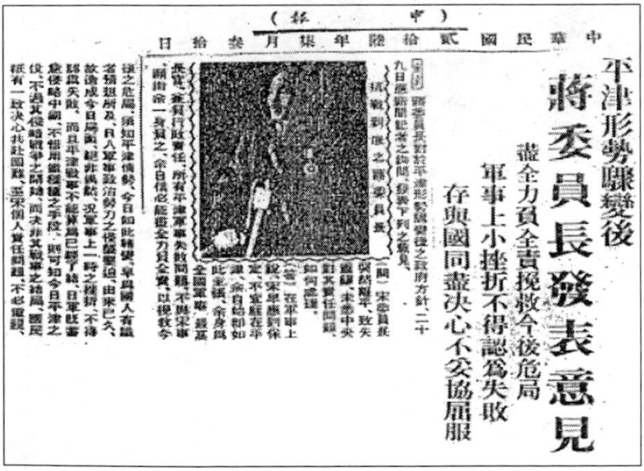
（申　　報）
中華民國貳拾陸年柒月叁拾日

平津形勢驟變後
蔣委員長發表意見
盡全力負全責挽救今後危局
軍事上小挫折不得認爲失敗
存與國同盡決心不妥協屈服

1937年7月30日，《申報》

宋表示誓死守土

今晚十時宋哲元在保與此間某要人通電話，決誓死守土。

於廿八日夜離平赴保後，所有城內外三十七師及百三十二師即陸續撤退，至廿九日晨始撤盡，城內已無駐軍。

當三十七師撤退時，日軍仍不斷追擊，聞該師前後傷亡頗衆。

宋哲元表示守土抗戰

他和秦德純副總司令、張維藩總參謀長及馮治安軍長自一九三七年七月底至一九三八年春領導第一集團軍保衛河北省並支援山西和豫北的抗戰，在抗戰前線艱難地抵抗了八個月，馮治安曾累得吐血，他們以鮮血和生命保衛國家的每一寸土地，粉碎了日本戰爭販子叫囂的「三個月滅亡中國」的狂言。

七月二十八日夜晚，宋哲元等倉促離平赴保，事先未及向中央請示。消息傳至南京，政府領袖與社會人士均感突然。七月二十九日，蔣介石兩次召集特別會議，商討平津局勢驟變後的政府方針。七月三十日晚，蔣委員長接見新聞記者，對宋哲元突然離平一事發表談話，將責任攬在自己的身上，對中央社記者稱：「在軍事上說，宋早應到保定，不宜駐在平津，余自始即如此主張。余身為全國軍事最高長官，兼任行政責任，所有平津軍事失敗問題，不與宋事，願由余一人負之。余自信必能盡全力負全責，必挽救今後之危局。需知平津情勢，今日如此轉變，早為國人有識者預想所及。日人軍事政治勢力之侵襲壓迫，由來已久，故造成今日局面，絕非偶然。況軍事上一時之挫折，不能認為失敗，而且平津戰事不能算為已經了結。日軍蓄意侵略中國，不惜用盡種種之手段，則可知今日平津之役，不過其侵略戰爭之開始，而絕非其戰爭之結局。國民只有一致決心，共赴國難，至宋個人責任問題，不必重視。」蔣介石的這一談話，一方面是基於全國政治及軍事情勢的考慮，一方面也是基於對宋哲元的信賴與維護。

當盧溝橋事變發生後，宋哲元汲汲於與日方談判和平之際，應邀參加廬山談話會的各界人士，很多人對於宋哲元的忠貞程度表示懷疑，蔣介石當時卻聲言：「我信任二十九軍，二十九軍是愛國的。」

第一集團軍時期張維藩、宋哲元、李文田在前線

七月三十日，宋哲元向蔣介石致電，告之二十九軍駐津各部隊已撤至馬廠。電云：「委員長蔣鈞鑒：手啟豔戌電奉悉。更密。謹遵諭辦理。惟天津方面，日方又增厚兵力，且取有大批飛機飛至。至我駐津各部因受日方壓迫，已撤至馬廠。謹覆。職宋哲元叩。卅辰。印。」次日，又向蔣介石彙報整備的軍隊情況：

冀察綏靖主任宋哲元呈蔣委員長何應欽部長等報告平津戰後整備二十九軍各部隊情形電[1]

民國二十六年八月一日

即到。南京。委員長蔣、部長何、總長程鈞鑒：更密。此次職軍平、津各區混戰後，亟應重加整備。謹將各部隊集結地點報告如下：（一）第三十七師除陳春榮旅仍駐保定外，其餘各部集結於安新、高陽、肅寧一帶，師部及特務團暫駐高陽。河北保安旅移駐涿縣、徐水、望都一帶。旅部駐保定。（二）第三十八師沿津浦線部隊，以一部扼守靜海，其餘集結於馬廠、大城、青縣、滄縣一帶，沿平漢線各部集結於蠡縣後，即歸還該師。（三）一三二師集結於固安、任丘、河間一帶，師部暫駐任丘。（四）騎兵第九師以一部仍擔任固安、永清一帶防務，師部及其餘部隊集結於新鎮、霸縣附近。

1 秦孝儀主編，《盧溝橋事變史料》（上冊）（臺北：中央文物供應社，一九八六年版），頁二〇一。

（五）軍特務旅集結於張登鎮（保定南）附近，旅部暫駐張登鎮。（六）冀北保安司令部所屬各部集結於淶水、易縣附近，司令部暫駐淶水。除令各部即速移動完成整備外，謹稟。職宋哲元叩。東參。戰。印。

宋哲元率軍部眾將由北平抵達保定後，向軍事委員會駐保定辦事處主任熊斌報到。八月二日，宋哲元等人即赴馬廠集中隊伍，當點名時，有人喊出了：「還有阮玄武沒報到。」宋哲元歎口氣說：「丟人哪！」其他隊伍到齊後，宋立即布置在河北省抗戰。

八月三日，宋哲元發表告二十九軍官兵書，指出「我不殺敵，敵必殺我」。以表示抗日決心，鼓舞全軍將士奮勇殺敵。

宋哲元、馮治安帶著全體軍部人員於八月上旬移駐河間。河間位於保定、滄縣之間，南京方面在這裡儲運了一些糧秣、彈藥。

不久，蔣介石決定成立第一戰區，自兼司令長官，程潛任副司令長官，二十九軍升格為第一集團軍，宋哲元為總司令，秦德純為副總司令，轄七十七軍（原三十七師升格，馮治安為軍長）、五十九軍（原三十八師升格，宋哲元兼任軍長，由副軍長李文田代理）、六十八軍（原一四三師升格，劉汝明任軍長），同時將萬福麟部、石友三部、趙壽

1937年7月30日馮治安在馬廠收攏軍隊（宋哲元因高血壓不能站立）

行進中的第一集團軍官兵

山部、鄭大章部、李仙洲部、沈克部、張慶餘部、蔣在珍部、王勁哉部及王奇峰部都直屬第一集團軍，撥歸宋哲元統一指揮，和第二十集團軍（商震任司令）共同負責平漢線及隴海線中段的抗日作戰。之後，第一集團軍先後在津浦線一帶、冀南地區與日激戰五個月，直至大名失守才撤出河北省，轉至豫北繼續對日作戰。

平津淪陷後，日軍進展迅速。宋哲元接第一戰區司令長官蔣介石命令，第一集團軍速到任丘以東惠保線陣地。宋哲元作了以下部署：五十九軍以惠豐橋為中心，就減河南岸陣地；七十七軍以青縣及其以西陣地；兩軍作戰境界為津浦鐵道線，線上屬七十七軍。七十七軍在左，五十九軍在右。他以七十七軍之一三二師王長海部守大城以北的子牙鎮，三十七師劉自珍部守青縣以北的流河鎮、唐官屯鎮。陣亡二千餘將士，其中有六十名未裝備武器的軍訓團學員，被日軍集體槍殺。五十九軍的兩個師接三十七師之右沿減河南岸構築陣地，並派出警戒部隊於靜海縣方面，與天津方面的敵人保持接觸；石友三部的兩個保安旅集結於德州附近；何基灃的一七九師和鄭大章的騎兵師則控制在泊頭、河間一帶。此時，連日陰雨，保定以東地區，平地水深數尺，運轉困難，聯繫不易，預作的鋼筋洋灰掩體多被淹沒，官兵浴血作戰。天津及其以南地區，諸流匯注，遍地行船，也障礙了敵人的行動。戰鬥焦點都在鐵道線附近。

當時日本天津駐屯軍的司令官是香月清司中將，參謀長是橋本群少將，駐屯旅團旅團長為河邊正三少將，下轄第一和第二步兵聯隊，另外一個炮兵聯隊和戰車隊、騎兵隊和第二十師團。第二十師團師團長是川岸文三郎中將，下轄第三十九和第四十旅團（每旅團二個步兵聯隊）、騎兵第二十八聯隊、野炮兵第二十六聯隊、工兵第二十聯隊。據統計，當時日軍進山海關的士兵達三個軍之多，並持有機關槍、坦克、大炮和飛機等先進裝備，而第一集團軍此時裝備十分有限。一九三六年蔣介石曾派何應欽發給二十九軍漢陽造步槍二千支、步兵炮八門、步槍子彈四百萬發，後來宋哲元曾利用大沽造船廠製造輕重機關槍、迫擊炮、擲彈筒等，並在天津製造子彈以補充各部隊。七七事變之後，第一集團軍才又配備了捷克式步槍一萬支、高射炮十二門及自來得手槍四百支，因此僅靠這些武器肯定無法應付對日作戰。

一九三七年九月上旬，津浦線方面的日軍開始活動，主力是磯谷師團。到了中旬，日軍就發動了全面進攻，在攻佔靜海縣之後，繼續沿運河和鐵路線前進。由於河水到處氾濫，日軍即以裝甲汽艇為掩護，步兵均攜帶著救生圈，在飛機大炮的支援下，突破了閘口的流河鎮的陣地，並利用裝甲汽艇沿運河猛衝。而第一集團軍連野山炮都沒有，所以封鎖不住運河，日軍常常衝到我後方登岸包抄第一集團軍側背，第一集團軍只能利用子牙河、運河的洪水，任其在陣地前氾濫，以阻礙日軍的進攻。此外，第一集團軍還在減河閘口橋設置了堅固的橋頭堡，並在青縣構築了第二、第三線陣地，目的是為了阻擋日本繼續進攻。

在泊頭鎮車站附近，第一集團軍的士兵用樹枝架起機槍擊落日軍指揮機一架，獲其文件，得知敵人進入山海關的兵力是三個軍，以兩個軍向平漢線、一個軍向津浦線進攻。第一集團軍靠洪水氾濫，阻敵前進，勉強支持了一個月，但許多戰士因長期在水中浸泡下肢腐爛，甚至生蛆。此時日軍又越海由祁口強襲青縣附近的第一集團軍陣地，以致第一集團軍後方失陷，只好全軍向滄石線的滄縣附近的陣地撤退，不久即南撤。

宋哲元南撤後，華北的整個戰局又有了變化。當時的情況是：日軍自十月上旬即以大部兵力由晉北南下，企圖進犯太原，由於蔣介石派了幾個軍的兵力前往增援，中日雙方在太原以北展開了爭奪忻口的戰役。日軍為了策應對太原的進攻，把原來石家莊一帶的日軍也調進娘子關，直逼壽陽；原駐邢臺一帶的日軍，同時沿平漢路南下，進攻安陽。因此邢臺的日軍也有所減少，石家莊的兵力又很薄弱，而冀中廣大平原尤為空虛，幾乎成了真空地帶。這時蔣介石命令宋哲元部側擊安陽東北，以解商震之圍。宋哲元根據當時的情況，採取避實擊虛、圍魏救趙的辦法，通過第一戰區長官部給蔣介石打了一個電報，要求向邢臺出擊，在支援商震部的同時，策應山西方面的作戰。這一電報發出後，得到蔣介石的覆電批准，同時還得到程潛的嘉許。

當時的作戰部署是：以一部防守大名，抽出大部兵力，分進合擊，限期向邢臺急進。具體布置如下：

（一）調一八一師石友三部即到大名東南接替七十七軍防務，以七十七軍的一七九師何基灃部在大名外圍佈防，以李殿林的騎兵旅駐守成安。

（二）命六十八軍劉汝明部，經邯鄲以東向邢臺前進；命五十九軍李文田部黃維綱、劉振三等師依次向南開赴；總司令宋哲元親率七十七軍馮治安部的三十七、一三二兩師，經威縣、廣宗直趨邢臺。

（三）命河北暫編第一師高樹勳部（由河北省保安隊編成）在冀縣、南宮一帶負警戒掩護的任務。

當日方偵知第一集團軍的行動後，就由邯鄲派出了約有一個混成旅團的兵力，配備了坦克多輛，直取大名。駐守成安的騎兵無力抵禦，縣城被攻陷，日軍繼續向大名進迫。

何基灃的一七九師奉命防守大名，第三十七師吳振聲旅亦臨時歸何指揮。其兵力部署與作戰概略經過如下：

（一）兵力部署：

1. 一七九師的柴建瑞旅，是老部隊，戰鬥力較強，配置在城西一帶；
2. 一七九師的湯傳聲旅，是由保安部隊編成的，戰鬥力較差，配置在城內；
3. 吳振聲旅，是老部隊，戰鬥力較強，派守大名西北數十華里的魏縣鎮。

（二）作戰概略經過：

當日軍進攻魏縣鎮時，何基灃親往指揮。日軍配合飛機大炮和多輛坦克作戰，兵力與火力均佔優勢，激戰一天，吳旅不支，逐次後撤。何基灃急返大名，指示柴、湯兩旅準備戰鬥。在敵人進逼大名時，發現城內潛伏的土匪、漢奸很多，到處進行擾亂，多處起火，日軍飛機轟炸時，有人代為指示目標，何基灃立即命令各部隊協同地方警察，予以緝捕。日軍進攻柴旅陣地時，升起了幾個氣球，對第一集團軍的陣地情況瞭若指掌，指示其飛機和炮兵猛轟。日軍坦克衝鋒時，第一集團軍又無反坦克武器，全憑步兵武器硬拼，以致傷亡很大。激戰一天，城西陣地也被日軍突破，第一集團軍只好固守城垣。

城北有個高地，高地上有個外國教堂，第一集團軍原打算固守這個據點，因教堂的外國人聲言中立，出具保證書，拒絕雙方在那裡作戰，第一集團軍便受其愚。日軍到達後，竟首先佔了這個制高點，第一集團軍北城陣地深受威脅。日軍的主力即由北面進攻，何基灃到北城指揮，激戰一天。黃昏後，何擬召集幾個旅長研究如何調整部署與日軍作戰，湯傳聲忽然不見了，柴建瑞也未找到，他們的隊伍也都撤走了。只有吳振聲還在南關，何赴南門視察，只見部隊情況混亂，找不到指揮官。這時參謀長王櫢鰲趕來報告：「敵人已經進了城，我們的隊伍全走了。我碰到湯旅的一個團，命他聽候調遣，一轉眼也溜走了。現在城裡只有一個師部，仗還怎麼打呀？」此時城內槍聲四起，何乃指示師部帶著個警衛連向南撤退。大名遂於十一月十日失守。何基灃在萬感交集情況下，憤而自戕，幸有副師長曾國佐在旁拉住他的右臂，未中頭部，子彈從左胸穿過，未致殞命。

一九三七年十二月，蔣介石命令第一集團軍總司令部由濮陽移駐河南新鄉，原屬第一集團軍的五十九軍調歸第五戰區李宗仁指揮，六十八軍又被調走構築黃河南岸工事。一九三八年春，宋哲元率領七十七軍和萬福麟的五十三軍向冀豫之間的敵人進攻，因缺乏友軍支援致戰鬥失敗，新鄉棄守。宋哲元率七十七軍撤到獲嘉車站（獲嘉西關外）時，他在月臺上不走，這是河北省最後一個火車站，秦德純勸他上車，他仍然不動，最後被部下強行架上車而去。

第二章　宋哲元病逝綿陽

第一節　一九三八年之後嚴峻的抗戰形勢

北平、天津淪陷後，日軍更加輕視中國軍隊的作戰能力，於是繼續在華北方面增兵，組成了以寺內壽一為司令官的「華北方面軍」，很快又部署兵力從平綏路地區開始作戰，席捲察哈爾省之後，進入了山西省北部及綏遠地區，然後又集中兵力向保定、滄州一線前進。中國軍隊雖然奮起抵抗，但是全國的抗戰形勢卻是越來越嚴峻，半年多的時間內，中日之間經歷多次會戰：先是淞滬會戰，歷時三個月，日軍傷亡四萬餘人，而中國軍隊傷亡達二十餘萬之眾；然後是太原會戰，歷時近兩月，斃傷日軍近三萬人，而中國軍隊傷亡卻是十萬餘人；接著是南京保衛戰，歷時八天，斃傷日軍一萬二千餘人，而中國軍隊傷亡五萬餘人，最後以南京失陷而告終。到一九三八年六月左右，中國的抗戰進入了更加艱難的階段。

一九三八年六月一日，蔣介石在武漢主持最高軍事會議，決定在豫東作戰略撤退，同時，讓商震第二十集團軍負責掘開黃河大堤，阻止日軍前進。十一日時，新編第八師蔣在珍部在花園口掘開黃河大堤，豫皖蘇三省二十多個縣區一時皆成澤國，人民死傷、財產損失無算。但是，這並沒阻擋住日軍的進攻。日軍在佔領湖口、九江、黃梅之後，攻入鄂東，並於十月二十七日佔領武漢三鎮。蔣介石在南嶽發表〈武漢撤退告全國軍民書〉，向全國人民表示繼續抵抗的決心。但是，日軍很快又攻佔了岳陽。十一月十三日發生「長沙大火」事件，當局自焚長沙城，民眾死傷二萬餘人，燒毀房屋五萬餘棟。

就在外敵的強力入侵之時，中國政府內部也出現分裂。在日本的誘降之下，國民黨副總裁汪精衛於一九三八年十二月十九日叛國投日，逃亡河內。隨後，汪精衛在越南河內發表「豔電」，要求國民政府接受日本的「和平條件」。儘管國民黨中常會決定永遠開除汪精衛黨籍，並罷免他的所有職務，但是，在日本的扶持之下，一九四〇年三月，汪精衛在南京成立偽政權，當時不少的國民黨軍政高官被拉攏了過去，加入漢奸陣營，造成國民黨的分裂。

而在汪偽政權建立後，蔣介石集團在抗日戰爭中，繼續推行「消滅異己」政策，當時處在華北、華中與日軍交戰的西北軍等雜牌軍將領面臨重重困境：既要與日軍在戰場上周旋，又要奉命進行反共磨擦活動，而武器、彈藥、薪餉往往極其微薄，低於中央軍，難以維持生存。於是，離心傾向日長，再加上日汪的軟硬兼施，致使一些西北軍將領如劉郁芬、孫良誠、吳化文等紛紛叛國投汪。二十九軍原暫編騎兵第九師師長鄭大章，在抗戰爆發後，升任第一集團軍騎兵第三軍軍長，曾率部參加平、津地區和津浦鐵路北段對日作戰行動。但是，在宋哲元辭去第一集團軍司令後，他受西北軍元老、已經投敵的劉郁芬誘惑，參加了日偽政權。

可以說，汪精衛的叛變，對國民政府的打擊幾乎是致命的，同時，也讓當時中國的抗日形勢變得愈加嚴峻。

第二節　宋哲元人生的最後時光

蔣介石同意宋哲元到南嶽休養後，宋哲元雖身在後方，但心繫抗日前線。他因不能到前線與敵廝殺，只好藉撰寫抗日文字來抒發未酬之志。他曾在衡山麻姑橋邊的石壁上刻「不教胡馬度衡山」一行大字，表達自己對日寇瘋狂入侵的無比憤慨。並在旁邊刻「臥虎」二字，其寓意為臥虎藏林，他以「臥虎」自比，養精蓄銳，期待重返戰場，殺敵報國。

宋哲元

另外，他又念起昔日的戰友佟麟閣和趙登禹。為了紀念兩位在南苑抗戰犧牲的親密戰友，一九三八年十月，宋哲元在南嶽修建「雙忠亭」，用毛筆親手撰寫碑銘，並立碑[1]。

一九三八年秋，宋哲元到廣西陽朔，派秦德純到重慶見蔣介石，辭去第一戰區副司令長官，蔣任命宋為軍事委員會委員，設一秘書、一參謀、一副官和四個衛士，每月經費三千多元。此時的宋哲元已經沒有實際的政治權力，而且病情加重，但他仍能分辨是非。如石友三在濮陽一帶盤踞，不聽從中央指揮，且與日軍方勾勾搭搭，宋哲元作為其老上級，打電報勸他服從中央，不可自作主張，更不能與日本軍方勾結。

宋哲元侍母至孝，一九三九年春，他搬至灌縣（今四川省都江堰）養病，十分想念遠在天津淪陷區的老母親。遊青城山時，他在山下買了一根拐棍，並刻上自己的乳名「濕」[2]，托人帶給母親。宋母見後，

1 熊先煜、張承鈞主編，《佟麟閣將軍》（北京出版社，一九九〇年版），頁六十二—六十三。

2 宋哲元出生後，其父找人算命，算出是太陽火命，爲此取了「濕」這個乳名。

雙忠亭

知道是兒子送來的，非常珍愛，從此這根拐棍從未離開過宋母身邊，直至死後隨葬。

宋哲元到四川後，蔣介石知道他已病入膏肓，只是讓其安心養病。後來，蔣介石在成都召開軍事會議，所有的軍事首長都參加，卻沒邀請住在灌縣的宋哲元參加。宋因此很受刺激，病情加重。家人請中醫針灸，給他服中藥，但是並未好轉。

一九四〇年燈節後，宋哲元帶領家人、部下到綿陽。綿陽是他與夫人常淑清二十五年前結婚的地方。此時宋哲元的身體、精神都大不如從前。陽曆二月的綿陽，仍然十分寒冷。一天，宋哲元腹瀉，半夜起身到外面如廁，受了風寒，引發舊病吐血，之後身體狀況越來越差，從此臥病不起。夫人常淑清到處尋醫問藥，秦德純對她說：「他的病源於心病，是因為當年沒有為保衛北平打一場硬仗，藥醫是無效的。」

在病重期間，他仍不忘抗戰，三月底，汪精衛成立南京偽政府，消息傳來，他強拖病體，倚在枕頭上，由秦德純代筆，給蔣介石寫了一封譴責汪精衛叛國行為、支持他抗戰到底的信。又將這份信抄錄一份，送至三十三集團軍司令部，提醒張自忠、馮治安，讓他們提高警惕。

不久，宋哲元進入昏迷狀態，但發出的囈語也是抗戰，一九四〇年四月五日，病逝綿陽，終年五十五歲。這一年他的獨子僅僅十一歲。二十九軍中將領多有妻妾，而宋哲元只有一個妻子。其妻常淑清，為北京旗人。兩人的婚姻，最早由宋哲元的父親與常淑清的祖父兩人商議而定。但是，由於宋哲元不斷隨軍調動，兩人沒有結婚。訂婚三年後，宋哲元駐軍四川綿陽，兩人才正式結婚。婚後育有六女但只有一子。在宋哲元任軍長後，有人勸他再娶生子，但是宋哲元堅決拒絕。他後來收養了在喜峰口之戰的烈士侯萬山的兩個遺孤，並分別取名紀峰、紀峪。

宋哲元死後，沒有給後代留下財產，只留下了四個字「誠真正平」，作為他一生的總結。這四個字也成為了宋氏的家訓。

宋哲元一生有三次升官發財的機會。

第一次是在二十九軍剛成立之後，雖然當時掛靠在張學良麾下，但是經費匱乏，人員容易流失。此時蔣介石看中了他的戰鬥能力，準備調他做安徽省主席。安徽是大省，供養他的二十九軍足有富餘。並且安徽的鄰省是更為富饒的江南。宋哲元知道蔣介石之所以這樣優待他，是想以高官厚祿，利誘他去打紅軍。而這與他成立新軍時的初衷有矛盾。宋哲元在西北軍失敗後曾自我檢討，認為前半生打內戰是錯誤的。所以，在蔣介石準備給以高官厚祿換取他去圍剿紅軍時，他在《北平時報》以答記者問的形式拒絕了蔣介石的「好意」。他說：「我過去雖然是集團軍司令，但是打的是內戰，今日我雖為軍長。從此槍口不對內，中國人不打中國人。」

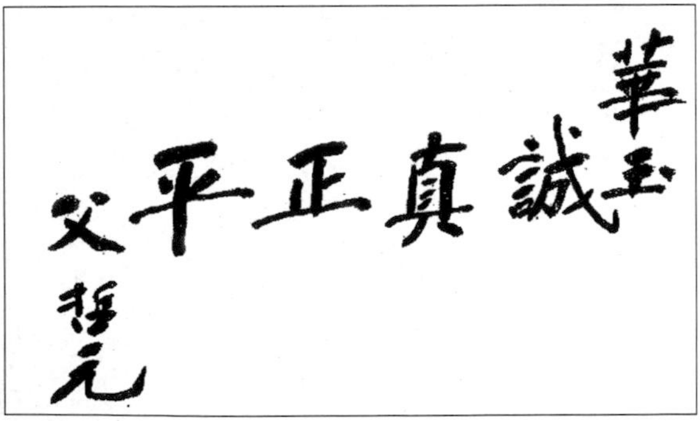

宋哲元在 1936 年為子宋華玉題字

第二次是他在任冀察政委會委員長之後，被土肥原定為「溥儀第二」的目標。一九三六年七月，日軍曾派潘毓桂、張璧等人給宋哲元送上了華北自治的方案和旗幟。被他當場點火柴焚毀，果斷拒絕[3]。因為，他懂得這後面是日本帝國主義分裂中國領土的野心，關乎民族大義，斷然不可屈從。

但是日方仍不死心，便有了第三次。一九三七年三月，日軍直接約請宋哲元率團訪日，為日本天皇拜壽以示臣服，日本則支持他成為華北五省（河北、山東、山西、綏遠、察哈爾）三市（天津、北京、青島）的「華北王」，但這一次，宋哲元依然拒絕了，使日方對於宋哲元的誘和計畫完全失敗了。

宋哲元死後，各方弔唁，國民政府追贈他為一級上將。

蔣介石以軍事委員會主席的名義親筆題寫了輓聯：

砥柱峙中流終仗威稜懾驕虜；
星芒寒五丈不堪殄瘁慟元良。

馮玉祥為他親題墓碑，並撫棺大慟說：「明軒身後太蕭條，他真正做到了岳武穆所說的文官不愛錢，武官不怕死……」並贈送「乾坤正氣」輓幛：

共患難三十年直如左右手自長城戰役挫敵峰鐵錚錚同服有膽；
抱疾疢一二載曾作奮鬥思聞西蜀電函告噩耗天夢夢莫名傷心。
卅載故交相期報國；
一生革命未嘗後人。

3 引自《文史資料選輯》第一輯第一篇〈七七事變紀實〉一文（中華書局，一九六〇年版）。

中共中央副主席周恩來亦親筆題寫輓聯：

失地收未回虎威昭垂盧溝月；

綿陽驚不起鵑聲啼破錦江春。

第十八集團軍總司令朱德、副總司令彭德懷亦題輓聯：

一戰一和當年變生瞬間能大白於天下；

再接再厲後起大有人在應無憂乎九泉。

一九八九年，國家主席楊尚昆接見宋哲元女兒宋景憲、女婿孫湘德，並為《宋哲元傳》題字。二〇〇五年九月三日，國家主席胡錦濤在人民大會堂贈予宋哲元親屬抗日英雄紀念章。二〇一五年九月三日，宋哲元後代被邀請上天安門閱兵並獲得抗日英雄的紀念章。

宋哲元給我們留下了兩件珍貴的遺產。一是他曾為北平流離失所的貧苦百姓修建平民住宅，這筆錢原本是他節省下來，為母親辦七十五大壽的錢。但是，隨著中日間局勢緊張，戰爭不可避免，就把這筆錢交給了時任北平市長秦德純。原計畫每間十平方米，宋哲元認為過於擁擠，便決定改為每間十八平方米，可供一家兩代人居住。這批房子一直用到上世紀九十年代。這是政府官員關心百姓生活的體現，也是開了官員給百姓建造廉租房的先河。

二是第二十九軍官兵英勇抗日的愛國主義精神。宋哲元在河北省遵化市石門鎮買了五十八畝半的土地，埋葬了當年那些為民族爭生存而戰犧牲的烈士。在當時的條件下，敵人有機關槍、大炮，第二十九軍只有大刀和手榴彈，但在祖國領土主權受到侵犯時，戰士們在「寧為戰死鬼，不做亡國奴」的教育下，不怕犧牲，為保衛祖國獻出了寶貴的生命。「長城抗戰」烈士陵園至今仍是一面愛國主義教育的鏡子。

二〇一四年九月三十日，中央電視臺宣布二十九軍大刀隊是為民族爭生存而犧牲的烈士。

第三章　正確評價張自忠

學術研究與政治宣傳不同，真正的學術研究是通過史料辦是非，而不加過多的私人感情。正確地評價歷史人物，都離不開兩個重要的前提：一是真實性，二是全面性。尋求歷史的真實，需要拋開狹隘的政治宣傳的干擾，而立足於大量的文獻史料，最大程度地還原客觀的歷史。把握全面性，需要克制個人情感偏向，避免非此即彼的極端表述，透過考量不同的語境和取證豐富的歷史細節，進而杜絕以偏概全或以單一代替多元。張自忠作為中國近現代史一個重要的歷史人物，在不同歷史時期，尤其是在政治力量的影響之下，世人對他的研究和評價，既存在大的共識，也伴隨著不同的爭議。現在，若要正確地對張自忠進行認知和評價，就需要回歸到學術研究層面，在滿足嚴格的真實性和充分的全面性的前提下，將長期以來被忽略、被遮蔽的歷史細節和歷史真相，原原本本呈現出來，同時把一直以來被歪曲、被顛覆的歷史常識和歷史事實，糾正廓清而恢復本真。

第一節　歷史上的張自忠

張自忠小傳

張自忠（一八九一—一九四〇），山東臨清人，字藎忱。一九一一年考入天津北洋法政學堂，後轉入濟南法政學堂。一九一四年投靠東北軍閥車震。一九一六年車震失勢，又改投天津鎮守使趙玉珂，三個月辭職回家。一九一七年，經車震推薦進入馮玉祥領導的西北軍，歷任排長、連長、營長、團長、旅長等職。一九二六年，當國民軍與晉軍在晉北鏖戰時，張自忠率部倒戈投晉，成為了西北軍第一個「叛馮」的將領，在太原過了一段腐化生活，吸食鴉片、包養妓女。經他的老上司張俊聲力保回西北軍擔任馮玉祥的副官處長。後張自忠又任師長、軍校校長。一九三一年後，張自忠擔任第二十九軍第三十八師師長。一九三三年，張自忠參加「長城抗戰」，負責龍井關至馬蘭峪防線。一九三五年，冀察政務委員會成立後，任察哈爾省政府主席、冀察政委會委員。一九三六年六月擔任天津市市長，一九三七年四月二十三日—五月二十六日曾率團訪問日本。七七事變後，張自忠插手中日談判，七月十九日與日軍秘密簽訂《香月細目》。七月二十九日北平淪陷後，張自忠代理冀察政務委員會委員長、北平市長，因為失平津受國民政府撤職查辦的處分，押赴南京請罪。一九三七年底回歸舊部，以軍政部的部副身分代理五十九軍軍長。一九三八年，張自忠奉命率部支援保衛臨沂的龐炳勳部而立戰功，被解除處分，升任第二十七軍團軍團長、第三十三集團軍總司令，後升任第五戰區右集團軍總司令。一九三九年五月參加隨棗會戰、冬季攻勢，殲敵甚眾。一九四〇年五月，參加棗宜會戰。五月十六日，在湖北省宜城南瓜店遭日軍重兵合圍，自殺陣亡。一九四〇年七月追認為二級上將。

一、鮮爲人知的投晉細節

張自忠是近現代時期的中國職業軍人。在他的軍旅生涯中，第一次引起全國輿論關注是在一九二六年八月，當時馮玉祥的國民軍正與閻錫山的晉軍等軍閥鏖戰於雁門關北，身為國民軍獨立十五混成旅旅長的張自忠由於上司韓復榘、石友三的逼迫，在陣前率部投晉，「在當時國民軍已近崩頹的形勢下，起了很大的影響，由是以馮軍為主的各國民軍不得不倉皇急向綏遠撤退」[1]。這致使國民軍在晉北全局動搖，一時震驚中外。但此事卻很少被後人提及。

張自忠當時之所以選擇投晉，無非是幾點原因：一是當時敵人反攻，致使察北多倫再度失陷。再加上老長官馮玉祥遠在蘇聯，軍中主帥張之江無法服眾，國民軍前途未卜。張自忠由此產生了畏戰情緒。二是張自忠對馬邑丟失負有一定責任。當時馬邑失守後，石友三曾令他五小時內收復失地，否則提頭來見[2]。而韓復榘令他出擊，援助石友三，張自忠自知無法完成任務，於是惶惶不可終日。三是張自忠不被韓復榘、石友三所重視，致使他的十五混成旅被派在前沿，多有傷亡，令他覺得對自己待遇不公。四是當時國民軍戰線長達一千多華里（多倫—南口—晉北的右玉縣），補給不足，加之各方面的封鎖，物資缺乏，糧餉、軍械、被服不足，當時的官兵，自放棄北京後久未發餉……官兵「飯包裝的是山藥蛋、紅高粱餅子；

1 陳長捷，〈晉軍與國民軍的戰爭〉，《文史資料存稿選編》晚清・北洋（下冊）（中國文史出版社，二〇〇二年），頁二三七。

2 孫名泉，〈石友三部晉北作戰及五原誓師〉，《文史資料存稿選編》晚清・北洋（下冊）（中國文史出版社，二〇〇二年），頁二五二。

晉軍吃的是洋白麵饅頭，小菜是黃豆牛肉罐頭」[3]。因此，理應速戰速決。但是，晉北戰役長達四月之久，導致包括張自忠在內的將士極為疲乏，士氣低沉不振。張自忠是「少爺」出身，難以適應長期的艱苦生活，從而思變。

在張自忠投晉後，石友三師當晚十二點即向大同方向退卻[4]，韓復榘也下令全線後撤[5]。晉軍隨即猛追不止，國民軍之前在晉北攻陷的城池，不但重新被晉軍奪回，而且還丟失了綏遠。又恰逢察北多倫再度失守，直奉魯聯軍對南口實行總攻擊，國民軍更加不支，實行戰略總退卻。途中，國民軍餉彈糧奇缺，軍紀敗壞，潰不成軍。從李兆瑛和周玳的回憶文章中可以得知——「張自忠這次歸附晉軍，他部下的團長張俊（即張知行）和工兵營長（騎兵營長）李兆瑛事前都完全不知道，是他一人決定的[6]。」

張自忠雖然僅以一個騎兵營外加一個手槍隊降晉，但是卻開了一個極壞的先例。作為降晉的始作俑者，他此舉帶來的負面影響遠比隨後降晉的韓復榘、石友三、陳希聖三部更大。因為韓復榘等三部降晉

3　孫名泉，〈石友三部晉北作戰及五原誓師〉，《文史資料存稿選編》晚清．北洋（下冊）（中國文史出版社，二〇〇二年），頁二五三。
4　孫名泉，〈石友三部晉北作戰及五原誓師〉，《文史資料存稿選編》晚清．北洋（下冊）（中國文史出版社，二〇〇二年），頁二五二。
5　盧豐年，〈馮閻雁門之戰〉，《文史資料存稿選編》晚清．北洋（下冊），中國文史出版社，二〇〇二年，頁二二六。
6　周玳，〈閻錫山參加直奉反馮的經過〉，選自《文史資料選輯》第五十一輯，文史資料出版社，一九六二年六月第一版，一三七頁。

後，不僅由晉方補發了欠餉，換發了服裝，補充了彈藥[7]，而且還保留了部隊的完整性與半獨立性，不能被晉軍一下整編「吃掉」，這為馮玉祥五原誓師後再度收攏部隊提供了條件。張自忠則是不但自己降晉，而且還要用部下為其做降晉的砝碼。由於所帶出的隊伍才六、七百人[8]，使得張自忠極為懊喪。之後，他於一九二七年春再度返回馮玉祥部，但是部下的李兆瑛的騎兵營及旅手槍隊並沒有一同返回，這也說明張自忠出賣了其部下。因此，這與韓、石、陳等部降晉行為，有著本質區別。張自忠投晉後，當時由於隨他降晉的人數太少，故並未得到閻錫山的重視。閻錫山只給了他一個督署少將參議的虛銜，使其閒居於太原。這一時期的張自忠意志消沉，完全沒有了「鬥志」，開始「煙酒嫖賭，鬼混年許……曾歎為平生最墮落的一個時期」[9]。也是從這時起，張自忠開始了長達十幾年的吸食鴉片的歷史。之後，雖然桂系高級將領李宗仁、白崇禧在自述回憶錄中，都提到張自忠有過戒大煙的經歷，但遺憾的是，他至死也沒能戒毒成功。也就是說，直到一九四〇年五月張自忠陣亡才停止了吸食鴉片。張自忠在抗戰時期只將三夫人焦氏帶在身邊服侍起居，焦氏最主要的侍奉，就是為他燒大煙泡。據二十九軍將領的後人回憶，焦氏曾是一家煙花館中的侍女，模樣並不出眾，因以擅長燒煙泡受寵，後被張自忠收為三夫人。

---

7 周玳，〈閻錫山參加直奉反馮的經過〉，選自《文史資料選輯》第五十一輯（文史資料出版社，一九六二年六月第一版），頁一三八。

8 當時國民軍模仿蘇聯「三三制」建軍，騎兵營及旅手槍隊合計人數大約在五百人。

9 陳長捷，〈一九二六年張自忠投晉經過〉，《文史資料存稿選編》晚清．北洋（下冊）（中國文史出版社，二〇〇二年），頁二四四。

二、中原大戰錯失投蔣良機

一九三〇年，中原大戰爆發，蔣介石集團與反蔣聯軍總計百萬之眾，展開激戰。時張自忠率第六師由甘肅天水千里跋涉到河南靈寶待命，歸南路軍主帥張維璽指揮。同年九月十八日，東北軍張學良通電「擁護中央」，宣布東北軍倒向以蔣介石的中央軍，反蔣聯軍失敗已成定局。十月四日晚間，馮玉祥率親隨悄然從鄭州渡過黃河。西北軍主帥的離去，宣示著大戰基本結束。此時，平漢線上的南路軍張維璽、馮治安部隊被蔣軍包圍於新鄭，不得脫身，最後全體繳械遣散。馮玉祥部隊土崩瓦解，各部紛紛自尋出路，蔣介石趁機發表委任狀誘降。當時任命馮玉祥的幾員大將為各路總指揮：任命吉鴻昌為第二十二路總指揮，任命張自忠為第二十三路總指揮，任命宋哲元為第二十四路總指揮，任命梁冠英為第二十五路總指揮，任命孫連仲為第二十六路總指揮。以上各路官職委任狀除了宋哲元將其撕毀擲地、張自忠另有隱情外，另三位均先後接受改編投降。蔣介石之所以委任張自忠為一路總指揮，主要因其所統部隊較為完整。

曾作為張自忠師參謀長的中共地下黨員張克俠有回憶文章記述此事，他說：「張自忠被任命為第二十三路軍總指揮，委任狀派人送到師內。我趁張自忠不在師中，便把隊伍帶進了山西，這也使張自忠對我產生不滿。」另一位中共地下黨員尹心田，在其回憶張克俠的文章〈張克俠同志在莫斯科〉中也提到此事。「有一天，張克俠同志截獲了蔣介石派來的特使，從他身邊搜出了一張任命張自忠為第二十三路總指揮的委任狀。委任狀裹在行軍暖水壺膽上，外面再套上鐵殼，一般極不易被發現。」而從張克俠、尹心田的回憶可以知道：張自忠本身不是沒有投蔣的打算，只是失去了機會而已。

三、喜峰口抗戰時的態度轉變

張自忠對待喜峰口抗戰，在態度上曾有過轉變，這一轉變往往為研究者忽略。據施樂渠[10]回憶蕭振瀛的文章〈二十九軍浴血抗戰〉[11]——一九三三年三月四日，日軍侵入熱河承德，進逼長城各口。長城抗戰期間，中國軍以二十餘萬開赴前線。張自忠此時所屬的二十九軍本是雜牌，亦在被調之列，遂從山西陽泉開至北平，進駐遵化，接防喜峰口、羅文峪一帶防地。是時二十九軍實力只有張自忠三十八師、馮治安三十七師、劉汝明暫編第二師，共三個師，不足二萬人，擔任防線二百餘華里。面當強敵，人多自危，軍長宋哲元對此沉痛誓師，期以必死，官兵頗為感奮，唯有張自忠裝病不起。蕭振瀛跑到張自忠家質問其故：「大家都上前線，你為什麼裝死耍賴？」張自忠回答道：「我並不怕死，但是我們這點人，是我們的本錢，拿到前方，一定送光，以後還有什麼可玩的呢？」蕭振瀛勸解說：「我們雜牌軍隊，本來被人排擠，閻錫山不願我們駐在山西，蔣介石叫我們打日本，也是別人的兒子死了不心痛，我們的處境，進退兩難。不過現在全國人心都要抗日，只有抗日，才能得到國人同情。將來誰肯抗日，誰才站得住。如果守著這點本錢，不敢下注，早晚必將淘汰。」張自忠聽後一躍而起，說：「好！我聽你的。」隨即帶隊出發。

10 施樂渠係蕭振瀛秘書。

11 引自〈蕭振瀛與二十九軍活動內幕〉，選自《文史資料存稿選編·軍政人物》（下）（中國文史出版社，二〇〇二年版），頁五四三。

四、武漢會戰前與岡村寧次暗通款曲

一九三八年六月到一九四〇年三月間，即武漢會戰到岡村寧次調任軍事參議官時期。張自忠與日本第十一軍司令官岡村寧次暗中來往。他們的往來，向來不為研究者所知。直到一九五六年，岡村寧次在日本東京與來訪的何應欽談起張自忠之死，他們之間的交往才得以公諸於世。岡村寧次與何應欽的對話如下：

何應欽：「就是說我們又變成冤家對頭了？」

岡村寧次：「是呀！不過，這種冤家對頭其妙無比。您也許知道，我以前在北平認識了張自忠司令官，而在進攻漢口之後，不幸得很，我們在漢水東岸之戰兩相對峙下來。」

何應欽：「那時我在重慶。」

岡村寧次：「那個時候張自忠給我一封信，寫著他想看日本的《文藝春秋》[12]。我立即答應他，並互約送到衛兵崗線。我親自將《文藝春秋》送到中國方面第一線，張先生亦每月自帶衛兵來取，我們就這樣按月向漢口送《文藝春秋》。爾後，戰事爆發，張先生勇往直前，揮兵渡河，進入我方陣地，惟遇我方因戰略關係向前進擊，他竟衝至我軍後面戰死。他之死令我感慨無量，因我本身也隨時有陣亡的危險。」

何應欽：「是的，有過這件事。」[13]

---

12 《文藝春秋》是日本文學期刊。由日本小説家與劇作家菊池寬（一八八八—一九四八）於一九二三年一月自費創刊。很受年輕作者歡迎，也爲新生作家提供了創作的天地。一九四四年曾停刊，後恢復，至今仍然存在。菊池寬在文學上鼓吹藝術至上，二戰期間，積極爲日軍服務，參加反華活動。

13 熊宗仁，《何應欽晚年》，（安徽人民出版社，一九九五年版），頁八十三。

岡村寧次 小傳

岡村寧次

岡村寧次（一八八四—一九六六），第二次世界大戰期間曾任日本侵華派遣軍總司令官，是日本法西斯首要戰犯之一。

一八八四年五月十五日，岡村寧次出生於日本東京的武士家庭，是幕府舊臣岡村寧水的次子。早稻田中學畢業後，進入東京陸軍中央幼年學校學習。從少年時代起，就受到嚴格的軍事訓練，接受國家至上主義和武士道精神的教育，終於成為軍國主義政策的忠實信徒。

一九一三年，岡村從陸軍大學畢業，因成績優秀而獲大正天皇嘉獎。後被分配到參謀本部戰史課工作。為了編纂日德戰史，岡村被派往中國青島。

一九三二年一月二十八日，日本侵略軍進攻上海。二月，岡村寧次被任命為上海派遣軍副參謀長，指揮對中國的侵略戰爭。同年四月晉升為少將，八月出任關東軍副參謀長兼駐偽滿大使館武官。

一九三三年三月，日軍佔領熱河後，大舉進攻長城各口。五月三十一日，岡村代表關東軍同國民黨政府簽訂所謂《塘沽協定》，逼迫國民黨政府承認日本佔有中國東北及熱河，並劃綏東、察北、冀東為日軍自由出入區，為日本進一步侵佔整個華北打開了大門。

一九三五年，岡村出任參謀本部第二部部長。次年升為中將，出任第二師團師團長。

一九三八年六月，岡村被任命為第十一軍司令官，隨即參加進攻武漢的作戰。

一九四一年四月，岡村寧次晉升為大將。七月，出任華北方面軍司令官。岡村指揮日軍多次對抗日根據地發動大規模「掃蕩」，實行極其殘酷的「三光政策」，欠下累累血債。

一九四四年八月，岡村寧次被任命為第六方面軍司令官，十一月又出任侵華派遣軍總司令官。

一九四五年八月十五日，日本宣布無條件投降。當天蔣介石電告在南京的岡村寧次，令其停止一切軍事行動，並派代表到玉山聽候中國戰區受降主官何應欽的命令。九月九日，中國戰區日本投降簽字儀式在南京陸軍軍官學校禮堂舉行，岡村寧次代表日本方面簽署投降書。至此，日本侵略中國的戰爭以徹底失敗告終。

一九四五年八月，延安公布的日本戰犯名單中，岡村寧次被列為首要戰犯。

一九四七年八月，岡村寧次作為戰犯被國民黨政府審判戰犯軍事法庭逮捕，關進上海監獄。不久，出任蔣介石的秘密軍事顧問。

一九四九年一月二十六日，岡村寧次被國民黨政府宣判「無罪」，釋放回國。

一九六六年九月二日，岡村寧次病死。

五、張自忠人生的最後一戰——棗宜會戰

一九四〇年四月，日軍為將中國軍隊圍殲於棗陽附近，集結重兵悍然進攻第五戰區，兵分三路西進。

一九四〇年四月十五日，第五戰區總司令李宗仁在湖北省老河口召開襄宜會戰軍事會議，應對日軍的大規模進攻。參會者有吳仲直、高永年、劉汝明、王鴻韶、郭懺、湯恩伯、孫連仲、李宗仁、張自忠、黃琪翔、韋永成等人。這是張自忠生前參加的最後一次軍事會議。

參謀長王鴻韶向各位將領通報了敵情。

李宗仁分析道：信陽、應山、安陸、鍾祥等地，大批日軍集結，大戰在即。上年的隨棗會戰，日軍兩翼包抄、中間突破，意在將中國軍隊主力包圍在棗陽、襄陽平原，中國軍隊逐次抵抗，梯次掩護，快速運動，跳出外線，爭得了用兵的主動。這一次會戰，情報表明，日軍換將未換戰術，故而中國軍隊也應採取同隨棗會戰一樣的應對策略。

會議中間，蔣介石從重慶發來訓令，略云：

上年武漢日軍以攻為守，作戰頻繁，春攻南昌，夏侵隨棗，秋擾長沙，均為速戰速走的運動作戰，攻略作戰所佔之地有保守也有速退的，重在消滅我生力軍。故我軍對日作戰需機動防禦，誘敵深入。待敵遷延勢衰、強力衰減、無奈回撤時，以優勢兵力奮勇追擊、側擊、夾擊、截擊，消耗其戰力。

結合蔣介石的電報，王鴻韶宣布了軍事部署和作戰方案：第五戰區東起桐柏，中經大洪山，直至漢水東岸的隨縣、鍾祥正面一線，組織左、中、右三個作戰兵團，抵禦日軍進攻，另外還有江防軍、大別山游擊兵團、戰區直轄機動部隊，承擔長江、漢水江防和游擊策應、機動後備。

左、中、右三個兵團的部署是：

1940 年 4 月 15 日，老河口會議時合影。左起吳仲直、高永年、劉汝明、王鴻韶、郭懺、湯恩伯、孫連仲、李宗仁、張自忠、黃琪翔、韋永成。

A・左兵團

左兵團總司令孫連仲，轄第二集團軍（總司令孫連仲）三十軍池峰城部（含二十七師、三十師、三十一師）、六十八軍劉汝明部（含一一九師、一四三師）、豫鄂邊區挺進軍王仲廉部。

左兵團擔任信陽外圍至桐柏東南的防守。

B・中央兵團

兵團總司令黃琪翔，轄第十一集團軍（總司令黃琪翔）三十九軍劉和鼎部（含五十六師、暫編五十一師）、八十四軍莫樹傑部（含一七三師、一七四師、一八九師），第二十二集團軍（總司令孫震）四十一軍孫震部（含一二二師、一二三師、一二四師）、四十五軍陳鼎勳部（含一二五師、一二七師）。

中央兵團戰線長，從桐柏山東南麓至襄花公路、隨縣城北側，再至大洪山東北翼，大約四百華里的戰線，是中央兵團負責防守。

C · 右兵團

兵團總司令張自忠，轄第三十三集團軍（總司令張自忠）五十九軍張自忠部（含三十八師、一八〇師、騎兵九師）、七十七軍馮治安部（含三十七師、一三二師、一七九師）、五十五軍曹福林部（含二十九師、七十四師），第二十九集團軍（總司令王纘緒）四十四軍王澤浚部（含一四九師、一五〇師）、六十七軍佘念慈部（含一六一師、一六二師），還有新近來自四川的四個警備旅。

右兵團擔任大洪山陣地及鍾祥北、宜城一線的防守。

以上三個兵團主要承擔隨縣正面及其兩翼（桐柏山、大洪山及漢水東岸）的防守。

按照第五戰區的作戰部署，戰區內的五十萬大軍進入作戰位置，嚴陣以待，準備痛擊來犯日軍。另外，江防軍、大別山游擊兵團、戰區直轄部隊也做了相應安排。除了第五戰區之外，按照重慶大本營的命令，第九戰區也做了相應防禦準備。

日軍於一九四〇年五月初從鍾祥發動攻擊，很快突破第三十三集團軍正面，兩路日軍突破後便全力北進，直指棗陽。第三十三集團軍與第二集團軍主力則尾追日軍之後俟機伏擊。

中國方面在查明日軍行動和兵力後，第五戰區針對日軍態勢調整部署。部署張自忠為首的右翼集團軍仍以一部固守襄河西岸，主力在襄河以東地區，與中央集團協同圍殲由鍾祥北上的日軍。

張自忠雖然兼右翼兵團司令，但實際上除了本部第五十九軍、馮治安的第七十七軍外，很多是客軍。客軍分散佈防，各自為戰，聯絡阻隔，命令很難貫徹。第三十三集團軍總部設於襄河西岸的荊門快活鋪，張自忠為了過河迎擊日軍，乃抽調四個師組織追擊縱隊，即一七九師、三十八師、七十四師、騎兵第九師（實際無馬）。張兼追擊縱隊總指揮，指揮第七十四師、騎兵第九師。

張自忠渡河之前曾召開了一個重要會議，決定親自過河督戰。當時與會人員再三勸阻，張自忠堅決不從，並吩咐副總參謀長劉家鸞「所有總部任何事情，歸你負責辦理」。劉家鸞提出，有重大事情，隨時向張自忠請示，但張自忠卻回答：「不必！萬一有特別重大事情，同仰之（馮治安）商量吧。」

本來，張自忠作為集團軍總司令完全可以在襄河西岸坐鎮指揮，沒有必要親自過襄河東岸督戰，但張自忠見求死時機已到，便不顧一切地擅作主張，一定要親臨前線。當時，幾位重要部下不在他身邊[14]，但仍有很多同事勸阻。比如身為第三十三集團軍副總司令的馮治安、集團軍副參謀長的劉家鸞就勸他不必前往，但張自忠心意已決。

據第三十三集團軍副總司令兼張自忠的結義兄弟馮治安之次子馮炳瀛事後回憶，張自忠

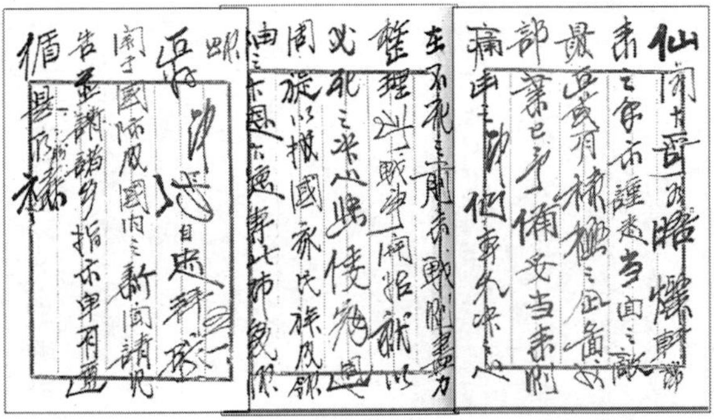

1940 年 5 月 1 日張自忠給蕭振瀛的最後一封信

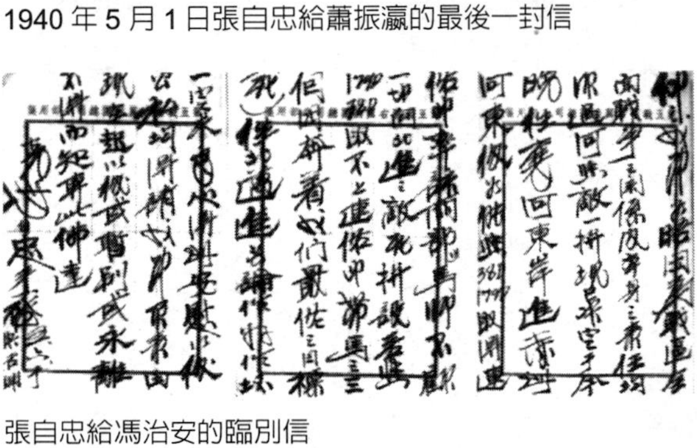

張自忠給馮治安的臨別信

14　當時同事張克俠被派往湖北省遠安辦理幹訓班教育，一七九師師長何基灃去陪都重慶受審查未歸，陳繼淹去四川綿陽辦理宋哲元將軍後事，一八〇師師長劉振三奔兄喪請假未歸。

將軍過襄河前夜，曾與馮治安相對默坐，很久無語，忽然張自忠說：「軍人到了死的時候了！」馮治安聞言頓時眼中充滿熱淚，緊緊抓住張自忠的手，好久沒有說話。張自忠在渡河之前分別給馮治安、結拜大哥蕭振瀛、部下多人寫信以表心計。筆者認為這完全是訣別書。尤以給馮治安的訣別書為代表。書中曰：

仰之我弟如晤：因為戰區全面戰爭之關係及本身之責任，均需過河與敵一拼。現已決定於今晚往襄河東岸進發，到河東後，如能與三十八D、一七九D取得連絡，即率該兩部與馬師不顧一切向北進之敵死拼，設若與一七九D、三十八D取不上連絡，即帶馬之三個團奔著我們最終之目標（死）往北邁進。無論作好作壞，一定求良心得到安慰。以後公私，均得請我弟負責。由現在起，以後或暫別或永離，不得而知。專此布達。

小兄張自忠手啓

五．六於快活鋪

從以上訣別書中可以分析出張自忠的求死之心。

五月七日凌晨深夜，張自忠總司令由總部動身，經蕭市渡河作戰，隨行人員有總參謀長李文田少將、高參張敬少將、顧問徐惟烈、總部參軍李致遠少將、高參吳光遼上校、團長洪進田上校（被撤職的騎兵團長）、參謀李憲謨少校及隨身參謀、副官，總部直屬部隊、另外特務營官兵數百人。

渡襄河後戰事分為兩個階段：從五月七日到五月十三日為第一階段，從五月十四日到五月十六日為第二階段。第一階段時，張自忠親率第七十四師和騎九師向北突進，與日軍激戰，所向披靡。第七十四師是第三十三集團軍的預備隊，原屬第五十五軍曹福林部[15]。代師長馬貫一、團長鄭萬良原來是張自忠學兵團時期的學員。騎九師師長張德順，所部士兵大多為新兵，戰鬥力較弱。從以上分析，張自忠過襄河的部隊（除了特務營）有兩個特點：一、不是嫡系部隊，二、戰鬥力較弱。到了五月十三日，日軍已改變進攻方向，從北進老河口改為向南。第五戰區長官命令張自忠所部向南攔截日軍。

五月十四日拂曉，第七十四師和日軍展開了方家集戰鬥，並於上午佔領方家集，但第七十四師傷亡較重。由於連日激戰，部隊最困難的是糧秣與彈藥的缺乏。據徐惟烈回憶，張自忠手頭只有總部直屬部隊、第七十四師的鄭萬良團及特務營。而騎九師當時在罐子口一帶阻擊日軍南進。此時，日軍七、八千人向西南方向前進，並留下一部分日軍與張自忠所部對壘。可沒想到張部截擊頑強，日軍遂改變計畫，折回向第七十四師攻擊，並伴有二十餘架飛機、十幾門大炮助攻。五月十四日中午開始，張自忠所部陷入苦戰。傍晚，戰鬥漸趨平靜。張自忠率部隊向罐子口騎九師靠攏，並於五月十四日晚間與騎九師會合。不想日本情報部門根據第七十四師被俘的掉隊傷員口供，電臺聯絡呼號及電波方向，早就測知第三十三集團軍總司令部電臺的向外聯絡情況和位置。瞭解到張自忠總司令部在宜城東北約二十華里一帶地方，日軍便在航空兵配合下向這一地區合圍。

五月十五日，第七十四師還是貫徹截擊日軍方針，利用罐子口附近地形，埋伏在許多山頭，頑強截擊日軍，日軍見不易通過，於是從各方調來援軍，雙方又惡戰一天。張自忠命令騎九師在罐子口一帶阻擊日

15　曹福林原是西北軍韓復榘的部下，韓復榘自一九三八年被蔣介石軍法處決後，韓部也被分割。

軍。率總部人馬向南瓜店轉移。第七十四師跟進後，在十里長山一帶擺出一個南北之線向東警戒的陣地。最北為張自忠總部的鄭萬良團，依次為第七十四師四四四團、師部工兵營、四四三團。下午申時，張自忠致電蔣介石，彙報數天戰況。當晚，張自忠總部住在了南瓜店附近一個小村度夜。據總部少校李憲謨回憶，本來第三十三集團軍總部是要渡襄河返回河西，正是張自忠臨時改變了計畫，夜宿長山南麓一小山村，致使第二天的慘劇發生。此時，日軍第三十九師團從方家集、南營向南瓜店尾隨逼進。

五月十六日拂曉，日軍利用四門山炮從山崗上居高臨下向第七十四師陣地猛烈轟擊。炮擊約一小時後，日步兵在炮火掩護下發起進攻。雞鳴山首先失陷。守軍第七十四師英勇抗擊，並不斷實施反衝擊，戰鬥愈戰愈激烈。至上午九時許，第七十四師代師長馬貫一所指揮的兩個團因彈藥不足，漸漸不支，接連告急。上午十時左右，日軍已經對第三十三集團軍總司令部形成弧形包圍圈。日軍步兵從東西兩面夾攻七十四師陣地，戰況異常慘烈。張自忠一面派騎兵繞擊日軍側背，一面親自登上小山頭——杏仁山督戰。上午十一時許，負責保衛總部的鄭萬良團陣地也被日軍突破。該團向後撤退，日軍緊逼。

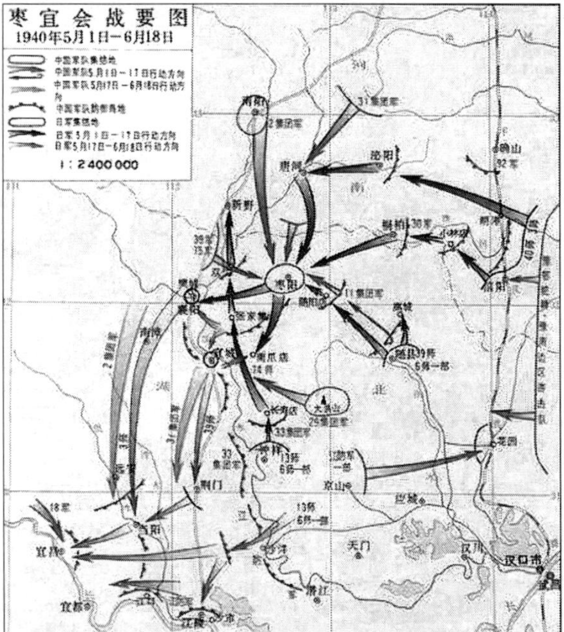

戰況越來越惡化，張自忠也被炮彈彈片劃傷。他被幾十名警衛護送到南瓜店後面的小山崗，短暫包紮傷口。這時隨軍顧問徐惟烈向他低聲建議「移動移動」，張自忠拒絕。後參謀長李文田又勸他撤退，並提醒張自忠：「論公，你是我的長官，論私，我們相交十幾年，但抗戰是長期任務，不能圖一時之快去拼命。」他勸張不能陪著死在此地。但張自忠再次拒絕撤退，卻安排警衛護送徐惟烈和蘇聯顧問撤退，李文田見張自忠不聽勸告，則主動撤出戰場[16]。張自忠又安排參軍李致遠帶領總部無線電臺、通訊連、爆破連等非戰鬥人員撤退。並命令高參張敬撤退，但他仍舊跟從張自忠堅持戰鬥，直至犧牲。

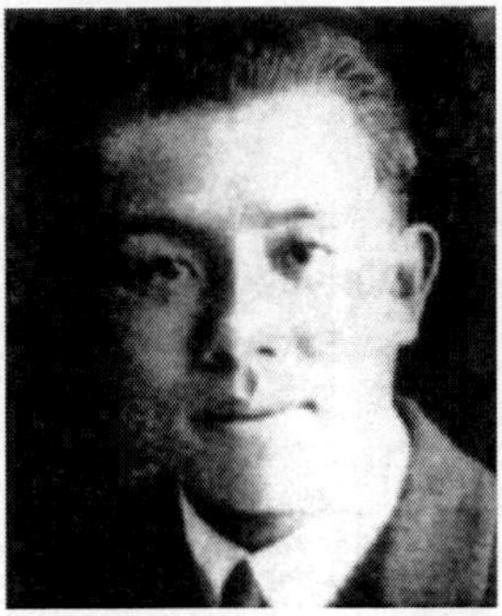
第三十三集團軍高參張敬烈士

這裡對張敬進行必要的介紹。張敬，字少欽，生於一九〇八年，福建籍，曾任第五戰區司令長官部參謀處情報科上校科長，一九三九年一月又調任戰區幹部訓練團第三大隊的上校大隊長。由於張敬在職期間精明強幹、有膽有識、工作紮實，李宗仁將軍決定讓他以少將參謀的名義到張自忠的第三十三集團軍司令部。當時第三十三集團軍並不缺參謀，已有李文田是參謀長，劉家鸞是副參謀長，而原參謀長張克俠被調往湖北遠安辦理幹訓班教育。為何李宗仁還要調一位參謀人員呢？其實張敬是李宗仁將軍安排在張自忠身邊的監軍。一九四〇年春，汪精衛在南京組織了汪偽政權，而張自忠在西北軍的長官、故舊，像劉郁芬、鄭大章先後投敵，這對重慶國民政府是一個不小的震動。所以，李宗仁對張自忠並不放心，就通過張壽齡與劉

16 李文田的言行被張廉雲的槍手林治波罵作怕死，反而吹噓張自忠英勇不屈。

家屬，將張敬安插到張自忠身邊以時刻監視張自忠的言行，以防張自忠叛變。一九七一年九月，張敬獲臺灣方面批准入祀臺北圓山忠烈祠。一九八六年六月，大陸方面福建省人民政府追認他為革命烈士。

一九四〇年五月十六日中午，日軍的包圍圈越來越小。第七十四師的兩個團也相繼被擊潰。師部直屬部隊及非戰鬥人員也參加了戰鬥，但激戰未久，直屬部隊也全部潰退。這時，總部雖三面被圍，但東北長山方向尚未合攏，若翻過長山，仍可突圍而出，奪一條生路。事後，從傅瑞瑗（曾是臺灣空軍中將）、張文海（時任第三十三集團軍五十九軍第三十八師第一一二團團長）等人回憶文章裡發現，張自忠完全可以從東北部的長山突圍，但他不想走，卻讓顧問、隨從等非戰鬥人員先後撤退。再一次證明了張自忠尋死的初衷未變。

日軍調集大批山炮對準杏仁山瘋狂轟擊，此時日軍進攻部隊已達五千餘人（一說三、四千人），集中炮火和兵力，向守軍的最後陣地發起總攻，並有飛機助戰。由於張自忠身著黃色將軍服，目標十分暴露，炮彈如雨點般炸落在長山周圍。副官賈玉彬、護衛長史全勝不幸被炸身亡。總部少將高參張敬等人先後陣亡，代理參謀處長吳光遼腿部受傷，張自忠派人將他護送出危險地帶。

第七十四師與特務營彈盡力孤，傷亡殆盡。張自忠負重傷，馬孝堂和另一副官背著張自忠撤退，後兩人分別負傷。最後張自忠終於尋死成功。自從張自忠過襄河後連續作戰九天，疲勞不堪，最後兩天又鬧腹瀉，再加身上多處負傷，還有長年的鴉片癮，這就導致了張自忠就想著殺身成仁，所以他的死也是必然結果。可惜追隨張自忠的三百餘官兵，他們大部分家鄉是山東、河南，滿懷抗日熱情，卻成了張自忠的陪葬品，他們中大部分人的名字無人知曉。

一九四〇年五月十六日午後兩三點左右（一說為三點後），張自忠死在湖北宜城南瓜店，被日軍用擔架抬到幾十里外的陳家集，經專田盛壽辨認出是張自忠。日軍找了一口小棺材草草安葬。後被部下黃維綱、過家芳搶回。另有張自忠的部下李九思旅長回憶道：「在不遠的一個村子裡，找到了張自忠的棺材，棺材旁插一木牌，上寫『張自忠』三字。他只穿一條褲衩，頭上一個大洞，身上幾處傷。」張自忠上前線時穿的是將軍服（一般習慣上前線都不穿將軍服）、翡翠鈕扣的白綢子襯衣、皮靴子，死後被日本兵扒去了身上的一切作為戰利品，向上級請功去了。有的文章裡說什麼日軍對他的陣亡非常敬佩，甚至率領日軍向其默哀致敬，還有的文章說，日軍將張自忠盛裝裝殮之說，筆者認為這些文稿均為無稽之談。

張自忠不顧老河口會議的決議，未能與二十九集團軍王纘緒部聯合作戰，而是孤軍深入，只求一死。最終一九四〇年五月至六月的棗宜會戰，以日軍重創中國第五戰區侵佔我國大量國土而結束。

六、張自忠之死的若干細節

張自忠在陣亡之前，他的心路歷程經過了三個階段。瞭解了他思想和心態的轉變，才可以準確把握他的政治動向和人生抉擇。這三個階段分別為：七七事變之前的自傲、平津淪陷後的自悔、回歸部隊後的自恥。也許跟山東人的性格有關係，在經由自傲、自悔、自恥之後，張自忠的求死之志越來越堅決。這種視死如歸的強烈情緒，可以體現在與朋友信函和談話裡，也體現在他的帶兵作戰中。

在獲許戴罪立功回到軍隊之後，張自忠的思想得以昇華。之前抽吸鴉片、包養女人、愛財降逃的張自忠，至此轉變成了一個心殺敵雪恥不顧生死的全新的張自忠。在以後的征戰中，張自忠無一不是視死如歸，臨戰之前就留好遺書。

李宗仁曾勸說蔣介石，讓張自忠戴罪立功，蔣介石後來允許張自忠回到部隊。歸隊前，張自忠曾找李宗仁致謝。李宗仁曾回憶：

> 自忠在離京返任前，特來我處辭行，並謝我幫忙，說，要不是李長官一言九鼎，我張某縱不被槍斃，也當長陷縲絏之中，爲民族罪人。今蒙長官成全，恩同再造，我張某有生之日，當以熱血生命以報國家，以報知遇。言出至誠，說來至爲激動而凄婉。我們互道珍重而別[17]。

一九三八年二月，徐州會戰時，龐炳勳部五個團被日軍一個師團並附屬山炮一團、騎兵一旅圍困在臨沂縣城，危在旦夕。第五戰區長官李宗仁急調張自忠的五十九軍（時張自忠任代軍長），北上增援。在當時存在恐日病的情況下，對抗號稱「大日本皇軍中最優秀」的板垣師團無疑很難。但張自忠為雪國恥，報國仇，無所畏懼，率部星夜北上解除龐炳勳之圍。他在行前曾寫下了遺書。成功擊退板垣師團之後，張自忠將遺書焚燒。

隨著中日戰爭的不斷升級，國民政府外部的壓力與內部的紛爭，也越來越大，越來越多。張自忠也面臨了前所未有的重壓，使其心靈幾乎難以承受。這些心理壓力主要來自幾個方面：

一是七七事變期間張自忠與張允榮曾私自與日軍簽訂《香月細目》，在日本戰敗後日軍檔案的解密之前，中方只有張自忠、張允榮知道其細節。在與日直接作戰中，對方如土肥賢二、專田盛壽、岡村寧次等，都與張自忠非常熟識。若以此事作為把柄，自己就被掌握在日軍手中，隨時可能被揭露出來。張自忠不可能不為此事擔心。

---

17 唐德剛，《李宗仁回憶錄》（桂林：廣西人民出版社，一九八〇年版）。

二是在張自忠的介入與支持下，日軍才能在北平、天津修建了幾個飛機場，這些飛機場使得日軍的飛機可以速起速降，在轟炸南苑、南開大學等地時，發揮了巨大作用，造成了在南苑軍訓團參加訓練的青年和良鄉抗戰戰士的大量傷亡。張自忠於此不可能不內疚。

三是一九四〇年汪偽政權建立後，西北軍等雜牌軍供給低於中央軍，難以維持生存，離心傾向日長，在日汪軟硬兼施之下，張自忠的敵人紛紛叛國投敵。也正是因為此，有人便對李宗仁提出：張自忠不可靠。李宗仁便從戰幹三團調來大隊長張敬以少將參謀的身分寸步不離張自忠身邊，這種信任危機，也為張自忠帶來巨大壓力[18]。

四是在一九三八年一月，國民黨山東原省政府主席、第三集團軍總司令韓復榘，被國民政府軍委會組織軍事法庭審判處決。這是抗戰中第一個被軍法處死的國民黨高級將領，也是國民黨在大陸執政時期按軍法處死的軍銜、軍階最高的國民黨軍將領。而韓復榘的被槍斃，也對同屬西北軍的張自忠等人形成了心理上的壓力。

其中有兩件事，更使得張自忠不得不下決心以求速死。

第一件是一九四〇年四月五日，張自忠的老長官——對其知遇之恩的宋哲元將軍因病在四川綿陽去世，這一消息真是五雷轟頂，對張自忠可謂重大打擊。這是因為七七事變後，張自忠以逼宮手段將國民政府任

18　張敬表面上是一九三九年張自忠後方視察時，經張壽齡介紹，調到該部任職，實際上，三十三集團軍並不缺少參謀，這種說法只是照顧張自忠的顏面。

命的冀察政務委員會委員長、冀察綏靖主任宋哲元趕走，並取而代之。當時，宋哲元面臨失地丟兵的精神打擊，全國輿論對宋指責很重。宋哲元有苦難言。事後為了團體不分裂，為了保存五十九軍這支抗日勁旅，一直忍氣吞聲，不願提及此事，以致長期生悶氣、憂鬱、焦慮而患高血壓，後轉為腎病。儘管如此，宋哲元仍以大局為重，向蔣介石擔保張自忠回歸本部，統領舊部。這其中恩怨只有當事人宋哲元、張自忠、秦德純、張維藩、陳繼淹數人知曉。

陳繼淹在回憶文章中曾記述，一九四〇年四月，陳繼淹和張自忠最後一次晤談時，提到了遠在四川綿陽養病的宋哲元將軍，張自忠說：「近接電報，病情沉重，倘有不測，我更不願再生。」不想，四月五日，宋哲元即在綿陽病逝。當得到宋哲元去世消息後，張自忠捶胸大哭，對人說：「宋先我而死，是天不許我有贖罪機會了[19]。」一月後，張自忠果然赴死成真。

身穿孝服赴四川綿陽弔唁宋哲元的張自忠

第二件是張自忠的煙癮問題。時任第五戰區司令長官李宗仁、軍訓部長白崇禧分別在他們的回憶錄中提到過此事。李宗仁說，曾找到張自忠提到戒煙問題，張自忠還煞有介事地當眾發誓戒煙，並銷毀了煙具。而白崇禧將軍卻回憶說，曾以軍訓部長身分巡視第五戰區，李宗仁告訴

19 張俊聲，〈蔣介石派蕭振瀛破壞內戰抗戰的內幕〉，《文史資料選集》第五十四輯（中華書局出版社），頁九十四。

他，張自忠沒有戒掉毒癮，告誡無效。於是白崇禧找到張自忠等人私談，希望張能在半年內戒掉煙癮，否則半年後中央將輪番調訓。這就意味著不戒煙就要失去軍職。對張自忠而言，沒有軍職等於失去了一切，但戒煙有心無力，更是覺得難上加難。所以張自忠他不僅戒煙未成功，還作假矇騙兩位長官。一九四〇年四月十五日，張自忠參加老河口會議期間煙癮發作，而後他權衡利弊，感覺自己煙癮無法戒除，不得不面對調離或死亡的選擇，這也成了張自忠尋死的一個重要原因。

白崇禧的回憶[20]

迨第五戰區成立後，李長官宗仁請調張之第五十九軍至該戰區服務，且對之開誠相見，張由是感激，故在臨沂奮戰圖功，於襄河奮戰殉國。其中因有此段淵源，故在此特表而出之，以慰忠魂，而勵來茲。

張與前國民軍高級將領數人，皆有抽大煙之不良習慣，當時我兼軍訓部長，出巡至第五戰區，李長官與我說及此，表示曾勸告無效。我得李之同意，遂自告奮勇，分別與張等人私談。「勸人爲善」，古有明訓，尤其回教戒條有云：「勸人爲善，止人爲惡。」兼有消極、積極兩種意義，故我本諸良心，與之相談，希望彼等在半年內戒絕，否則半年後中央將輪番調訓，屆時恐有不便之處。不料半年未到，彼等皆已戒絕，並感謝我勸告之意，五戰區袍澤皆以此傳爲美談。當時五戰區有一中將黃建平，身任執法分監總監，亦抽大煙，故我建議李長官將他另調別職，之後，他本人也戒絕鴉片[21]。

20　白崇禧口述，《白崇禧口述自傳》（上）（中國大百科全書出版社，二〇〇九年版），頁二〇六。

21　實際上，直到張自忠臨終也未戒除煙癮。

周恩來勸張自忠戒鴉片

李宗仁勸張自忠戒煙後，張自忠雖然當眾銷毀煙具、焚燒煙土，但後來還是難敵煙癮。愛國人士胡秋原與張自忠私交甚厚，見張自忠戒煙失敗，心中憂慮，可是想到張自忠連李宗仁長官的話都聽不進去，自己去勸也難以奏效。於是，胡秋原便請求周恩來促成此事。周恩來並未直接去拜訪張自忠，而是遂托胡秋原轉贈一件禮物。張自忠收到禮物打開一看，是一張中國地圖，圖上還標注了日寇侵略國土的情況。張自忠目睹此圖，激動萬分，並再次發誓戒除煙癮，但實際上一張地圖最終也沒有讓張自忠戒煙。

七、蓋棺論定

張自忠的一生遭遇，既是時代影響，出身所致，也是他的自身性格使然。當時正處清朝滅亡民國初建之際，新舊思想此起彼伏，這在他身上體現出的卻是既沒有傳統的忠君愛國觀念，也沒有新時代革命救亡的思想。而生於殷實，長於優渥，成年以後，不免耽逸厭苦。同時，他在不甘人後，勇於進取中，往往逐利求名，鑽營投機。也因此，張自忠先後投靠過車震、趙玉珂、馮玉祥等不同派系的軍閥。一九二六年，西北軍與晉軍酣戰於晉北時，張自忠成了西北軍系統中第一個投晉的叛將。及西北軍勢大，他則又覆投馮玉祥。在反覆的投機過程中，他不覺有羞恥之感，更毫無悔恨之意。當面臨民族大義，他依然以個人利益為重，先是在「長城抗戰」中態度曖昧，又在七七事變前為日軍購置土地，修建機場，獲得豐厚賄利。七七事變期間，他則一心與長官爭權奪利，完全不顧民族危亡，最終導

1939 年，時任第三十三集團軍總司令兼第五戰區右翼兵團總司令

致平津兩地迅速淪陷。遭受處罰之後，他背負漢奸罵名，雖然有所懺悔，眾人也期望他能將功補過，孰料他在武漢前線，仍舊與日軍重要將領岡村寧次暗通款曲。最終在各方的壓力之下，他惟有求得一死，以自我救贖。還原歷史，客觀評價，張自忠與其他抗日名將相比，其作為實在難於稱作英雄，更算不上中華民族的脊梁。

第二節　被推上神壇的張自忠

一九四〇年五月十六日的棗宜戰役中，國民革命軍第三十三集團軍總司令張自忠將軍在湖北省襄河（漢水）東岸的南瓜店戰死。當時，法西斯德國軍隊正向荷蘭、比利時、盧森堡、法國進攻，西歐各國潰不成軍，德軍卻所向披靡。國民政府為穩定軍心，振奮全國抗戰士氣，決定暫不將張自忠的噩耗在新聞報紙上登載消息通報全國。靈船於五月二十八日晨到達重慶碼頭，蔣介石、馮玉祥等政府軍政要員臂綴黑紗，肅立碼頭迎靈，並登輪繞棺致哀，由蔣介石主祭。直到當年七月七日盧溝橋事變三周年之際，《中央日報》、《大公報》才首次大篇幅報導了張自忠、鍾毅（五月九日陣亡的第八十四軍第一七三師師長）兩將軍的死訊，並由國民政府決定，明令褒獎張自忠、鍾毅兩將軍。

國民政府七月七日下令：「故陸軍上將銜陸軍中將張自忠，追晉為陸軍二級上將。」對張自忠事蹟「明令褒揚，交軍事委員會從優義恤，生平事蹟存備宜付國史館」，可謂極盡哀榮。

一九八二年，中華人民共和國民政部批准張自忠為「革命烈士」。

二〇〇九年九月十日，在「一百位為新中國成立作出突出貢獻的英雄模範人物和一百位新中國成立以來感動中國人物」評選活動中，張自忠被評為「一百位為新中國成立作出突出貢獻的英雄模範人物」（即「雙百英模」）。

二〇一四年，張自忠被中華人民共和國民政部公布為第一批著名抗日英烈。

時至今日，張自忠仍經常為人們議論的「民族英雄」，而稍微瞭解一些歷史內情的人也只是知道張自忠曾背著漢奸的罵名，但他終於壯烈殉國，死後被人們褒揚，這更加說明他是被冤屈的民族英雄了。可實際並非如此。

一、張自忠陣亡事蹟的訛傳與事實

有關張自忠陣亡時有三點值得注意：

一、張以集團軍總司令的身分赴前線作戰，沒有計畫，沒有組織指揮部，只憑個人意識，所帶部隊不是他的嫡系部下，而是臨時劃歸的原韓復榘、馬貫一七十四師的部隊。

二、張自忠死亡的具體說法一直存在爭論，大致有四種說法：拔槍自戕、拔劍自裁、被刺身亡、中彈身亡。有關拔劍自裁的說法，最早是馮玉祥將軍在一九四〇年七月的《痛悼張自忠將軍》中提到，但筆者認為這是誤傳，戰場瞬息萬變，張自忠本來就身負幾處傷，不可能有時間、有力量拔劍自裁了。另外，被刺身亡的可能性已經不大了。張自忠自戕和中彈身亡較為可靠。有人認為張自忠拔槍朝自己右太陽穴開了一槍，半個臉塌陷而死亡。所以他說「對國家、對民族、對長官良心平安」之類的遺言不是在倒地之後說的，而是在右太陽穴重傷之前說的（一說是對李文田參謀長所說）；還有人認為張自忠是被日軍軍曹堂野發射一步槍彈，又被一個叫藤岡的一等兵用刺刀深深地刺穿致死。這個證據見於二〇一三年版，童雲楊譯的《日寇在宜昌一九四〇—一九四四》。

三、張自忠負傷幾處。有關說法不一，大致是五處、七處、八處等，有的寫五彈、七彈、八彈。張自忠死後，兵站總監俞飛鵬上報蔣介石的電報謊稱其身中七彈，但實際上，第三十三集團軍少將參軍李致遠同黃維綱師長等人檢查張自忠遺體傷口的驗屍報告中獲悉，張自忠「除右後肩胛骨炮彈傷外，還有三處槍傷，一處刺刀穿刺傷口。右小腹、左肋骨、右額骨各一槍彈穿孔，以右額一槍傷最重，顱腦塌陷變形」。從以上文字可以看出，張自忠身負五處傷。另外，跟隨張自忠的少校副官馬孝堂的生前口述回憶做對照，發現馬孝堂回憶三處炮彈碎片炸傷，三處槍傷，一處敵人刺刀傷。兩者只是炮彈片炸傷幾處有些出入，且炮彈片傷應該在其身後。從以上文字側面也驗證了拔劍自裁的可能性不大。

有關張自忠臨陣指揮的問題一直困擾著筆者，經筆者多方查找，終於找到有關的重要資料——《中華民國重要史料初編——對日抗戰時期》（第二編作戰經過）。在一九四〇年三月十一日〈蔣委員長對參謀長會議訓詞〉中，明確規定：集團軍指揮部至前線距離應爲二十五至四十華里，傳令以一天可往返一次爲度。這個原則今天規定以後，各部隊無論是否正在戰鬥，均應即刻遵行。各級指揮官如有違反，其部下任何人均得予以指責！

應該說明的是，該項要求是為了杜絕前線指揮部「安處後方、遠離部隊」的惡習。張自忠不可能不知道這個新規定，但是他有意違反——親臨前線。可以說，這是張自忠尋死的表現，不該是一個集團軍總司令應該做的，更不該因此冠以民族英雄的榮譽。

時任第五十五軍七十四師參謀主任的許文慶在回憶文章裡也進行了佐證。他記述了五月十三日夜晚，張自忠接到第五戰區司令長官李宗仁的電報，告誡他既為數軍指揮官，不可輕臨第一線，要他速返原地，但張自忠未予採納。他不是有意安處後方，而是故意親臨前線。

據同樣隨軍過河的第三十三集團軍總部少校參謀李憲謨回憶，總部原計畫五月十五日連夜渡河返回河西陣地，張自忠卻輕易改變計畫，住在了南瓜店附近一個小村度夜。因為張自忠多住了一宿，導致第二天清早即遭到日軍的包圍進攻而午後陣亡。

在五月十六日，即張自忠陣亡當天，他仍有機會撤退轉移，但張自忠根本沒想離開。當時跟隨張自忠的總部顧問徐惟烈、參謀長李文田都勸張自忠撤退，被他拒絕了，可他卻讓部下撤退，且這些撤退的人大多撤退成功，這說明當時雖然危急萬分，但仍有一絲希望。曾作為張自忠部下的傅瑞瑗晚年安居臺灣，他曾問過跟隨張自忠將軍的人，他們說：「人家都可以走，我們也可以突圍，可蓋忱公不走，在炮火連天中重創成仁。」

筆者比較認可張自忠的第二十九軍同事張壽齡對他的評價。張壽齡（一八九八—一九九九），字鶴舫，曾長期在西北軍及第二十九軍任職，與張自忠熟稔。一九三六年—一九三七年七七事變期間，張壽齡在北平南苑任第二十九軍軍事訓練團教育長。一九九九年，他在給劉昭[22]的書信中，對張自忠有一番中肯的評價，現抄錄於下：

我和張自忠相交多年，對他有所瞭解。當年馮玉祥手下的某些「太保」們是些無知識而有野心之輩，張自忠也不例外，只是他們的多種表現不同而已。他死於抗日戰場上，予以表彰、歌頌是應該的，但是必

22 中國共產黨黨員，七七事變前是北平南苑參謀訓練班的學員，同時也是做中共兵運支部書記。

須要明確的，往古以還，交戰國的雙方主要目的是保存自己實力，消滅對方實力。矢志報國者，以保全自己消滅對方，乃爲上策。當年張自忠計不出此，而以身殉，以洗前愆，是毫無意義的。透視出本質，乃一己之私。既不可取，更不足爲訓。

張自忠陣亡後，遺體被部下黃維綱親自帶人搶回。遺體由前方醫療隊用酒精洗擦乾淨，因屍體腐爛，只能用白布纏身，裝殮後乘汽車運返河西快活鋪——第三十三集團軍總部進行集體弔唁。

據一九九一年出版的《鍾祥文史資料》第十一輯〈抗日名將張自忠在鍾祥〉記載，當時快市街漆匠兒子王修志回憶：祭奠是在尹家灣——國民黨第三十三集團軍總部大禮堂。大禮堂是一座大草房，裡面非常簡陋，卻能坐一千多人。牆面是土坯，大禮堂正前方支起了一張鋪板，上面鋪著白布，張自忠的遺體就停放在上面。遺體用白布蓋著，面部露在外面，沒戴帽子。當時天氣炎熱，遺體旁邊安排四名官兵輪換用扇子搧風降溫。旁邊停放著一口蔭椿木棺材。由於張自忠個子大，棺材短，沒能將張自忠遺體放進去，直到傍晚，才運來一口楠木棺材，點著蠟燭才將張自忠遺體入殮。入殮

1940 年 5 月 28 日晨，張自忠的遺骸運至重慶，蔣介石率軍政大員迎靈船祭奠。

時，周圍擠滿了人。最後由王修志父親將棺蓋漆封。有一位二十多歲的婦女在棺材上痛哭不止，此女即應該是張自忠的三太太焦氏。當晚，第五戰區司令長官李宗仁、第三十三集團軍副總司令馮治安親來弔唁。

張自忠遺體入殮後的第二天正式祭奠，進出人來往不斷，洋鼓、洋號吹打一天。由返回的張自忠戰友張克俠主持祭奠。當時正處於五月下旬，氣溫逐漸升高，靈柩不能停放時間過長，總部經研究決定盡快將張自忠遺體運往陪都重慶安葬，於是總部安排顧問徐惟烈夫婦、李文田將軍夫人、女兒及張自忠的三太太焦氏等護送張自忠靈柩秘密赴重慶。

還有一種說法，是張自忠將軍的靈柩乘輪船溯江至戰時陪都重慶，沿途路過宜昌，聞訊而來的百姓不下十萬人自覺祭奠，場面十分壯觀。據筆者瞭解，當時航空管制，這種可能性較小。另外，張自忠的陣亡並沒有對外宣傳，以防止洩露秘密，影響全國抗戰士氣。還有據送靈的當事人李文田的女兒李燕回憶，當時去重慶是在秘密情況下進行，所以說十萬百姓路祭可能性不大。更為荒唐的是，有些媒體，甚至是學者稱，因日軍敬重張自忠的「忠義」，飛機都「不忍」投彈了，簡直可笑至極。

秦德純在發給蔣介石的電報中，將張自忠遺言中「對不起長官」改為了「對不起領袖」，獲得了蔣的好感，促使一九四〇年五月二十八日晨，當裝有張自忠棺材的船抵重慶儲奇門時，蔣介石委員長及各院部長親迎，並由蔣委員長主祭。當晚，靈櫬運抵北碚鎮西八里之雙柏樹三峽農業推廣所，停於所內。自靈櫬移抵雙柏樹至當年十一月十六日權厝梅花山，各方民眾團體、學者名流暨軍政官長陸續來弔唁，每日絡繹不絕。自張自忠將軍死於戰場，所有的報紙、民間一切對他的謾罵、諷刺，戛然而止。

一九四〇年七月七日盧溝橋事變三周年之際，《中央日報》、《大公報》首次大篇幅報導了張自忠、鍾毅兩將軍的死訊，並由國民政府決定，明令褒獎張自忠、鍾毅兩將軍。國民政府七月七日下令：「故陸軍上將銜陸軍中將張自忠，追晉為陸軍上將。」對張自忠事蹟「明令褒揚，交軍事委員會從優義恤，生平事蹟存備宜付國史館」，可謂極盡哀榮。

國民黨的林森主席題詞「天地正氣」，蔣介石委員長題詞「勛烈常昭」，馮玉祥題詞「藎忱不死」，李宗仁將軍題詞「英風不泯」，于右任作哀辭曰：「其立志也堅，其制行也烈，初嚙齒於危疆，終受命於前敵，身死功成，永為民族之光榮，是軍人之圭臬。」張自忠陣亡後，國人的悼文多至萬千，不一而足。

張自忠陣亡後，湖北宜城縣曾一度更名自忠縣。為紀念張自忠，北京、天津、武漢、上海等諸大城市設立了「張自忠路」。湖北宜城南瓜店殉難處有張自忠衣冠塚。

二、人爲拔高，虛無歷史

歷史包含著既有區別又相聯繫的兩層含義：一是指人類過去活動過程的本身，二是指對人類過去活動過程的記錄和解釋。關於張自忠殉難的歷史經過，最早在消息的源頭就出現了爭議。究其原因主要為回憶人，一則因為回憶者自身身體受傷或記憶久遠而出現部分失憶或錯憶；二則回憶者在對歷史進行追憶時，摻入了回憶時當

梅花山上張自忠之墓

下的情緒，這也使得部分記憶內容和真實歷史不盡一致。愛倫堡就曾說過：「記憶力通常是保存了一些東西，而放過了另一些東西。我對童年時代、少年時代某些場景的細節至今記憶猶新，雖然它們絕不是什麼最重要的東西；我記得某些人，但把另一些人忘得乾乾淨淨。」但是，在後來的歷史傳記與文學書寫中，有的人卻為了某種或公或私的目的，而對張自忠的殉難經過加以遠超歷史事實的拔高或虛化，則成為了當前爭議生成的最大原因。除此之外，政治導向、人為干擾、文獻匱乏、學術觀念狹隘等因素，也是造成爭議的重要原因。

抗戰勝利後，這其中兩點應值得注意，一為是否舉行過國葬，按照原來的打算，張自忠將軍靈柩應遷往南京舉行國葬，但內戰驟起，對遷墓之事無人問津。一九四七年，國民政府發布「國葬令」稱：故陸軍上將第三十三集團軍總司令張自忠，英毅超倫，矢心報國，於抗日期間督軍保衛疆土，勳勞炳著，見危受命，壯烈忠貞，允爲軍人模範。令抗戰成功自宜，特予國葬，用慰英靈而昭懋典著。內政部依法籌辦定期舉行此令。中華民國卅六年五月十日。此令只不過是一紙空文，根本無人過問。

二十世紀四〇年代，張自忠的七弟張自明將上海巨鹿路的花園洋房賣掉了一所，變賣的經費請人編纂了《張上將自忠畫傳》和《張上將自忠紀念集》，兩套書分別於一九四七年、一九四八年出版。尤其後者，上至國民政府領袖、達官顯貴、長官、故交、屬下袍澤，下至小學生，均參加了為張自忠撰寫悼文、題詞、輓聯之類，尤其第二十九軍袍澤，以張自忠已為國捐軀，為尊者諱，書中多為歌功頌德、緬懷先烈（宜昌有十萬人送葬即源於此書）的內容。《張上將自忠紀念集》出版後，張自明到處饋贈，惹得第二十九軍一些袍澤的不滿。大家普遍認為，張自忠雖然為國犧牲，但他在七七事變前後做了一些不光彩的事情，特別是逼宮一事，不該一死百了。張自明見大家不滿，便下帖請大家赴宴。席間張自明以「臨危受命」一詞文過飾非。但眾人依舊要求張自明將書收回，張自明見眾怒難犯，只好屈從，將饋贈的書籍多數收回。恰逢國共雙方內戰再起，人心惶惶，大家無心追究，此事不了了之。

一九五七年，張自明就張將軍正式安葬一事請示中華人民共和國國務院總理周恩來，周總理即批轉內務部處理。內務部答覆：目前國家困難，靈柩可就地正式安葬。不久，張家人將張自忠將軍權厝地面的靈柩，下葬入土，進行了正式安葬，但沒有官方高級領導參加，安葬儀式比較低調。

二是對於張自忠歷史的評價問題，一九四五年日本投降，一些相關檔案被迫公開，其中就包括了張自忠、張允榮所簽訂的《香月細目》，人們才知道張自忠在一九三七年已經當了漢奸，這也就是為何當一九五二年馮玉祥將軍遺孀、衛生部長李德全申請佟麟閣、趙登禹、張自忠三人為烈士時，只有張的烈士身分遲遲未有批准。改革開放初期的一九八二年，張自忠女兒張廉雲要求落實政策，才從中華人民共和國民政部申請到為張自忠追認的「革命烈士」證書。其中緣由不言自明。張廉雲一直對此耿耿於懷，她甚至認為是輿論將張自忠逼死，因此她總想為張自忠的過錯翻案，但只是機會未到。

一九六〇年一月，中國人民政治協商會議全國委員會（簡稱「全國政協」）開始出版《文史資料選輯》，這是邀請一批中華民國時期的親歷者撰寫或口述的一套歷史資料叢書，具有一定參考價值。在第一期《文史資料選輯》中選錄了兩篇文章。一篇為何基灃、鄧哲熙、戈定遠、王式九、吳錫祺合著的一篇真實的回憶錄──〈七七事變紀實〉，另一篇為戈定遠的〈二十九軍和冀察政權〉。〈七七事變紀實〉是二十世紀五〇年代，周恩來總理任全國政協主席時，讓以上作者撰寫的文章。〈二十九軍和冀察政權〉作者戈定遠是第二十九軍秘書長、冀察政委會秘書長，撰寫的文章客觀地記載了張自忠從第二十九軍建立到冀察政權時的表現。兩篇文章對張自忠有比較客觀的描寫，為此，張廉雲非常不滿。

自二十世紀八〇年代開始，張廉雲利用自己在中國國民黨革命委員會（簡稱「民革」）北京市委員會，任民革北京市副主任委員的權利，打著緬懷先烈的名義，唆使張自忠的原部下阮玄武（張自忠盟兄弟）、李致遠（張自忠連襟）、張宗衡等人撰文，為張自忠翻案，企圖蒙混世人，欺騙青年，篡改歷史。一九八〇年前後，她特意去上海探望張自忠部下兼盟兄弟阮玄武、張自忠同事張壽齡，請兩位替她撰文歌頌張自忠。張壽齡坦言當時不在北平城內，不知詳情無法撰寫而婉拒，為此開罪張廉雲；而阮玄武見張廉雲勢大，不敢得罪，又不想將自己捲入漩渦，便寫了一篇〈張自忠為國捐軀〉應付。該文有虛構部分，登在一九八〇年上海市政協的《文史資料選輯》第五輯中。

李致遠和張宗衡的文章則登在一九八二年十二月的北京市政協的《文史資料選編》（第十五輯）中，李致遠的〈和張自忠將軍的一次談話〉，張宗衡的〈張自忠留平是「逼宮」嗎？〉，公然為張自忠在七七事變後的錯誤翻案，兩文章很多不實之詞，影響極其惡劣。更有甚者，張廉雲因對〈七七事變紀實〉和〈二十九軍和冀察政權〉不滿，全文總計一萬九千六百二十八字，刪去了九千八百七十八字，使文章面目全非，抹去了張自忠在歷史上不光彩的一頁（詳見附錄）。一九九三年，江蘇古籍出版社出版了《馮玉祥日記》，該書原件是由馮玉祥遺孀李德全交到南京國民檔案館的，據馮玉祥之女馮弗伐證實，該日記是完整的，但出版時卻少了一九三七年六月至十月的內容，包括張自忠離開平津後，向馮玉祥下跪求救的史實。

不僅如此，張廉雲還利用職權在全國人心目中樹立起了張自忠的「高大全」形象。最典型的就是用「民革」機關的經費，由槍手林治波編寫了一本《抗戰軍人之魂——張自忠將軍傳》，一九九三年廣西師範大學出版社出版，這本書的特色就是將多名將領的戰功和政績全貼在張自忠一人身上，至今流毒尚未完全肅清。這本書一次印刷了七千冊，儼然成為全國寫史的樣板。

而張自忠的幾段重要錯誤推到上級身上，實際是欲蓋彌彰，例如，聲稱一九二六年張自忠叛馮投晉是石友三逼的；一九三七年率團訪日向日本天皇拜壽是宋哲元派遣；盧溝橋事變後張自忠留在北平當了代冀察政委會委員長是「臨危受命」等。

其中，有兩大歷史事件被有意篡改。一個是一九三三年「長城抗戰」的喜峰口大捷，槍手林治波用宋哲元名義宣布張自忠為「二十九軍前線總指揮」，並編出了張自忠親臨喜峰口前線發出了五點指示就取得勝利的不實之辭，還將一九三三年三月十九日蔣介石、孔祥熙在保定火車站接見第三軍團總、副指揮宋哲元、龐炳勳、秦德純五個人的合影名單改了三個，把龐炳勳改成張自忠，秦德純改成馮治安，更可笑的是把孔祥熙改成楊永泰。這張相片的篡改版不僅在大陸流行多年，而且影響了臺灣史學界，甚至在二〇一八年國內某雜誌還用這照片來解讀楊永泰的歷史[23]。林治波用這種「換人改名」的手法吹捧張自忠，不僅奪了秦德純、龐炳勳在「長城抗戰」中的政功和戰績，還奪取了被宋哲元任命的「喜峰口方面作戰軍前敵總指揮」趙登禹的功勞。不僅如此，林治波拼命拔高張自忠，讓張自忠以一個師長的身分，指揮了整個二十九軍在長城前線的抗戰，他戰前做出「五點

1933 年 3 月 19 日蔣介石、孔祥熙在保定火車站接見第三軍團正、副總指揮。從左至右為龐炳勳、宋哲元、蔣介石、孔祥熙、秦德純（引自《宋故上將哲元將軍遺集》上冊，臺灣傳記文學出版社 1985 年版，頁二十五。

23　實際楊永泰時任三省剿匪秘書長，與長城抗戰無關，當天他正在北平，根本沒參加此次合影。

指示」，成了獲勝的關鍵，戰後又做出了「四點總結」，穩定了軍心。實際上「擾亂了」軍隊的編制和部署，將本是三十八師負責的龍井關至馬蘭峪防線的張自忠改到三十七師馮治安的防線去指揮，去發指示。這個軍界、史界的大笑話並沒有人察覺，後來又被《人民日報》用做張自忠的光榮戰功去評選「雙百英模」。

另一個是關於台兒莊戰役。因為張自忠打過臨沂保衛戰，屬於台兒莊戰役的前哨戰，林治波就改寫為張自忠率軍增援台兒莊，最終贏得台兒莊戰役的勝利。他不僅奪了第二集團軍的戰功，而且連湯恩伯增援台兒莊的十三軍戰功也算到張自忠的頭上。

一九九三年，台兒莊大戰紀念館準備開館，張廉雲以「民革」主委身分帶隊布展，她特意將張自忠一人多高的巨幅照片擺放在門口，使得參觀的小學生進門先向張自忠鞠躬，但海外人士看了之後驚呼「這哪是

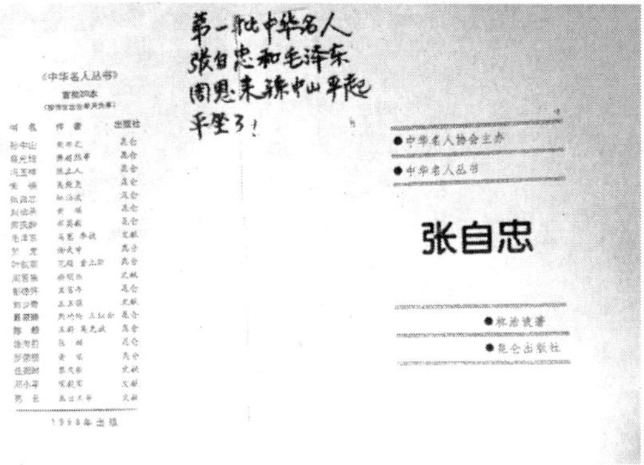

1998 年，由昆侖出版社出版的《中華名人叢書》系列，首批二十人中只有五名非共產黨人，其中就有張自忠。

在抗日民族统一战线的旗帜下，中国各民族、各政党、各政治派别求同存异，共同抗敌。在枣宜会战中，第三十三集团军总司令张自忠上将壮烈殉国。在反"扫荡"作战中，八路军副参谋长左权将军血洒疆场。同时，各地青年学生纷纷投笔从戎；广大妇女积极参加抗日宣传、救护和战地服务；随工厂内迁的工人不分昼夜，加班生产，支援前线；海外华侨和港澳同胞，积极捐款捐物，支援抗战，数万华侨青年回国参战；文艺界成立各种抗战协会，通过文艺作品宣传抗战，振奋士气。日本侵略者陷入了中华民族人民战争的汪洋大海之中。

问题思考
用史实说明抗日战争是全民族的抗战。

张自忠（1891—1940）　左权（1905—1942）

中国近代现代史
下册
人民教育出版社历史室　编著

正面战场形势的恶化　日军向敌后抗日根据地大举进攻的同时，在1939年初到1940年期间，为逼迫国民政府投降，向华中、华南的国民党正面战场发动了局部进攻。1940年5月，在枣宜①会战中，国民党第三十三集团军总司令张自忠率军与敌人奋战九昼夜，壮烈殉国，日军占领宜昌。

在枣宜会战中，张自忠亲自率领直属特务营和第74师的两个团向日军出击，将敌人截为两段，日军集结重兵对张自忠部实行南北夹击。张自忠身中数弹，仍大呼"杀敌报国"，最后英勇牺牲。周恩来称他为"全国军人楷模"。

最終，張自忠成了婦孺盡知的民族抗日英雄。圖為人民教育出版社 1996-2006 年教材，與至今（2021 年）使用的教材。

台兒莊大戰紀念館？簡直是張自忠紀念館」。後來大家提意見，巨幅照片取消了，但《人民日報》仍將台兒莊抗戰的戰功寫在張自忠的功勞簿上。

林治波不僅將多位名將的戰功、政績按在張自忠身上，而且還將張自忠的家庭奉為忠孝節義俱全的家庭，編出了張自忠死後其妻絕食七天殉夫而死，實際張自忠的大太太李敏慧是一九四〇年八月因病住院不治而死。她和張感情不好，已十幾年不說話。張還有三位夫人都很年輕，沒有一位殉夫。

總之，林治波因編假史有功，被提拔到了《人民日報》的中層領導。二〇〇五年七月二十六日、二〇〇九年九月二十一日，林治波兩次利用職權在《人民日報》吹捧張自忠，但兩次所敘述張自忠之死的細節都不相同，一次稱其自刎而亡，一次稱其身中七槍而死，可見其可信度不高，但憑這些吹捧將他評為「雙百英模」，又和張廉雲頻頻接見記者，上電視節目，到各大城市立銅像。不但在重慶立了銅像，而且在被張自忠出賣的天津、北京也立了銅像。

二〇一四年，張自忠被中華人民共和國民政部公布為第一批著名抗日英烈。

張自忠，這位抗日戰爭爆發前後飽受輿論譴責的漢奸，自二十世紀八〇年代後開始，隨著親歷者及知情人的先後去世，他的事蹟反而被其後代及槍手杜撰，張自忠逐漸被捧向神壇。而張自忠的真實面目卻越來越模糊。

時至今日，中文互聯網、電視節目、報紙雜誌中仍然充斥著大量造假的文物、史料、故事，把歷史變成了神話。其中有些錯誤，在前書正文中已有介紹，如張自忠擔任喜峰口前敵總指揮、張自忠戒煙等，但是還有大量錯誤資訊至今流傳，並且，這些錯誤資訊不僅沒有史料支援，而且邏輯上漏洞百出，自相矛盾，在此列舉三點：

一、張自忠的血石

在中國抗戰歷史博物館有兩塊血石，很多媒體是這樣介紹它的：張自忠在棗宜會戰時負傷不下火線，先是左臂負傷，後是腰部中彈，倒在血泊之中，依然指揮戰鬥，後又身中五槍，直至犧牲，鮮血染紅了身後的石頭，便有了這兩塊血石，張自忠的弟弟張自明找到了這兩塊血石，帶回後方。這個過程十分的詳細，有歷史層面造假之嫌，並且與驗屍報告嚴重不符合。更重要的是，當時與張自忠一起犧牲，一共三百餘人，張犧牲於南瓜店，黃維剛、過家芳奪回張自忠屍體的地方，是二十里外的陳家集，這期間，張自明不可能到達陣地，這兩塊血石不做DNA認證，怎麼證明是張自忠之血染紅的呢？

二、張自忠的妻子李敏慧聽聞張自忠戰死，悲痛欲絕，絕食而死。

張自忠實際上有四房妻妾，沒有一個是為他殉節而死的，李敏慧和張自忠感情並不好，到張自忠犧牲之日，已經有十餘年沒有說話了（劉振三的回憶）。據張自忠的女兒張廉雲在《團結報》撰寫的文章，稱她的母親於一九四〇年八月患子宮癌去世。

三、張自忠是第二次世界大戰時，反法西斯盟國犧牲的最高將領。

首先我們需要瞭解其他盟國犧牲的將領。

蘇聯陣亡的將軍：阿帕納先科大將（一八九〇—一九四三）、瓦圖京大將（一九〇一—一九四四）、切爾尼亞霍夫斯基大將（一九〇六—一九四五）、基爾波諾斯大將（一八九二—一九四一，此人犧牲時的軍銜是上將，被追封為大將）。二戰時期，蘇軍方面軍下設集團軍，這四位將軍都擔任過方面軍司令，相當於中國當時的戰區司令。

英國陣亡的幾位將軍：蘭斯洛特・霍蘭德海軍中將（一八八七—一九四一）、菲力浦斯上將（一八八八—一九四二）、威廉・戈特中將（一八九七—一九四二），被稱為「懲罰者」，統帥第八集團軍，座機因德軍攻擊而迫降，但飛機起火，因此喪生。

美國犧牲的高級將領有巴克納將軍（一八八六—一九四五，被追贈四星上將）。

所以說張自忠將軍是二戰盟國犧牲的最高級別將領是不準確的。而中國戰場上犧牲的集團軍將領還有一位李家鈺將軍，大陸地區少有宣傳。

由此可見，存在比張自忠級別高或與張自忠平級的盟國將領。

進行學術研究應該具有一種開放的包容心態去探尋宇宙之真，既要不蔽於個人私見，也不要囿於時代偏見。而爭議的產生，在很大程度上是由於治學理念上的偏狹。中華人民共和國成立之後，學界對於國民黨正面戰場抗日的貢獻，採取選擇性遺忘，或有意地去貶低，無意之中，將中日兩國之間的矛盾，窄化為國共兩黨的鬥爭，因此，在歷史研究中，我們很難看到真相，更多的是一種政治情緒的表達。直到改革開放之後，思想得以解放，抗日戰爭被納入到了中華民族的這一巨大主體中來加以審視。因此，對於抗日戰爭研究與評價，就更加全面和客觀了。

對於張自忠也是如此，盡量不要以一種狹隘的心態進行研究和評價。歷史學是人文社會科學領域的重要學科，應當遵循實事求是的科學指導原則。秉持打壓異見，而利用職權搞虛假歷史，不僅屬於以私心治學，而且就是「學術腐敗」。我們應該深刻反思，盡力防止這樣的事情發生。希望史學工作者能辨清真偽，以正視聽。正如丁伯林針對於歷史研究與文學作品中，過於虛化拔高張自忠之死的現象，而作的評價：「為保證『情節統一性』和『人類趣味』，充分調動想像以將盲點予以消解是有必要也是可能的事，問題是我們要在運用想像的同時，充分顧及想像的張力極限，不能濫用，否則就得不償失了。」

第四章　馮治安領導第三十三集團軍堅持抗戰

第一節　第三十三集團軍的人事變動

馮治安（一八九六—一九五四），原名治台，字仰之，河北省故城縣人。早年投效馮玉祥部，成為一名職業軍人。馮玉祥發動「北京政變」時，馮治安任手槍團團長、手槍旅旅長，後升任第十五軍軍長。曾入陸軍大學受訓，畢業後改任第十一軍軍長。一九三一年六月時，任國民革命軍第二十九軍第三十七師師長。其時宋哲元任軍長，張自忠任第三十八師師長。

馮治安

盧溝橋事變爆發之前，馮治安已率部多次與日軍作戰。其中有兩次尤其為國人稱道。「長城抗戰」時，馮治安率部在喜峰口阻擊入侵日軍，不僅成功地組織了對日軍的大規模奇襲，重創日軍，還在羅文峪對日軍進行襲擊，馮治安也因此獲得了南京中央軍事委員會所授「青天白日勳章」。七七事變時，馮治安率部與日軍激戰於盧溝橋。在這次事變中，馮治安最早下達命令對日反擊，明確指示所部：爲維護國家主權與領土完整，寸土都不許退，可採取武力自衛及斷然處置。國家存亡在此一舉，設若衝突，盧溝橋即是你們的墳墓！還與秦德純共同發布

青天白日勳章

盧溝橋守軍作戰令：盧溝橋為平津咽喉，華北鎖鑰，關係至重，務必確實固守。不准日軍一兵一卒進入，不許放棄一尺一寸國土。彼如開槍，定予迎頭痛擊。命令第三十七師何基灃旅吉星文團金振中營打響了中國全面抗戰的第一槍。同年八月，馮治安升任為第一集團軍第七十七軍軍長。當時的日本特務機關將駐紮在華北的第二十九軍以及當時冀察政委會政權中的重要人物作了一個統計分類，把他們劃分為「親日派」、「知日派」和「抗日派」三大類，意圖離間、誘和或暗殺，以各個擊破。日軍因為馮治安具有堅決的抗日決心和曾作出過有力的對日抵抗，於是將其視為頑固抗日派。同時，對於第二十九軍各部的抗日表現，在民間也傳有「三十七師打，三十八師看」的說法。

張自忠在獲釋回歸軍隊後，奮不顧身英勇對日作戰，功勳顯著，很快其所受處分被取消，並升任第三十三集團軍總司令，而馮治安此時則擔任副總司令。棗宜會戰中，張自忠戰死，馮治安則被任命為第三十三集團軍總司令，堅持領導抗日。當時，日寇兇焰正熾，馮治安於是利用運動戰術與敵周旋，率部西走觀音寺、霧渡河，又折向北，行經南漳縣，渡過襄河至河南鄧縣，然後復折回南漳。轉戰過程中，使日軍疲於奔命。所部第三十三集團軍在七月收復棗陽，這次棗宜戰役，前後斃傷日軍近五千人，還重創過導致張自忠戰死的日軍旅團，迫使正面日軍多日不敢妄動。

張自忠死後，三十三集團軍人事變動如下：

總司令 馮治安　總參謀長 陳繼淹（兼副總司令）　集團軍的兵站分監 王錫町（相當於後勤部長）

第五十九軍軍長 劉振三[1]　副軍長 孟昭廉

第三十八師師長　李九思

第一八〇師師長　董升堂

暫編第三十五師師長　翟紫封

第七十七軍軍長 何基灃

第三十七師師長　吉星文

第一三二師師長　王長海

第一七九師師長　過家芳

劉汝明領導的六十八軍調歸孫連仲的第二集團軍作戰。他們直接參加了台兒莊保衛戰、武漢大會戰及石牌保衛戰等二十多次大小戰役，後孫連仲升任第六戰區司令長官，劉汝明接任第二集團軍總司令，堅持了八年抗戰，直到日本投降。

1　劉振三以戒鴉片煙爲名赴上海不歸，所有職務由孟昭廉負責。

黃維綱 小傳

三十八師師長黃維綱

黃維綱（一八九七—一九四三）字震三，號雨辰，河南省項城縣人。一九一一年他十六歲時考入河南陸軍小學讀書，後入清河預備學校及保定軍官學校第七期。一九一九年畢業後入伍。投入馮玉祥部，表現優異，頗為馮氏所垂青，由排、連、營、團、旅長，第二集團軍總部少將參謀處處長，升任軍官學校校長。在團長任內曾參加北伐戰爭。一九三〇年西北軍失敗後，馮玉祥將部隊改編，黃維綱被編入第二十九軍三十八師張自忠部的一一二旅任旅長。

一九三三年日寇進窺冀北，第二十九軍奉命北上抗日，黃維綱參加過喜峰口抗日浴血奮戰。一九三四年，宋哲元出任察哈爾省主席，黃維綱旅長隨軍進駐察哈爾省赤城龍門所，捍衛察東。

一九三五年，宋哲元出任冀察政委會委員長，察哈爾省省主席由三十八師師長張自忠兼任。後張自忠師長調任天津市市長，黃維綱旅長隨軍進駐天津小站、大沽，保衛津沽。一九三七年，張自忠出訪日本進行軍事考察，黃維綱隨訪。回國後，鑒於日軍訓練有素，裝備優良，侵華野心不死，他決心加強部隊訓練，改善裝備，積極備戰。

一九三七年七月七日，盧溝橋事變爆發後，所屬官兵，無不摩拳擦掌，義憤填膺，紛紛請命，開赴前線殺敵，以報長城血戰之仇。黃維綱在和、戰未決的情況下，教育官兵：「仇要報，仗要打，我輩軍人，以服從命令為天職。」他還囑官兵們加強軍事防禦，待命殺敵。此時，敵人以和談為陰謀，從東北調集大批日軍，源源不斷進入關內，結集於平津各地，企圖一舉消滅第二十九軍，佔據華北。

當時，駐天津市三十八師副師長兼警察局局長李文田聞知戰況，而張自忠師長留在北平未歸，黃維綱參加了李文田在寓所召集的「七人會議」，並在「喋血抗日，義無反顧」的宣言上簽名。七月二十九日清晨，以黃維綱旅在天津外圍做為總預備隊，其餘各部分頭進攻東站、大新工廠及海光寺、飛機場等。在天津人民支援下，經過一天的激戰，擊毀敵機數架。然而，敵人憑藉樓房和工事，進行瘋狂的反擊，使我方部隊雖然攻入敵人陣地據點，但傷亡很大，後來奉命撤出陣地，放棄天津。黃維綱部隊戰鬥於天津外圍。中國全面抗戰開始後，張自忠的三十八師擴編為五十九軍，黃維綱提升為三十八師師長，戰鬥於青縣、馬廠減河、唐官屯等地，阻止日敵南犯。

黃維綱曾率部在河北省廣平縣與日作戰，殲滅日軍四百餘人，繳獲大批戰利品。後又隨張自忠第五十九軍，配合龐炳勳部參加臨沂戰役，擊潰板垣師團，殲其兩個大隊。並隨張自忠第二十七軍團參加武漢會戰，隸第五戰區，於潢川地區阻擊日軍第十師團西犯，激戰七日夜，敵不能進。一九三九年春，黃維綱調任三十八師師長。四月下旬，隨張自忠參加隨棗會戰，黃維綱帶領第三十八師在流水溝與日寇激戰。一九四〇年宜棗會戰中，張自忠殉國，黃維綱率部擊退日寇，尋回張自忠忠骸。後黃維綱升任第五十九軍軍長，改隸第五戰區孫連仲第二集團軍，與劉汝明、曹福林並列，並隨孫連仲參加豫南會戰。當時，黃維綱率部由唐河、泌陽進攻日軍後方，切斷日軍後方聯絡線，迫其回竄，然後於唐河圍殲之。一九四一年五月，黃維綱又增援南陽，與日軍激戰兩日後，退出南陽。一九四三年，黃維綱部改隸第六戰區馮治安第三十三集團軍，與王耀武第七十四軍、王甲本第七十九軍、池峰城第三十軍、馮治安所兼七十七軍，一同參加了鄂西會戰。戰後，黃維綱再次榮獲「青天白日勳章」。

自從七七事變抗日戰爭開始，黃維綱軍部轉戰南北，他本人很少離開部隊，以致積勞成疾，生活不能自理。一九四二年上級派專機接他到重慶就醫。馮玉祥將軍聞知後，經常攜帶食品到醫院探望，當病情略有好轉時，他即刻回到前線參與軍事訓練和戰鬥。一九四三年八月二日，他在參加一次訓練回軍部以後，由於操勞過度，突然高燒昏迷，經搶救無效，病逝於湖北南漳抗戰前線安家集金華寺防地，享年四十七歲。當時國民政府曾予以褒獎並晉級為陸軍中將。當時留下的幼子僅一歲半。

第二節　馮治安堅持八年抗戰

張自忠陣亡後，馮治安任總司令，他委託副總司令張克俠於一九四三年三月三日視察設在張坡村的後方基地，在操場村創辦軍官子弟學校——七七小學，後為隨軍家屬子弟上學，又創辦了自中中學。馮治安兼任校長，張克俠兼任校董事長。該校師生共計六百餘人，所聘任的教師多為思想進步者。一九四五年春，日軍大舉進攻豫西南，國軍紛紛敗退。自中中學也隨幹訓班遷到了湖北省竹山縣的兩河口。學校前後培養眾多優秀的師生。

抗日戰爭勝利之初，馮治安在湖北和河南等地接受日軍投降。鑒於馮治安在抗日戰爭中的卓越功勳，國民政府又授予其陸海空一等勳章、雲麾勳章、二等寶鼎勳章、美國自由勳章、忠勤勳章、勝利勳章等。

陸海空一等勳章

二等寶鼎勳章

一九五四年十二月十六日，馮治安於臺北病逝，卒年五十八歲，被追贈為「二級上將」。

馮治安將軍自「長城抗戰」以來，一直帶領部隊對日作戰直到日本投降，期間征戰無數，功勳卓著，在挽救中華民族危亡與保存炎黃遺脈方面，做出了巨大貢獻，無愧於中華民族的偉岸脊梁。有人也因此作詩稱讚馮治安，其云：「奮掃倭奴不顧身，忠貞何分海南北，犁庭掃穴淨乾坤，一樣千秋萬歲名。」

馮治安

二〇一四年七月七日，中華人民共和國國家主席習近平在抗日戰爭紀念館接見了馮治安將軍之女馮炳茹和何基灃將軍之子何冠。

第五章　秦德純東京國際軍事法庭揭露土肥原

第一節　秦德純加入第二十九軍

秦德純，字紹文，一八九三年出生於山東省沂水縣北埠東村人。早年考入濟南陸軍小學，後升入保定軍校三期。一九一四年畢業後入皖系軍隊。一九二〇年進入北京陸軍大學第六期深造。一九二三年畢業後加入直系軍隊，率部駐防鄭州。一九二七年六月，國民革命軍第二集團軍總司令馮玉祥率部擊敗奉軍，佔據河南省，秦德純所部無所歸屬。秦德純與陸大同期同學甄銘章聯繫（甄係孫連仲部參謀長），請求加入馮玉祥的西北軍。馮玉祥將秦部改編為二十三軍，由此，秦德純成為西北軍的將領。一九二九年，秦德純任西北軍副總參謀長。一九三〇年「中原大戰」爆發，秦德純為第二方面軍參謀長。九月張學良通電擁蔣，督兵入關，馮部瓦解，敗退在黃河以北的西北軍，歸張學良改編。

在改編過程中，宋哲元和孫良誠都想收西北軍殘部為己所用。宋哲元的心腹蕭振瀛前往北平見張學良接洽，秦德純決定投奔宋哲元，從中為宋哲元出力，最終張學良同意宋哲元組軍。宋部由西北軍的散兵游勇縮編而來，所組新軍改編為東北邊防軍第三軍，宋哲元為軍長。後按全國統一編號，稱陸軍第二十九軍，宋哲元為軍長，馮治安為三十七師師長，張自忠為三十八師師長。秦德純擔任第二十九軍總參議，經常留在北平為宋哲元辦事。

一九三三年二月，日軍進犯熱河，華北形勢危急。國民政府軍事委員會決定將華北地區的二十餘萬軍隊組織起來編成八個軍團進行抵抗，各軍團從山海關、喜峰口、冷口、羅文峪，延至古北口長城沿線設防。宋哲元率第二十九軍參加「長城抗戰」，負責喜峰口至羅文峪一線的防禦。宋哲元的第二十九軍和龐炳勳的第四十軍被編入第三軍團，國民政府軍事委員會任命宋哲元為總指揮，秦德純為副總指揮，龐炳勳也為副總指揮，張維藩為參謀長。三月九日，日軍攻至喜峰口，馮治安率領三十七師前往防守，宋哲元和秦德純到撒河橋前線督戰。經過秦德純的建議，改變陣地戰，分三路繞至敵後襲擊，致有羅文峪殺敵三千的大捷，第二十九軍博得了很好的聲譽。在取得喜峰口大捷後，三月十九日在保定火車站，蔣介石、孔祥熙接見第三軍團總指揮宋哲元、副總指揮秦德純和龐炳勳。

第二節　從察哈爾省代主席到北平市市長

「長城抗戰」結束以後，第二十九軍回察哈爾省駐紮，宋哲元擔任察哈爾省主席。一九三五年六月發生「張北事件」，日軍四人非法潛入張北地區偵查，遭我駐軍檢查。日軍卻指責第二十九軍的行為是侮辱日本軍人，並提出一系列無理要求。宋哲元派秦德純赴北平與日方談判，秦德純與日本駐華武官高橋進行接洽，高橋提出六項無理要求，宋哲元指示秦德純拒絕日軍要求。南京國民政府為避免事態擴大，擔任行政院院長的汪精衛決定免去宋哲元的察哈爾省主席職務，由秦德純代理。在談判期間，土肥原賢二也在北平，有時也參加談判，態度極其蠻橫，威脅恫嚇秦德純，如果不答應日方的要求，日軍就將採取自由行動，秦德純甚至被土肥原逼得吐血。最終在南京政府批准，北平軍分會委員長何應欽同意的情況下，秦德純被迫簽署《秦土協定》。日本奪取了察哈爾省的大部分主權。

日軍在侵佔東北後，又繼續向華北侵略。在武裝侵略的同時，又積極進行政治誘降，謀劃「華北自治」。在這一陰謀實施過程中，土肥原賢二起到重要作用。

一九三五年十月，土肥原賢二以協助日本天津駐屯軍司令官多田駿的名義來到天津，親自策劃「華北自治」。土肥原到天津後就威脅宋哲元在政治方面建立華北自治政府，在經濟方面向日本妥協，遭到宋哲元拒絕。十一月，土肥原向宋哲元提出「華北高度自治方案」，並限宋哲元於十一月二十日前宣布「自治」。十一月二十四日，漢奸殷汝耕在土肥原指使下宣布「自治」，成立「冀東防共自治委員會」（是年十二月二十五日改稱「冀東防共自治政府」）。至此，華北危機達到頂點。

面對土肥原賢二的步步緊逼，宋哲元表面上敷衍塞責，實際上並不想投降日本。宋哲元將土肥原的最後通牒向南京彙報，請示應付方針。蔣介石指令中國駐日使館與日本政府交涉，要求制止土肥原分離華北的行動。蔣介石從情報上獲悉土肥原並無代表日本政府資格，遂將此訊息電告宋哲元，立即停止與土肥原的談判。宋哲元得知情況後，就拒絕了土肥原的要求，為了擺脫土肥原的糾纏，就以探望母親為由，赴天津躲避。

日軍方仍要求「華北自治」，蔣介石感到事態嚴重，遂命何應欽、熊式輝、陳儀等前來北平處理。宋哲元搬到頤和園，由秦德純、蕭振瀛出面接待。在日軍方的威脅下，經過多方商討，報蔣介石核准，成立冀察政務委員會，以宋哲元為委員長，秦德純為常務委員兼北平市長。

第三節　秦德純調和宋張矛盾

一九三七年五月十一日，宋哲元為躲避日軍糾纏，以掃墓為名回故鄉樂陵，臨行前宋哲元指定馮治安代位第二十九軍軍長，秦德純負責對日談判。七七事變爆發後，秦德純在與日軍特務機關長松井久太郎的談判中態度強硬，拒絕從盧溝橋撤軍，結果日軍方繞過秦德純，轉而找張自忠談判，並在張允榮家與張自忠簽署停戰協定。七月二十六日，日本天津駐屯軍司令官香月清司向宋哲元發出最後通牒，要求第二十九軍三十七師於七月二十七日正午以前撤出盧溝橋，否則日軍將採取自由行動。七月二十七日，宋哲元拒絕香月清司最後通牒，並發出自衛守土通電。七月二十八日，第二十九軍內部再次發生戰、和矛盾，在此千鈞一髮，可能發生兄弟鬩牆的危急時刻，秦德純力挽狂瀾，勸宋交權離平。當晚，宋哲元被迫率秦德純、馮治安等赴軍事委員會駐保定辦事處報到，然後到馬廠收攏隊伍。

由於天津李文田抗戰，北平阮玄武率部投降，劉汝珍突圍出走，張自忠不被日軍信任，便隻身逃出北平。九月上旬，張自忠取道煙臺前往濟南，一到濟南就被韓復榘軟禁。秦德純聞知張自忠到了濟南，擔憂第二十九軍分裂，便由前方趕到濟南。張自忠見到秦德純後失聲痛哭，無地自容地說：「對不起長官，對不起朋友，無面目見人。」秦德純安慰他說：「君子之過也，如日月之食焉。過也人皆見之；及其更也，人皆仰之。報國之日方長，過去的事就算過去了，不必介意。」此時蔣介石下達命令免去張自忠天津市長及三十八師師長的職務，將他押往南京治罪。十月，張自忠在秦德純的護送下赴南京面蔣請罪。蔣介石希望秦德純接手張自忠的三十八師，但秦為了團結第二十九軍，顧全抗戰大局，表示還是由張自忠擔任師長更合適。在秦德純的周旋勸說下，蔣介石允許張自忠歸隊，但仍對張心有餘悸，擔心他歸隊後不能迷途知返，於是在〈國民政府公報二四七九號〉中，指責張自忠「放棄責任，迭失守地」，給予了「張自忠撤職查辦」的嚴厲處分，指望他能忍辱負重，戴罪立功。秦德純在南京逗留五日後北返，為防止蔣介石對張自忠態度發生變化，秦德純在火車上親擬電稿，以宋哲元的名義請求蔣介石允許張戴罪立功。張自忠得以重返戰場，血灑襄東。宋哲元在後方時，秦德純始終陪在宋身邊，直至宋哲元逝世。

第四節　東京國際軍事法庭上的證詞：秦德純智鬥土肥原

第二次世界大戰結束後，同盟國對法西斯戰犯進行了大審判。對日本法西斯的審判在日本東京開庭，接受審判的日本戰犯共有二十八位，其中就有土肥原賢二，而且名列前十。土肥原賢二在「九一八事變」前，就把魔掌深入中國東北，後來又策劃「華北自治」，製造了一系列的罪惡事件。但是由於土肥原主要是在幕後策劃指揮，罪行不外露，故罪證不易搜集。開庭之後，土肥原賢二覺得中國檢察官抓不住他多少證據，就輕鬆起來，甚至變得滿不在乎。

面對土肥原賢二的囂張，中國檢察官逐條駁斥他的無罪理由，同時也請證人出庭指證土肥原的罪行，出庭指證的證人就有秦德純。抗戰勝利時，第二十九軍主要將領宋哲元、佟麟閣、趙登禹、

1946年，秦德純在東京國際軍事法庭作證

東京國際軍事法庭上，秦德純指證土肥原賢二

張自忠、黃維綱等皆已去世，秦德純是少數參與對日交涉的高級將領，他的出庭對於土肥原賢二可以說是個巨大的打擊。秦德純在東京國際軍事法庭上指證「張北事件」交涉過程中土肥原賢二對他恫嚇威脅，事件交涉過程中表面上是日本駐華使館武官高橋，然而實際處理者是土肥原賢二。秦德純還指證冀察政務委員會成立前後，土肥原賢二策動成立「華北政府」，使華北脫離中央，對宋哲元將軍進行威脅誘惑。在陳述七七事變經過時，秦德純指證了香月清司、酒井隆等是直接策動者，但最後一針見血地指出：「然最初領導佔領華北者，乃發動九一八事變之土肥原賢二。」秦德純與土肥原賢二直接交過手，對他的侵略活動十分瞭解，他的證詞直接證明了土肥原賢二策劃「華北自治」，搞冀東傀儡政權的罪惡事實，土肥原賢二在法庭上無法狡辯。秦德純的證言，為法庭判處土肥賢二絞刑起到關鍵作用。這也可以說是當年的第二十九軍對於日軍的最後一戰，結果可以說是：大獲全勝。

尾聲：重返盧溝橋

如今，當年戰火和硝煙早已散去，但是中國人沒有忘記抗戰的沉痛歷史，也沒有忘記奮起抵抗為中華民族爭求生存的愛國將士。當年第二十九軍一三二師的張可宗在回訪盧溝橋時曾說：「一年三六五天，天天都想起抗戰的事情。現在我告訴下一代，中國的土地寸土不讓，寸土必爭，第二十九軍盡到了保家衛國的責任。」後人不會忘記盧溝橋事變的歷史，許多人經常自發地來到盧溝橋，尋找前人的歷史遺跡，憑弔殉國的烈士。

1986 年 10 月，僅存的宋哲元樂陵招兵的軍訓團成員與作者合影。左二為張聞達、左三為史新泉、左四為邢志民、左五為郭孟龍

1986 年 10 月，二十九軍官兵重返盧溝橋
前排左起：史新泉、劉景岳、張聞達、錢寶鈞、吳江平、洪大中、過家芳、張壽齡、苑義三、劉作祚、尹心田、劉昭、孫文濤；後排左起：郭孟龍、韓立才、楊雲峰、王世江、顧相貞、王漁村、王達成、劉鴻書、黃維銓、趙毓景、邢志民、欒升堂。（李惠蘭攝影）

2007 年，七七事變七十周年，二十九軍將士子弟齊聚盧溝橋

1987 年宋哲元後代由美國返抵盧溝橋

1987 年抗戰老兵重返盧溝橋

2007 年 7 月 7 日，第二十九軍僅存的老兵們重返盧溝橋，紀念七七事變七十周年。左起沈甸之、李鴻斌、張可宗、馬步先、吳江平、崔金品、趙新立、孫敬生、趙金典。（李惠蘭攝影）

後記

照片左起為李惠蘭、張廉雲、過家武、宋志嵐。

我之所以研究七七事變相關歷史，既有社會原因，也有家庭淵源。

我的母親是宋哲元的親妹妹，常年負責我外祖母的日常起居，所以，我在宋家長大，和西北軍的子弟都很熟。一九三九年，天津發大水，我外祖母家地勢低，我們就到張自忠家（今天津市成都道六〇號）借住了兩個月，和張自忠的二姨太康敏芳相處得很好。之後，我們兩家仍有往來，到了一九八九年，張自忠之女張廉雲還曾到我家邀請我負責天津市民革的工作，我深感自身能力不足，便婉言謝絕，但介紹了我的表妹宋志嵐和張廉雲認識，並參加民革活動。

一九八六年十月，北京新聞電影製片廠爲了拍攝電影《盧溝槍聲五十年》，把當時能找到的原第二十九軍官兵都請來了。在照顧這些老人的生活起居過程中，我得知了當年許多不爲人知的歷史細節，激發了我對這段歷史的極大興趣。之後，我不僅多次到南京、上海、重慶、臺灣等地，查找檔案、走訪親歷者，還遠赴美國、日本尋找史料。一九九七年，彙編成《七七事變的前前後後》一書，並在北京社會科學院和抗日戰爭紀念館召開的「紀念七七事變六十周年」國際學術研討會上散發。

一九九八年七月七日，北京抗日戰爭紀念館召開了七七事變的紀念會，時任抗日戰爭紀念館館長的張丞鈞宣布李惠蘭的《七七事變的前前後後》一書存在問題，必須燒毀。引起了在場的與會者不滿，七七事變南苑抗戰親歷者劉昭、時任抗日戰爭紀念館副館長劉建業和馮玉祥之女馮弗伐退出會場以示反對。張廉雲主持會議，堅定地說：「必須燒毀。」就這樣燒毀了存在館內的一千本書和華僑購買後捐贈的一百本書。因我遠在天津，事後才得知。

書被燒後，我就開始尋找原因，原來是因爲書中引用了全國政協文史資料第一輯第一篇何基澧等五位親歷者所寫的〈七七事變紀實〉一文。此事促使我更加深入地研究有關七七事變的各種檔案材料。經查證，〈七七事變紀實〉一文並沒污蔑張自忠，他當年的確親日，並且和敵人簽訂秘密協定——《香月細目》。之後，我發現了一些對整個七七事變歷史研究都有錯誤的導向的假史料，如在《中國抗日戰爭研究》第二期發布了〈從一份僞造的「作戰命令」談起〉一文，裡面談到一份以宋哲元名義發布的假作戰命令。

二〇〇七年，《七七事變的前前後後》再版，獲得了全國檔案文獻史料二等獎。

附錄一

中國文史出版社關於〈七七事變紀實〉一文刪節情況的說明

筆者按：正是通過這份說明，我才知道我書被燒的原因，該說明與其說是他們的辯解詞，倒不如說是自供狀。

七七事變的歷史距今不過百年，大量的檔案文獻、電報、回憶錄可供查閱，想篡改這段歷史簡直是異想天開。

萬通秘書長[1]：

劉昭同志致函李主席，對我社再版的《文史資料選輯》合訂本收錄的〈七七事變紀實〉一文的刪節提出異議，現就其所反映的問題答覆並報告如下：

1 鄭萬通時任全國政協秘書長

一、原《文史資料選輯》係內部出版物，其中刊有〈七七事變紀實〉的第一輯出版於一九六〇年一月。四十年後的今天再版，時間、條件都發生了很大變化，對原文中不符合現行政策及統戰要求的部分，必須有所刪節。

二、對〈七七事變紀實〉一文，作者的家屬與張自忠先生的遺屬之間一直存在著嚴重分歧。十年動亂結束後，張自忠先生之女張廉雲同志（原北京市政協副主席）就曾對此文提出異議，認爲其中多處有悖史實，對張自忠先生的聲譽及遺屬造成極大傷害。天津人民出版社曾出版李惠蘭主編的《七七事變的前前後後》一書，內中收有〈七七事變紀實〉一文，張廉雲同志意見甚太，分別上書北京市委和天津市委。經研究，盧溝橋抗日戰爭紀念館將所存該書燒毀，天津人民出版社則聲明不再版此書。

三、張自忠將軍是聞名全國的抗日將領，一九八二年，民政部頒發了《革命烈士證明書》。在三大直轄市北京、天津、上海以及武漢市都有以「張自忠」命名的街道，以示紀念。早在一九四三年，周恩來同志談到張自忠留守平津時，曾給以很高評價：「迨主津政、忍辱待時，張上將殆又爲人之所不能爲。」而在〈七七事變紀實〉一文中，多處談張自忠有親日傾向，逼宋哲元交權，電令天津三十八師停止對日寇的進攻，以致平津陷落等。我們作爲全國政協的出版社，如對此類行文不做必要的刪節，恐不符合統戰政策。事實上，在此之前，凡收錄刊用此篇文章時，都做了刪節。如《七七事變親歷記》、《中華文史資料文庫》，不僅做了必要的刪節，而且有所改動。

四、考慮到以上情況和其他類似的情況，出版社在決定再版《文史資料選輯》合訂本時，專門就此進行了討論，制定了若干規定，態度是嚴肅認眞的。

五、無論是〈七七事變紀實〉一文作者（均已故）的家屬，還是張自忠將軍的後人，都是統戰對象。故對文章的處理，我們採取了愼重的態度：盡量消弭矛盾。所刪節部分僅有兩段涉及具體史料，而這兩處正是雙方家屬爭議較大之處。一處講：在天津抵抗的三十八師在接到張自忠的電報後撤退。此處歷來說法不一。在《中華文史資料文庫》中，在此處採取了含糊其辭的辦法，改爲接到「北平」來的電報。但深恐細究起來更容易產生歧義，故此次採取了刪節的辦法。另處講，宋哲元離開北平係張自忠將軍所迫。此說缺乏史實依據。張廉雲同志掌握有大量資料，並有專文反駁。

需要特別說明的是，在此文的處理過程中我們是堅持了原則的。既要保持文章的完整，又注意化解矛盾，避免不良影響。事實上，我們也並未完全按張廉雲同志的意見辦理，只是刪節了那些不符合統戰政策的部分。綜上所述，我們認爲，在對〈七七事變紀實〉文處理上，出版社是十分愼重的，所做的工作僅僅是必要的刪節。

特此報告。當否，請指示

中國文史出版社

二〇〇〇年三月二十八日

附錄二

七七事變紀實

筆者按：〈七七事變紀實〉是在二十世紀五〇年代周恩來總理任政協主席時，讓七七事變的親歷者寫的一篇眞實的回憶錄，一九六〇年出版（中華書局版《文史資料選輯》第一輯第一篇，第五—三十三頁）。這五位作者都曾在宋哲元身邊工作過（其中何基灃是守衛盧溝橋的親歷者）。此文是他們經過集體回憶認眞編寫而成，總計一萬九千多字，是國內瞭解七七事變歷史的參考資料，但後來被蓄意刪改（刪改的是粗體字部分，由何基灃之子何瑗整理），直至在文史資料合訂本中消失。該文作者後代向中國文史資料出版社提出訴訟，經北京市西城區人民法院和北京知識產權法院兩次判決（分別爲京一〇二民初一九六五〇號和京七三民終三七六〇號）。最終判決：中國文史出版社停止出版發行有刪改的〈七七事變紀實〉一文的圖書，並於二〇二一年三月前公開登報道歉。但出版社抗拒拖延，直至二〇二一年十月十八日的《新京報》、二〇二一年十月二十日的《法制日報》才刊登了道歉聲明。但即便如此，其惡劣影響流毒至今。

关于《“七七”事变纪实》著作权的声明
——中国文史出版社有限公司消除侵害作者的保护作品完整权和修改权的影响的声明

2021年10月20日刊登於法制日報

一

日本帝國主義者自從一九三一年以武力侵佔我東北三省，又在一九三三年以武力侵佔我熱河省以後，暫時改變了對我國的侵略方式。它一方面利用國民黨反動政府的屈辱外交，先後簽訂了《塘沽協定》[2]和《何梅協定》[3]，以攫得我國政治、軍事和經濟等各方面的主權；另一方面，積極扶植漢奸親日派進行拼湊偽組織的活動，於一九三五年十一月嗾使漢奸殷汝耕成立了所謂「冀東防共自治政府」，以便把這一地區完全地、直接地控制在它的掌握之內。

---

2 一九三三年二月底日寇侵佔熱河後，又大舉進攻長城各口，我國駐長城沿線各部隊曾進行抵抗。但由於蔣介石忙於進行「剿共」內戰，不派主力部隊北上援助，不久，日寇經灤東等地進逼平津。何應欽與北平政務整理委員會委員長黃郛遵照蔣介石指示，派熊斌於五月三十一日和日方代表岡村寧次簽訂《停戰協定》五款於塘沽。根據這一協定，國民黨政府實際上承認了日本佔有東三省及熱河省，劃綏東、察北、冀東爲日軍自由出入的地區，並且把整個華北都置於日軍監視之下，爲日本進一步控制華北、策動華北「特殊化」準備條件。

3 一九三五年五月二十九日，日本天津駐屯軍參謀長酒井及日本大使館武官高橋，以中國當局援助東北義勇軍孫勇勤侵入非武裝區、破壞《塘沽協定》爲藉口，向國民黨政府要求華北的統治權，並由東北調遣大軍入關，威脅平津。六月九日，日本華北駐屯軍司令官梅津美治郎正式向北平軍分會代理委員長何應欽提出強硬《覺書》。何應欽根據國民黨中央電令，於七月六日覆函梅津，全部承認日本要求。這個協定取消河北省和平津兩市的國民黨黨部，撤退駐河北省的中央憲兵、中央軍和東北軍，撤換河北省主席和平津兩市市長，撤銷北平軍分會政訓處，取消河北省的反日活動。這個協定爲後來的「華北五省自治運動」、成立「冀東防共自治政府」等一系列的喪權辱國事件掃清了道路。

在《塘沽協定》和《何梅協定》簽訂之後，特別是冀東偽組織出現以後，河北省和北平、天津兩市，已經一步步地走向所謂「特殊化」。但是，日本帝國主義者並不以此為滿足，它還要進一步使「特殊化」的範圍不斷擴大，「特殊化」的程度不斷加深。正在這個時候，蕭振瀛經二十九軍軍長宋哲元的同意，進行了倒黃（黃郛）擁宋的活動。

宋哲元在任察哈爾省主席期間，由於日寇的挑釁行為，在一九三五年一月間發生了察東事件（詳附錄一），同年六月間又發生了張北事件（詳附錄二）。在親日派何應欽之流看來，宋哲元如果繼續主持察政，對於貫徹他們的屈辱外交政策是極為不利的。當時何應欽是國民黨政府軍事委員會北平分會代理委員長，在張北事件發生後，日寇有意將問題擴大，何為謀解決這一問題，曾赴南京商討對策，並向國民黨政府行政院院長汪精衛建議，以宋在察省不斷與日人發生摩擦，遲早終須易人，與其待日人提出而被動地撤換，不如由我主動撤換為宜。汪接受了這個建議，於六月十九日下令免去宋哲元察哈爾省主席職務，所遺察省主席一職，由察省民政廳廳長秦德純暫行代理，同時，並準備將二十九軍調離華北，以免與日寇發生衝突。宋事前對此毫無所聞，以事出意料，得悉之後，頗為愕然，當立即於二十日離張家口返回天津寓所。宋到津後不數日，蔣介石電召宋去重慶（蔣這時候在四川視察），宋因免職事對南京頗懷怨望，故稱病不往。

蕭振瀛是一個頗有野心的政客，由於他對二十九軍的建立和發展曾經出過力，故深得宋哲元的信任。這時，他正營謀在華北取得一個市長的位置（他的目的是北平市或天津市），宋既被免去察省主席職務，而二十九軍又將撤離華北，這就直接影響了他的活動。他希望二十九軍留在華北不動，但又不能違抗南京的命令。適於此時，在六月二十八日，北平城突然遭到漢奸白堅武便衣隊的襲擊（詳附錄三），引起了北平當局的驚慌失措。蕭振瀛乃立即抓住這個時機，利用他的北平軍分會委員的身分，以北平兵力單薄、防務空虛為詞，向軍分會建議將二十九軍之一部移駐北平，以鞏固城防。經軍分會負責人鮑文樾同意後4，蕭即以電話通知了張家口二十九軍軍部。二十九軍三十七師得到開拔命令後，立即以緊急行軍的動作，在數小時內就由察省開駐北平四郊，控制了北平市。蕭振瀛造成了這一既成事實之後，就為他的進一步展開在華北的活動準備了有利的條件。但是，他又意識到，由《何梅協定》造成的華北駐軍的限制，如果不與日本方面妥協，二十九軍在華北仍然是站不住腳的。於是他就採取了假借日寇駐華北軍人的聲勢向國民黨政府施加壓力的手法，藉以為宋哲元要求更高的名義，為二十九軍索取更大的地盤。他一方面逕電蔣介石，申說日寇內侵，因見二十九軍拼命抵抗，有所顧忌，才肯停戰，如將軍隊撤走，華北豈不斷送；並說黃郛甘心賣國，絕不容許，要保華北，必去黃郛。另一方面，他又由漢奸陳覺生的介紹，在天津與日本天津駐屯軍參謀長酒井隆及日本關東軍特務機關長土肥原賢二取得聯繫，說明前此相見以兵，彼此均係執行國家任務，現即簽約言和，便當蠲棄前嫌，化敵為友；並說，黃郛不過是一個空頭政客，遭到軍人反對，他亦不能解決問題。日方亦知拉一黃郛，於事無濟，不如利用宋、蕭作為其統治華北的工具，遂同意支持蕭的主張。

4 這時何應欽已與日寇簽訂了《何梅協定》，逃回了南京，蔣介石賴以在華北維持其血腥的法西斯反動統治的工具——中央軍黃杰部第二師、關麟徵部第二十五師已撤離了北平；曾擴情主持的北平軍分會政訓處、蔣孝先部憲兵第三團和河北省及平津兩市的國民黨省市黨部等，也都隨之離開了華北；河北省主席及平津兩市市長均被撤職；東北軍于學忠部五十一軍也被迫撤離平津；北平軍分會由辦公廳主任鮑文樾代行。

蔣介石聞宋、蕭有聯日活動，即派親日分子張群以「局部妥協，不如全面妥協」為詞，遊說日本駐華大使有吉，要求日方壓迫宋、蕭接受撤軍的命令。蕭得此消息後，立即找酒井、土肥原要他們警告有吉拒絕張群。有吉接到警告後，即不再與張群見面。蔣見計不獲售，乃又派何應欽帶同熊式輝、陳儀分途北上。何、熊先到北平，陳取道天津，向日駐屯軍聯繫，仍企圖實現張群的計畫，又遭日軍拒絕，不得已始由熊式輝、陳儀同往會晤宋、蕭。蕭對熊、陳表示：「黃郛不去，一切都談不到」，並說：「中央如能相信我們，我們就支撐這個危局，決心死守華北，一切聽命中央。」同時，蕭並建議改組行政院駐平政務整理委員會，以宋哲元代替黃郛為委員長，並按照該會原來建制，轄華北五省三市。熊等看到勢已至此，別無解決途徑，乃攜蕭方案向何覆命，經何請示蔣介石後，縮小範圍，只轄河北、察哈爾兩省和北平、天津兩市，並更名為冀察政務委員會，任命宋哲元為委員長。同時並任命宋哲元兼河北省主席，張自忠為察哈爾省主席，秦德純為北平市市長，蕭振瀛為天津市市長（後蕭被宋免職，天津市長由張自忠接替，劉汝明接替察省主席；以後宋又讓出河北省主席，由馮治安接替）。

冀察政委會雖然在名義上仍然隸屬於南京國民黨政府，但是，用人行政的權利完全掌握在宋的手裡，在財政方面，關稅、鹽稅、統稅和鐵路等收入，也完全由冀察政委會截留支配，並且用這些收入來擴充軍隊，購買軍械，實質上已經成了變相的自治。事後曾有人問蕭：「華北情況複雜而危險，決非長治久安之局，你們造成這個局面的目的究竟何在？」蕭答：「我們的目的是名利雙收，有了地盤，大家就有官可作，有財可發，這就是利；如果日本人壓迫我們，到了迫不得已的時候，就起來抗戰，這就是名。」冀察政委會就是在這樣投機取巧、行險僥倖的思想支配下產生的。

冀察政委會既然是在當時內外矛盾複雜交錯情況下的產物，因此冀察政委會的本身和宋哲元的思想和行動也就表現了各種矛盾。表現在對外關係上，宋哲元對日寇的態度，是既有妥協的成分，又有不妥協的成分。他的對付日寇的辦法，是「表面親善，實際敷衍，絕不屈服」；他的口號是「不說硬話，不作軟事」。他對依附於日寇的漢奸親日派，是既不倚重他們，又不得罪他們，而是用羈縻籠絡的辦法，防止他們搗亂。表現在對內關係上，他對南京國民黨政府的態度，是既要保持隸屬的關係，又要行使自治的實權，而一旦遇到不能解決的重大問題時，便又推到南京去解決。他對中國共產黨的態度，雖然一貫反共，但不贊成「剿共」，他的看法是，共產主義不適合中國國情，成不了大事，但主張「槍口不對內」、「中國人不殺中國人」。他對於在中共領導下的抗日救亡運動，雖不表示反對，不主張對遊行的學生採取血腥鎮壓的辦法，但也不同意在冀察範圍內舉行遊行示威，認為遊行示威不能救國，反而會招來麻煩。因此，他最初對學生遊行示威也曾採取過捕人、打散等方式，但不久就轉變為包圍封鎖和派人勸導的方式。

宋哲元為了使冀察這個局面能夠在矛盾重重的環境中存在，他就不可能站穩堅定的政治立場，不可能表示鮮明的政治態度，不可能確定明確的政治方向，因而也就不可能決定應付非常局勢的決策；他的思想情況，始終是矛盾的、動搖的。當然，他的這種態度也就遭到了日寇的極大不滿，認為他沒有與日本親善合作的誠意。因此，在當時的情況下，冀察的出路只有兩條：要麼就是向日寇投降，要麼就是與日寇決裂，敷衍是行不通的，更是不能持久的。

當時的矛盾情況也反映到冀察政委會內部，主要表現在兩個方面：一個方面是，一小撮漢奸親日派，如齊燮元、潘毓桂、張璧、陳覺生等人，在日寇的嗾使下，盡力使冀察進一步地偽化，並且挑撥、分化二十九軍內部的關係，從二十九軍上層尋找可被利用的對象，作為效忠日寇主子的資本。他們窺伺到張自忠在一些名義、地位、權力等問題上對宋有所不滿，於是乘機包圍張自忠，並且在張與日寇之間拉上了關係，這就使得張自忠一步一步地陷入了他們的圈套，成了被他們利用的工具。這是一個方面。另一方面，二十九軍絕大多數官兵都是有愛國思想的，特別是由於受到全國人民抗日救亡運動的影響，他們都有著不願意當亡國奴和抵抗日本侵略的情緒和要求。但是，其中又有程度上的不同。在上層人物中，有的人雖然也有愛國思想，也要抗日，但是他們又留戀於個人的名義地位，他們的抗戰意志並不堅決。唯有二十九軍的中下層，抗日情緒的表現最為明顯，他們不論在任何時候、任何場合，在日寇面前從來沒有表示過畏縮和退讓，他們曾經和日本軍隊發生過不少次大大小小的衝突。

總的說來，冀察這個局面，是在當時歷史條件下形成的一個極其複雜、特殊的局面。它既不同於一般國民黨的行政區域，又不同於當時在日寇羽翼下的冀東偽組織。因而它的政治態度和行動上的表現，有它一定的特點。

所有這一切，正是冀察當局在七七事變發生後，對抗戰問題搖擺不定，終至因循坐誤，造成軍事上重大失敗的歷史根源。

冀察政委會成立後不久，漢奸潘毓桂、張璧等在日寇的嗾使下，擬出一個所謂「自治方案」和「自治政府」旗幟圖樣，送給宋哲元，宋看過後立即焚毀。日寇看到這條計策行不通，以後就著手進行經濟上的壓迫，陸續地提出了一系列有關經濟方面的問題，如：修築津石鐵路（天津到石家莊）問題、開發龍煙鐵礦問題、修改海關稅則問題、開闢航空線路問題、收購華北棉花問題、長蘆餘鹽出口問題，等等。宋對於這些問題，既不敢明確地拒絕日寇的要求，又不敢悍然地出賣國家的主權和民族的利益，於是就採取了敷衍推諉的辦法：首先是拖，到實在拖不下去的時候，就向南京國民政府請示，藉以減輕自己的責任。如對長蘆餘鹽出口問題，就是經過南京財政部批准的。有的問題是採取了拖延的辦法，如對於設立航空公司的問題，經過長時期的反覆磋商，才委派了張允榮為「惠通航空公司」的總經理負責籌備工作，直至七七事變發生，亦並未正式開辦。在收購棉花問題上，還引起了日寇的不滿。日寇企圖在壓低收購價格的情況下，對華北棉花實行壟斷。當時天津商品檢驗局向宋建議發放大量棉農貸款，以抵制日寇的賤價收購。這對於日寇的壟斷政策，當然是不利的。此外，如開礦、修路等問題，因關係更為重大，都是一再推說需向南京請示後方能進行。以上這些問題，均係日寇以口頭向宋提出而進行商談的。宋對這些問題，是在既不敢拒絕、又不能同意的情況下，以模稜兩可的態度把問題擺在那裡。而日寇的企圖是不達目的不止的，宋的這種做法，招致了日寇的責難。於是在一九三七年三月間，天津日本駐屯軍司令田代皖一郎向宋提出了書面的所謂「經濟提攜」的條款。

當時日寇向宋提出這個條款的經過是這樣的：某天，漢奸陳覺生來見宋，謂田代司令官邀宋赴宴，但並未說明商談任何問題，宋即偕陳前往。宋到後，田代已預先備妥繕就的「經濟提攜」條款，請宋簽字。宋看到當時情形已成實逼處此情勢，於是就在這個條款上簽了字。宋歸後，在接見他的高級將領和幕僚時，神色異常，心情沉重。他說：「我們負有軍事責任的人，今後如赴日方的邀約，必須預先作好發生意外由何人來接替任務的準備，以免遭到要脅。」並說：「日本人提出這個條款，在被迫的情況下簽字，是完全無效的，我們對付的方法，就是拖而不辦。」宋當時並向南京國民政府報告了這一事實的經過。這個所謂「經濟提攜」的主要內容，都是過去已經提出過的問題，即修路、開礦、關稅、通航和收購棉花等問題。這次日寇提出的目的，就是把問題用書面的形式使之條約化，迫使冀察當局不得不履行這個條約。條款提出之後，日寇即不斷地逼促實現，特別是對修路、開礦兩個問題催促更急。宋不敢自作主張，即派戈定遠向蔣介石請示。蔣的答覆是：「如萬不得已時，礦可開，路不能修。」第二次又派李思浩前往見蔣，蔣的答覆仍然是：「礦可開，路不能修。」宋因無法應付日寇的要求，而日寇對宋又愈逼愈緊，於是宋在窮於應付的情況下，於一九三七年五月十一日避往山東樂陵原籍，藉以拖延一時，徐圖應付之策。

二

在冀察政委會成立後，日寇對冀察當局不僅實行以上的壓迫，而且在軍事上也實行步步進逼。一九三五年冬，日寇指使劉桂堂匪部由察東向河北省竄擾，企圖在房山縣一帶建立盤據的據點，以威脅北平的安全。經我二十九軍三十七師何基澧旅擊潰，向南逃竄。一九三六年九月十八日，日寇步兵一個中隊在豐台演習，在中途與我軍相遇，因讓路發生爭執，遂起衝突。經雙方派員前往調停結果，我駐軍由豐台撤出。事態雖未擴大，但日軍竟以此為藉口，增兵進駐豐台，並且進一步要求在豐台至盧溝橋的中間地帶修築營房及機場，均被拒絕。一九三七年二月，日寇又指揮冀東「民團」寧雨時部三千餘人，企圖通過昌平、南口之線向西活動，又由我三十七師何基澧旅包圍殲滅，並捉獲日人三名，供出他們企圖包圍北平西面和北面的陰謀。

在七七事變發生以前，北平外圍的形勢是：北寧路沿線，西起豐台，東至山海關，均有日寇軍隊駐防；北平的東面，有完全聽命於日寇的冀東偽組織——「冀東防共自治政府」；北平的北面有在熱河省集結的敵偽軍；在西北面，有日寇收買的李守信和王英等土匪隊伍。僅有北平的西南面，尚為我二十九軍部隊所防守。

當時，北寧鐵路沿線既為日寇所控制，而位置在平漢路的盧溝橋就成了北平的唯一門戶。在軍事上，我軍掌握了這個據點，就進可以攻，退可以守；而一旦為敵人所掌握，則北平就變成了一個孤立無援的死城。所以盧溝橋這一戰略據點，就成為軍事上必爭之地。

日寇在當時的企圖是：伺機佔領盧溝橋，截斷平漢路，使北平陷入四面包圍的形勢，以便加深冀察的「特殊化」，然後以平、津作為後方，進一步發動大規模的軍事侵略。

這時，二十九軍共轄四個步兵師、一個騎兵師和一個特務旅，並且把地方保安部隊編成兩個保安旅，作為正規軍訓練使用，總兵力不下十萬人，分駐於冀、察兩省和平、津兩市。各部隊駐防的位置是：一四三師劉汝明部駐察哈爾省及平綏鐵路沿線（河北省境內）。一三二師趙登禹部駐河北省任丘、河間一帶。三十八師張自忠部駐天津附近韓柳墅、小站、廊坊、馬廠和大沽各地，並以一部駐南苑。三十七師馮治安部，師部駐西苑；何基澧旅駐西苑、八寶山、盧溝橋和長辛店一帶，劉自珍旅駐北平城內，陳春榮旅駐保定、大名等地。二十九軍特務旅孫玉田部駐南苑，以一團駐城內。騎兵第九師鄭大章部，師部和騎兵一團駐南苑，其餘兩團分駐固安、易縣等地。石友三和阮玄武的兩個保安旅，分駐於黃寺和北苑。

由於宋哲元一貫抱著與日寇相安無事、維持現狀的幻想，在軍事上始終處於毫無戒備的狀態。但是，日本帝國主義者早已在《田中奏摺》中確定了滅亡中國的國策，並且於一九三六年八月間，在日本首腦集團會議上又通過了一個叫作「基本國策」的文件，其中指出日本的意向是：對中國發動大規模的新的進攻，並且很快地就實行了國家規模的戰時動員。在這樣的情況下，日寇對冀察的壓迫也就一天比一天加緊。

中國共產黨在西安事變以後，建立了全國抗日民族統一戰線，鑒於冀察形勢的嚴重，對二十九軍上中層也積極進行抗日爭取工作。當時二十九軍內部有不少人與北平中共地下組織建立了工作聯繫，如三十七師旅長何基澧、二十九軍副參謀長張克俠等，當時均與中共建立了密切的工作關係，積極推動二十九軍抗擊日寇。宋哲元這時的處境，一方面是日寇對他施加種種壓力，一方面是人民以民族大義對他進行督促，雖然他對抗戰並沒有決心，但形勢逼著他不能不作抗戰的準備。有一天（時間約在一九三七年四、五月間），宋召集幕僚研究對日的對策，並要參謀人員提出方案。二十九軍參謀長張樾亭（與南京接近）根據國民黨的主張，提出了一個「必要時撤出北平，保存實力，以待全國抗戰」的方案。副參謀長張克俠即向中共組織報告了此事的經過，中共組織立即決定由張克俠出面提出了「以攻為守」的方案，其主要內容是：

（一）日本進佔華北、進一步滅亡全中國的國策，早已確定（詳《田中奏摺》），現正大量調集軍隊，準備向華北進軍，我們除了抗戰與投降二者擇取其一而外，別無他法可以挽救我軍之危機，應付只能是暫時的，決無法滿足日寇之欲望。（二）我們的處境非常危險，日寇進逼，中央（指蔣介石國民黨中央政府，以下同）不管。蔣介石並令關麟徵、黃杰等部集結新鄉一帶，扼守黃河北岸，意在與日寇夾擊，消滅我軍。如果我們撤退，將退到那（哪）裡去呢？黃河以北既由中央軍駐守，不會叫我軍退到河南；山西的閻錫山向來閉關自守，也不會讓退到山西；綏遠的傅作義也是如此。我軍如果撤出平津，只有在保定、石家莊平原地區挨打受氣，軍民怨恨，後援不濟，勢必形成日寇、蔣軍夾擊之勢，我軍將不打自潰，這是最危險不過的。（三）我軍愛國教育，素不後人，抗日士氣，極為高漲。喜峰口之役，痛擊日寇，被譽為抗戰之民族英雄。現平津各界及全國軍民，均希望我們能奮起抗戰，為國爭光，此我軍報國立功之良機，決不可失。為今之計，不妨暫與日寇委婉應付，但必須作積極抗戰之準備，必要時以攻為守，一舉攻佔山海關，縮短防線，扼守待援，號召全國軍民奮起抗戰，如此必能振奮士氣，得到全國人民之同情和支持。中央在全國軍民憤激情況之下，決不敢袖手旁觀，不予支援，其夾擊消滅我們之企圖，必將不售。在我們發動抗戰後，只要能堅持一個時期，最後就是失敗了也是我們的勝利。如馬占山在東北之抗戰，十九路軍之淞滬戰役，雖敗猶榮。在全國人民支援之下，我們還有重整旗鼓之可能。如不此之圖，不戰而退，必為全國軍民所痛罵，將士離心，軍心渙散，群情激憤，後援無濟，我軍此時將退無可退，守無可守，戰不能戰，和不能和，他人乘我之危，分化瓦解，將何以自存，**此最危險不過之下策。**

宋對此方案極表贊成，即命張克俠本此方案積極作抗戰的準備工作。張即根據中共組織的指示，提出了如下的建議：第一，加強抗日思想教育。當時二十九軍在南苑的軍事教導團還講授四書五經一類的課程，張建議在此非常時期，應加強抗日思想教育和國際時事教育，經宋同意，即聘張友漁（中共地下黨員）和溫健公（進步教授）擔任教導團教官，他們的講課，受到學員的熱烈歡迎。同時，教導團內還有馮洪國、朱軍（中共地下黨員）等作組織工作，所以當時南苑的抗日空氣極為濃厚。此外，中共組織還發動了一批進步的大學生（包括共產黨員和黨領導的民先隊員）參加了在西苑舉辦的軍事集訓。大學生軍事集訓由何基灃負責，何對學生講話表示抗戰決心，有時講的聲淚俱下，全體學生抗戰情緒極為高漲。第二，加強情報工作。當時宋對敵情瞭解很少，張建議成立情報處，深入敵後，到東北、熱河等地瞭解敵人兵力的部署及其動向。經宋同意後，即派靖任秋（中共地下黨員）任情報處長，積極進行情報人員的派遣工作。第三，爭取偽軍反正。當時遼西、冀東、熱河及察、綏等地，有不少偽軍到處活動，有的還想乘機反正，應派人聯繫，積極爭取。此項建議，亦得到宋的同意。

所有以上這些措施，還是宋到冀察後第一次採取的在政治上、軍事上有積極作用的活動。後來，宋在一個座談會的場合，曾對他的將領和幕僚表示：「我們要好好地訓練隊伍，充實力量，加強裝備，等到國際戰爭爆發的時候，我們就可以用一支兵力由察省向熱河出擊，拊敵側背，以主力從正面打出山海關，收復東北失地，我們要在那裡豎起一座高高的紀念碑。」**宋之所以發出這樣的豪言壯語，並不是無因的。惜為**

時已晚，不久七七事變發生，原計畫即被打亂。

中共北平地下組織爭取二十九軍積極抗戰的活動，除了通過二十九軍內部人員直接地影響二十九軍上層人物的抗戰情緒外，並且發動和組織廣大群眾掀起轟轟烈烈的抗日救亡運動的高潮，當時在中共領導下的中華民族解放先鋒隊、北平學生救國聯合會、華北各界救國聯合會、東北各界救國聯合會等團體，時常利用一切可以利用的時機，展開抗日救亡的宣傳鼓動工作，他們響亮地高呼「擁護二十九軍保衛華北」的口號，對二十九軍表示大力的支持。他們還經常乘著二十九軍部隊演習的機會（當時日寇駐東交民巷的部隊經常出城進行示威性的演習，二十九軍部隊亦不示弱，就在日兵演習的第二天在原地演習），派代表前往慰問，並講述抗日的重要意義。這些愛國青年的熱情，更加激發了二十九軍官兵的抗日情緒。

我國抗日民族統一戰線的形成，我國內部和平統一的實現，我國人民抗日救亡運動的空前高漲，使得日本帝國主義者在中國進行的分裂破壞活動遭到可恥的失敗。但是它決不容許中國有一個休養生息的時間，它要斷然地實行它的「國策」，迅速地發動對我國的全面的軍事進攻。特別是當它得到了德、義法西斯主義者的支持以後，就越加暴露了它的法西斯主義者的瘋狂面目。

華北的形勢一天比一天緊張，人民群眾抗日救亡的呼聲，也一天一天激昂。

盧溝橋的戰爭終於爆發了。

這時，二十九軍駐盧溝橋的部隊為三十七師何基灃旅的吉星文團，另一團駐八寶山一帶，旅長何基灃的指揮所設的西苑。

一九三七年七月六日，日寇駐豐台部隊要求通過宛平縣城（縣城在盧溝橋北端）到長辛店地區演習，我駐軍不許，相持達十餘小時，至晚始退去。七日我軍接到報告說：日軍今日出外演習，槍炮都配備了彈藥，與往日情況不同。旅長何基灃當據以報告了正在保定的三十七師師長馮治安，並促其速返。馮立即趕回北平，聽取了何基灃的情況報告，並與何佈置了應戰的準備。是日夜間，日軍在盧溝橋附近演習，十一時左右，忽有槍聲數響發於宛平縣城的東方，我城內守軍當即加以嚴密的注意。夜十二時，日使館武官松井以電話向我冀察當局聲稱：「有日本陸軍一中隊，頃間在盧溝橋演習，彷彿聽見由駐宛平城內之軍隊發槍數響，致演習部隊一時呈混亂現象，結果失落日兵一名，要求進入宛平縣城搜索失兵。」我方因其所稱各點不近情理，顯係別有企圖，當即拒絕了他的要求。少頃，松井又來電話，聲稱：我方如不允許，彼方將以武力保衛前進，又為我方所拒絕。同時得報：謂日軍對宛平縣城已取包圍形勢。我軍政當局為防止事態擴大，當與日方商定，雙方立即派員前往調查阻止。我方所派為河北省第四區行政督察專員兼宛平縣長王冷齋、冀察政委會外交委員會專號員林耕宇及冀察綏靖公署交通處副處長周永業等三人，日方所派為冀察綏署顧問日人櫻井、日軍輔佐官寺平和秘書齋藤等三人，於八日晨四時許到達宛平縣署。寺平仍堅持日軍入城搜索失兵，我方不許。正交涉間，忽聞東門外槍聲大作；頃刻間，西門外大炮機槍聲又起。我軍為正當防衛，乃奮起抵抗。我二十九軍司令部立即發出命令，命令前線官兵堅決抵抗，並有「盧溝橋即為爾等之墳墓，應與橋共存亡，不得後退」之語。在戰鬥開始不久，我平漢線的鐵路橋及其附近龍王廟等處曾被敵人攻佔，至八日下午，我軍從長辛店以北及八寶山以南齊向敵人反攻，並與敵實行白刃戰，復將鐵路橋及龍王廟等處奪回。

二十九軍官兵由於受到全國人民抗日救亡運動的影響，特別是受到當時黨領導下的北平各救亡團體慰勞和鼓勵的影響，他們深刻地懂得了日本帝國主義是中國人民當前最兇惡的敵人，不把這個敵人打敗，全中國人民就有當亡國奴的危險。在戰爭開始的第二天，中共地下組織即領導北平各界組織起北平各界抗敵後援會，發動廣大群眾援助二十九軍抗戰，並派人與吉星文團取得聯繫，鼓勵他們英勇抗戰，益加增強了他們至死不退的決心。因此，我軍官兵在劣勢裝備的不利條件下與敵作戰，士氣旺盛，人人皆以大無畏精神頑強抵抗，有不少受傷官兵堅持不下火線。某天夜間，敵人以坦克向我陣地沖來，我軍以一連的兵力，冒著敵人的猛烈炮火，衝鋒前進，終於將敵人的九輛坦克全部打退。附近居民看到自己的軍隊英勇殺敵，在中共領導下的各救亡團體的發動下，紛紛地冒著敵人的炮火，參加救護工作，把受傷官兵送到醫院，送水、送飯、搬運彈藥的群眾，更是往來不絕。有的群眾，看到我軍傷兵，就感動得落下眼淚。長辛店鐵路工人為了協助軍隊作戰和固守宛平縣城，很快地就在城牆做好了防空洞和槍眼。所有這些生動感人的事蹟，益加振奮了前線的軍心。

我軍對日寇的堅決回擊，是出乎日寇意料之外的。他們見勢不妙，乃諉稱失蹤日兵業已尋獲，向我方提出和平解決的要求（實際是緩兵之計）。經雙方談判，於十一日商定停戰辦法三項：一、雙方立即停止射擊；二、日軍撤退到豐台，我軍撤向盧溝橋以西；三、我方城內防務，除宛平原有保安隊外，另由冀北保安隊（即石友三部）派來一部協同擔任城防。但在協議成立之後，日寇並未撤退，仍不時以炮兵轟擊宛平縣城及其附近地區，城內居民傷亡頗重，團長吉星文亦負傷。敵人並於是日佔領大井村、五里店等處，截斷了北平至盧溝橋的公路。

為了加強盧溝橋一帶的兵力，乃於九、十兩日先後將駐保定的陳春榮旅之一團、東北軍五十三軍萬福麟部之騎兵團及鋼甲車兩列開到長辛店一帶，計畫在十日夜間襲擊豐台之敵。**九日晚七時左右，張自忠以電話詢問何基灃前線情況後，對何說：「你們要大打，是愚蠢的。如果打起來，有兩方面高興：一方面是共產黨，符合了他們的抗日主張；另一方面是國民黨，可以借抗戰消滅我們。帶兵不怕沒有仗打，但是不要為了**

個人去打仗。」何答以「現在的情況，不是我們要打日本人，而是日本人要打我們。」張感到何的意志堅決，不易說服，而自己又不是何的直接長官，於是就叫軍部給何發布命令，嚴令「只許抵抗，不許出擊」。

本來何已經商得馮治安的同意，決定乘敵人大部兵力尚未開到的時候，抓住這一有利時機，出其不意，予豐台之敵以殲滅性的打擊，軍部命令到達後，這一計畫未能實行。從此，盧溝橋的戰事和其他方面一樣，就完全陷於被動。

三

事變發生後，中國共產黨中央委員會立即向全國發表了號召抗戰的宣言。宣言中說：「全國同胞們！平津危急！華北危急！中華民族危急！只有全民族實行抗戰，才是我們的出路。我們要求立刻給進攻的日軍以堅決的抵抗，並立刻準備應付新的大事變。全國上下應立刻放棄任何與日寇和平苟安的打算。全中國同胞們！我們應該讚揚和擁護馮治安部的英勇抗戰，我們應該讚揚和擁護華北當局與國土共存亡的宣言。我們要求宋哲元將軍立刻動員全部第二十九軍開赴前線應戰。我們要求南京中央政府切實援助第二十九軍，並立即開放全國民眾的愛國運動，發揚抗戰的民氣。立即動員全國陸海空軍準備應戰，立即肅清潛藏在中國境內的漢奸賣國賊分子和一切日寇的偵探，鞏固後方。我們要求全國人民用全力援助神聖的抗日自衛戰爭。我們的口號是：武裝保衛平津華北！為保衛國土流最後一滴血！全中國人民、政府和軍隊團結起來，築成民族統一戰線的堅固的長城，抵抗日寇的侵略！國共兩黨親密合作，抵抗日寇的新進攻！驅逐日寇出中國！」接著，七月十三日在延安召開了有全市共產黨員和革命機關工作人員參加的緊急會議。毛澤東主席號召：「每個共產黨員與抗日革命者，應沉著地完成一切必須準備，隨時出動到抗戰前線。」

中共中央和毛主席的這些號召，大大地激勵了全國軍民同仇敵愾、堅決抗戰的信心，全國人民一致要求堅決抵抗日本的進攻。從抗戰開始的第二天起，北平中共地下組織立即動員中華民族解放先鋒隊、北平學聯等救亡團體，組織戰地服務團，出動到前線救護傷患；組織勞軍團，攜帶大批的慰勞品，分赴前線及醫院慰問；並進行了支持抗戰的各方面工作，如募集麻袋供作防禦工事等等。在這一時期，冀察軍政當局每天都收到全國各地發來的聲援抗戰的電報和信件；還有許多社會團體和個人匯來一批批的款項，作為支援抗戰和慰勞前線作戰官兵之用；有不少國民黨的將領發出通電，要求開赴前方參加抗戰；海外華僑團體也紛紛電請南京國民黨政府出兵保衛祖國。盧溝橋的炮聲，已經激起了我國廣大人民的民族義憤。

正當全國廣大愛國人民一致聲援二十九軍、要求發動全面抗戰的時候，在北平、天津的一小撮漢奸也大肆活動起來。在他們看來，這正是為他們的主子日寇效忠的大好時機。漢奸齊燮元（過去齊曾建議宋哲元恢復北洋軍閥政府時代的五色國旗）親到北平市市長秦德純寓所勸降，他對秦說：「如果與日方進一步地合作，就可以化干戈為玉帛。」漢奸潘毓桂、張璧、陳覺生等，並且乘此機會秘密進行擁戴張自忠、逼走宋哲元、使冀察進一步偽化、以遂其賣國求榮之願的陰謀活動。

這時，一貫執行不抵抗政策和妥協投降政策的蔣介石，由於看到中國共產黨代表全國人民意志的團結救國的主張受到全國人民的擁護，由於在西安事變時被迫接受了聯共抗日的條件，又由於日寇對中國的不斷進攻日益威脅著英、美帝國主義在中國的利益，因而英、美帝國主義也希望中國對日作戰，他感到在這內外形勢的逼迫下，如果再公然地反對抗戰，就不能繼續維持自己的統治地位。所以在七月十五日中共派代表與國民黨當局舉行廬山會議之後，蔣介石即於十七日發表了對日態度比較強硬的談話。但是他仍然是動搖的，不堅定的，仍然表示「希望由和平的外交方法求得盧溝橋事件的解決」，並沒有真正的抗戰決心。他在談話中還表明了和平解決需要固守的四點最低限度的立場，即：一、任何解決不得侵害中國主權與領土之完整；二、冀察行政組織不容任何不合法之改變；三、中央所派地方官吏不能任人要求撤換；四、第二十九軍現在所駐地區不能受任何約束。就是在這幾點最低限度立場的涵義中，也仍然為和平談判留有餘地。

蔣在廬山發表談話之後，先派熊斌到北平見宋，說明他的意圖，隨後又召戈定遠傳達命令給宋，大意都不出蔣在廬山談話的範圍，表示了對宋的信任和支持。至於是否準備抗戰，在軍事上應作如何佈置，特別是對於正向保定方面開動的孫連仲與原駐保定的萬福麟兩部應如何與二十九軍配合作戰等具體問題，卻一字未提。他依然抱著屈辱求和的幻想，一直到了非應戰不可的時候，才被迫抗戰。

當時宋哲元的態度，同樣也是由祈求「和平」而發展到被迫抗戰的。當他在樂陵原籍接到張自忠、馮治安、張維藩（二十九軍總參議兼平綏鐵路局局長）、秦德純等報告事變發生情況的電報時，雖然表現了驚訝與不安，但是他卻認為事態不至擴大，有和平解決的可能。也在答覆張等的電報中，說明必須鎮定處之，相機應付，以挽危局。張、馮等在發出給宋的電報之後，並請鄧哲熙前往樂陵，促宋速返，主持一切。宋對鄧表示：目前日本還不至於對中國發動全面的戰爭，只要我們表示一些讓步，局部解決仍有可能。這時，南京方面主張宋應先赴保定，看情況發展如何，再決定是否回平。但是，宋幾經考慮之後，還是偕同鄧哲熙等先到了天津。當然，他去天津的目的，不是抗戰，而是求和。

宋於七月十一日到達天津。這時，日寇因後續部隊尚未調齊，故在宋未到津之前，他們已向北平的軍政負責人提出了四項要求，與我方進行談判，藉以擺出和平解決的姿態，作為緩兵之計。這四點要求是：一、華軍撤離盧溝橋；二、嚴懲華方肇事官員，正式向日方道歉；三、取締抗日活動；四、厲行反共。談判的結果，於十一日雙方協定撤兵，恢復和平狀態。所以宋到天津的時候，從表面上看，情勢似已趨向和緩，於是宋就在祈求「和平」的思想支配下，於十二日發表了如下的談話：「此次盧溝橋發生事件，實為東亞之不幸，局部之衝突，能隨時解決，尚為不幸中之大幸。東亞兩大民族，即是中日兩國，應事事從順序上著想，不應自找苦惱。人類生於世界，皆應認清自己的責任。余向主和平，愛護人群，決不願以人類作無益社會之犧牲。合法合理，社會即可平安，能平即能和，不平即不能和。希望負責者以東亞大局為重。若只知個人利益，則國家有興有亡，興亡之數，殊非盡為吾人所能意料。」

宋到天津後，二十九軍副參謀長張克俠接到何應欽自南京給宋打來的電話，何在電話中說：「日方增兵，我方應有準備，現在已命令孫連仲、萬福麟率部北開」等語，張克俠向宋報告後，建議集中兵力，斷然採取主動的攻勢作戰，經宋同意，張即將作戰計畫擬出。**張自忠適於此時由平到津，並發表談話說：盧溝橋事件已和平解決，戰事不至再起。**故張克俠所擬計畫未能下達實行。這時，天津日本駐屯軍司令田代業已去職，接替田代的香月清司於十二日到津。宋為了對香月進行一些「摸底工作」，於是派張自忠偕同鄧哲熙往見香月。會面時，香月對當時華北的問題不表示意見，只是由他的高級參謀和知（鷹二）以傲慢的態度對張等說：「看看你們的歷史，北平從來沒有駐過兵」，意在威嚇我方撤退北平的軍隊，以實現他們的侵略計畫。十八日宋偕張自忠與香月作初次的會面，歸後對人表示：「和香月見面，談得很好，和平解決已無問題。」實際上宋的「摸底工作」是失敗了的，他受了日寇的愚弄。日寇真正的「底」是等待援軍開到、部署就緒後，即展開大舉進攻，並且在進攻的同時，迫使宋哲元離開冀察，並排除冀察內部一切不肯當漢奸的愛國分子，然後把冀察這個局面造成一個徹頭徹尾的傀儡組織。但是，宋哲元卻把問題看得很簡單，他認為既然香月已經表示了態度，和平解決總不至有問題。**不過他對漢奸包圍張自忠的情況已耳有所聞，**所以在他離津回平之前，叫張留在天津，**不讓他去北平。**

宋於十九日回平後，看到北平城內通衢各要路口均設有準備巷戰的防禦工事，當命令立予撤除，將關閉數日的各城門也完全開啟，並且在返平後的次日又發表了書面談話，其內容是：「本人向主和平，凡事以國家為前提。此次盧溝橋事件之發生，決非中日兩大民族之所願，蓋可斷言。甚望中日兩大民族，彼此互讓，彼此相信，彼此推誠，促進東亞之和平，造人類之福祉。哲元對於此事之處理，求合法合理之解決，請大家勿信謠言，勿受挑撥，國家大事，只有靜聽國家解決。」這時，各方已陸續匯來大批的抗戰勞軍捐款，由於宋認為和平解決已有可能，竟通電表示謝絕。

宋回到北平後的開始幾天，盡量在言論上和行動上製造緩和的氣氛，似乎戰事不至再起。實際上，情況卻在急劇地向惡化的方面發展。當時日本國內的情況是，七月十一日，日首相近衛文麿覲見了日皇，並且舉行了緊急閣議。十六日即調派陸軍十萬來華。十七日，東京五相會議，又決議動員侵華日軍四十萬。日本帝國主義早已確定了迅速實現它的滅亡整個中國的「國策」，一時的所謂和平談判，不過是掩護軍事行動的煙幕。因此，在中國方面，縱然不惜以重大的犧牲條件，來換取所謂和平的解決，但已經是完全不可能的了。

從事變發生起，北寧鐵路每天都有絡繹不斷的兵車自東北開關內（北寧路局長是漢奸陳覺生，在運輸上是完全為日寇服務的），同時還有從海運而來的大批敵軍由塘沽登陸，熱河省的敵軍也經由古北口開至北平近郊。在敵空軍方面，除了集結在天津東局子飛機場的飛機以外，還在塘沽附近修築了空軍基地，在這一時期內，每日派出飛機多架，輪番在北平上空和平漢路沿線進行偵察。當日寇援軍調齊之後，復於二十一日炮擊我宛平縣城及長辛店一帶駐軍。二十五日晚間，廊坊敵人以修理軍用電話為藉口，與我軍發生衝突，隨即向我軍射擊，我軍立即予以還擊。二十六日晨，敵軍以飛機十餘架和猛烈的炮火向我廊坊駐軍轟炸。二十六日晚，在北平廣安門外有三十餘輛汽車滿載敵軍，企圖衝進城內，因我軍奮勇抵抗，敵入城企圖未逞。二十七日（實際為七月二十九日凌晨），冀東偽組織的保安隊張硯田、張慶餘率部反正，並將漢奸殷汝耕捉獲（詳附錄四），於是立即遭到敵軍大部兵力的圍攻。敵軍並於同日向我南苑、北苑進攻，並且在當天的上午，在以軍事進攻的壓力下，向我冀察當局提出了最後通牒，限我三十七師（即馮治安師）於二十八日正午以前自北平附近退盡。當日本特務機關長松井持通牒往見宋哲元時，宋派張維藩代為接見，張將通牒送交宋哲元看過後，宋立即命張予以拒絕，並將通牒退還松井。同時，宋將情況報告了南京，並且表示「決心固守北平，誓與城共存亡」，隨即發出自衛守土的通電，電文是：「自哲元奉命負冀察軍政之責，兩年來以愛護和平為宗旨，在國土主權不受損失的原則下，本中央意旨處理一切，以謀華北地方之安寧，此國人所共諒，亦中日兩民族所深切認識者也。不幸於本月七日夜，日軍突向我盧溝橋駐軍襲擊，我軍守土有責，不得不正當防禦。十一日協議雙方撤兵，恢復和平。不料於二十一日炮擊我宛平縣城及長辛店駐軍，於二十五日夜，突向我廊坊駐軍猛烈攻擊，繼以飛機、大炮肆行轟炸，於二十六日晚，又襲擊我廣安門駐軍，二十七日早三時又圍攻我通縣駐軍，進逼北平，南、北苑均在激戰中。似此日日增兵，處處挑釁，我軍為自衛守土計，除盡力防衛，聽候中央解決外，謹將經過事實推誠奉聞，國家存亡，千鈞一髮，伏乞賜教，是為至禱。第二十九軍軍長宋哲元叩感。」同時，下令設立北平城防司令部，派張維藩為城防司令[5]，並配備了城防部隊，準備固守北平。在這天晚間，又派戈定遠[6]星夜馳赴保定，催促孫連仲、萬福麟等督師北上，協同作戰。

---

5 城防司令爲馮治安，及田春芳、邵文凱等副司令四人。

6 戈定遠與劉健群奉中央令，於七月二十八日晚到北平，說服宋哲元撤離至保定坐鎮。宋哲元原則同意，但仍要堅守平津三日。兩人使命完成後，當夜繞道門頭溝至盧溝橋後返保定。不久返南京覆命。

二十八日，敵軍大舉向我南苑進攻。當時，二十九軍軍部已移駐北平城內，駐在南苑的部隊共有四個步兵團和一騎兵團，兵力約七千人左右。這時一三二師趙登禹部已由河間、任丘北調，向北平增援。宋於二十七日派趙登禹為南苑方面的指揮官。趙於二十七日傍晚到南苑指揮部，以一三二師後續部隊已過永定河，擬俟全部到達後再變更部署，不料敵軍於二十八日拂曉即由西、南兩面向南苑開始進攻，另以一部切斷南苑至北平的公路，同時以飛機數十架低空輪番轟炸，由晨至午，片刻不停。南苑由於事先未構築堅固的防禦工事，僅以營圍作掩體，在敵人空軍的轟炸掃射之下，部隊完全陷於不能活動的地步，且通訊設備又被炸毀，各部隊與指揮部之間的聯絡完全斷絕，指揮失靈，秩序混亂。敵人從營圍東面衝入之後，南苑遂告失守。我二十九軍副軍長兼教導團團長佟麟閣、一三二師師長趙登禹向城內撤退時被敵人截擊，相繼陣亡。

當日寇節節向北平進攻的時候，我駐天津附近的三十八師，在副師長李文田和旅長黃維綱等的策劃下，進行了作戰的部署，因師長張自忠去北平未回，故尚在待命出擊中。至二十八日，得到日寇大舉進攻南苑的消息，同時看到報紙發出二十九軍克復豐台和通州（縣）保安隊張硯田、張慶餘兩部已反正的號外，隨後又接到宋哲元發出的守土自衛的通電，於是，李文田、劉家鸞（天津警備司令）和馬彥翀（天津市府秘書長）等，一面發出通電，響應宋的號召，一面調集天津保安隊配合三十八師各路部隊分向海光寺日寇兵營、北寧路天津總站、天津東站和東局子飛機場等處日寇進攻，自夜一時開始，先後與敵接觸。此時忽接張自忠由北平發來電報，謂和平有望，但是各處已在激戰中，亦無從制止。這時天津的戰況是：海光寺已被我包圍，因工事堅固，急切難於攻下；天津總站已經克復；天津東站，將敵人包圍在一個倉庫中；東局子飛機場僅攻佔一部分。指揮部自接到張自忠電報後，即停止軍事進攻，至二十九日晨[7]，各方面進攻部隊均紛紛撤退，敵軍開始反攻，海光寺之敵以炮兵轟擊河東，敵騎兵闖進南開大學校園，將校舍全部焚毀。是役，我軍民死傷極眾，至午後戰事始停。

當宋哲元初回到北平的時候，雖然抱著和平解決的幻想，但是，由於日本國內的大規模軍事動員，由於日寇對二十九軍不斷的挑釁和進攻，由於二十九軍內部中下層抗戰情緒的高漲，由於廣大人民的全民抗戰的強烈要求，由於全國輿論對他的激勵和督促，他的態度逐漸地由主和轉變為搖擺不定，終至轉變為決心固守北平。當他在搖擺不定的時候，一方面仍然希望戰事不至擴大，以便繼續維持冀察這個局面；另一方面，又感到局勢的嚴重性，不能不作應戰的準備，但仍然表現了猶豫不決，當他對部隊發布命令的時候，並沒有作出全面的作戰計畫。而且在要求部隊「積極備戰」的同時，還提出了「盡量避戰」的附加條件。他雖然最後表示了守土自衛的決心，但是在倉卒應戰的混亂情況下，已處處陷於被動挨打的地步。

宋哲元在通電表示了守土自衛的決心之後，一方面進行了守城的軍事佈置，一方面催促孫連仲、萬福麟兩部迅速北上。這時，孫、萬兩部已開至保定以北，先頭部隊且已到達距北平不遠的良鄉一帶。在這個時機，如果採取緊急步驟，進行統一部署，集中兵力，相機出擊，猶能予敵以重創。但是，冀察內部的矛盾，又引起了一個突然的變化。

7 實際是七月三十日晨。

七月二十五日，宋哲元忽然接到張自忠來平的報告，甚為愕然，並說：「我叫他留在天津，他來北平幹什麼？」張到平後，受到漢奸張璧、潘毓桂等的包圍，很少與外間接觸，忽於二十八日下午三時許前往見宋，並對宋表示：「如果委員長暫時離開北平，大局仍有轉圜的希望。」至此，宋已明白了張的意圖，於是立即決定離平，並派張自忠代理冀察政務委員會委員長兼北平市市長。宋於當日夜間即偕同馮治安、秦德純、張維藩等離平赴保定。

在宋決定了固守北平的時候，北平中共地下組織決定發動群衆協助守城，當即通過張克俠向宋提出建議。因宋於這天晚間離開北平，這個發動群衆守城的計畫亦未能實行。

張自忠在宋離平的第二天，即到冀察政委會就職，將原冀察政委會委員秦德純、蕭振瀛、戈定遠、劉哲、門致中、石敬亭、石友三、周作民等免職，並用冀察政委會名義派張璧、張允榮、楊兆庚、潘毓桂、江朝宗、冷家驥、陳中孚、鄒泉蓀等為委員，同時發表潘毓桂兼北平市公安局長[8]。張就職後，日寇即直接指使潘毓桂、張璧等辦事，而對張自忠則採取了置之不理的態度。緊接著，張又得到了三十八師在天津與日寇作戰的消息，始知大勢已去，全局皆非，乃立即隱匿於東交民巷（德國醫院），旋即化裝逃出北平。從這時起，他才清醒地認識到受了日寇和漢奸的愚弄，對日寇恨之入骨，後來終於在抗日戰爭中英勇殺敵，以身殉國。

二十九軍駐平各部隊及保安部隊，在宋離平後，均陸續經門頭溝向南撤退。因宛平至八寶山之線是掩

8 實際為警察局長。潘毓桂於七月二十九日晨蒞職視事。

護門頭溝這條交通線的陣地，故駐在這一線的何基澧旅，在掩護各部撤退完畢之後，方於三十日晚間與當地人民群眾灑淚而別，撤退到長辛店。從這一天起，整個北平就完全陷入敵人之手，天津市亦於同日淪陷。

盧溝橋的烽火，揭開了抗日戰爭的序幕，全面的抗日戰爭便從此開始。

附錄（一）

一九三四年冬，熱河省偽軍一部侵入察東獨石口，我駐軍劉自珍團當即將其擊潰，並繳獲步槍三十餘支、子彈一千餘發。一九三五年一月二日，熱河日軍飛機突向我龍關、赤城一帶駐軍投擲炸彈。十五日，黑河汛日軍司令森一郎又向我赤城駐軍提出警告，要求我龍門所駐軍撤退。我軍尚未答覆，日軍竟於十六日向我軍進攻。因我軍防守得力，敵未得逞。這時，熱河境內大灘一帶駐有日軍一千餘名、偽軍兩千餘名，並有一部向察東移動。宋哲元當即將情況報告給駐北平的何應欽，請其向日方交涉制止。二十四日，偽軍兩營向沽源縣推進。因情況日趨嚴重，宋又分報北平和南京，候令辦理。二十八、二十九兩日，日機又在獨石口、沽源一帶散發傳單，威嚇我軍撤退。經宋派蕭振瀛、秦德純在北平與日方交涉，日方提出雙方在大灘會商解決辦法。我方提出會商地點應在北平或張家口，日方則堅持在大灘會商。最後，終於接受了日方的要求，於二月二日在大灘舉行了會商。我方所派為三十七師參謀長張樾亭、沽源縣縣長郭育愷及察省府科長張祖德等三人；日方所派為日軍第七師團十三旅團長谷實夫、第二十五聯隊隊長永見俊德及中佐松井等三人。會商在上午十一時舉行，並口頭約定解決辦法如下：察東事件原出於誤會，現雙方為和平解決起見，日軍即返回原防，二十九軍亦不侵入石頭城子、南石柱子、東柵子（長城東側之村落）之線及其以東地區。所有前此二十九軍所收繳之步槍三十七支、子彈一千五百粒，准於本月七日由沽源縣長如數送到大灘，交與日方。

附錄（二）

察省當局曾與日方商定，凡日人由熱河省前來察哈爾省的，需持駐張家口日領事館所發護照，經我方複驗並加蓋省府印信後始可通行。一九三五年六月某日，有多倫特務機關日人一名、三菱公司日人三名，經沽源縣到張北縣，我城門衛兵以其並未持有此項護照，不許通過。日人竟欲強入，雙方發生爭執，守軍即將其送往一三二師司令部。經師部詢明來歷並電省府請示後始放行。該日人認為曾被侮辱，竟由駐張家口日領事橋本向我方提出抗議，並故意將事態擴大，更由天津日駐屯軍土肥原和日使館武官高橋向二十九軍軍長宋哲元提出無理要求。宋當即將情況報告何應欽，並經秦德純與日方談判多次。日方要求：一、處罰事件責任者，撤換一三二師參謀長及軍法處長；二、張北等六縣（張北、寶昌、寶康、商都、沽源、興和）駐軍撤出，以地方保安隊維持秩序；三、撤去察省國民黨黨部；四、禁止排日行動。南京國民黨政府令何應欽以通知方式答覆日方，謂要求均辦到，逾此，如再有要求，請向中央政府交涉。

附錄（三）

一九三五年六月二十七日晚，由天津開往北平的火車駛抵豐台車站時，有匪徒百餘人下車，於二十八日零時四十分匪徒突將車站佔據，把守電報電話，聲言組織「正義自治軍」，推白堅武為總司令。匪徒嗣即脅迫停於該地的鐵甲車向北平開動，一時許抵永定門東缺口，企圖闖入城內，為城防部隊所阻。匪徒即向城內發炮十餘響，經城內及南苑駐軍夾擊，匪向通縣方面退去。

附錄（四）

冀東偽保安隊張硯田和張慶餘兩部，原為河北省主席于學忠的兩個團，在冀東偽組織成立以前，即在通縣一帶駐防。冀東偽組織成立後，于學忠有計畫地將該兩部留駐原地。于學忠與宋哲元為換譜弟兄，私交甚厚，於是張硯田、張慶餘又通過張樹聲（與宋為西北軍老友）幫會關係介紹前往見宋，宋勉勵他們好好訓練隊伍，候有機會時再為國家出力，並發給每人兩萬元。後來他們看到日寇大規模的向北平進攻，故於七月二十七日（實為七月二十九日凌晨），在通縣反正，殺了不少日人，並將漢奸殷汝耕捉送北平。不料二十九軍已經撤退，情況已變，他們即率部撤退到西山一帶，後轉移南下。

附錄三

筆者按：所刪改的史料還有很多，如〈秦德純的一生〉（選自《文史資料選輯》第五十二輯，文史資料出版社一九六四年版，第二四一—二四三頁。後合訂版中，該文雖在目錄中，但全文內容被刪）、張自忠的安排問題（〈宋哲元和蔣介石關係的始末〉，選自《江蘇文史資料選輯》第四輯，江蘇人民出版社一九八〇年版，第一三八—一四〇頁。後被刪除）、宋哲元被迫簽訂《經濟協定》（〈宋哲元和蔣介石關係的始末〉，選自《江蘇文史資料選輯》第四輯，一九八〇年版，第一三二—一三三頁、第一三五—一三六頁）。

秦德純的一生

——秦寄雲[9]、趙鍾璞[10]

……七七事變爆發後，秦迫於全國人民及二十九軍士兵抗日情緒高漲，與師長馮治安曾一度表示主戰，但他的內心對於張群所說「戰必敗，和必亂，戰而後和，和而後安」的謬論實具同感，因而態度搖擺

9　秦寄雲，名之棟，以號行世，係秦德純胞侄，十歲喪父，自中學起到進入社會做事，常伴秦德純左右。秦護送張自忠去南京見蔣介石請罪時，秦寄雲曾同行，目睹其事。

10　趙鍾璞，字抱眞，與秦係同鄉，並有世交關係，自一九三一年起至南京解放止，聯繫較多。冀察政權成立前，趙任香河縣長，因香河自治事變，曾住秦家避禍一月有餘。

不定。七月中旬，齊燮元由天津到北平見秦說：「主戰是以卵擊石，日本並無領土野心，如果宋能真誠合作，在經濟方面讓步，就可以化險為夷。」秦並未表示拒絕。直至七月二十六日，日軍進攻廊坊，宋才決定以秦為北平城防總指揮，留主力部隊四團歸秦指揮，防守北平，待宋到保定調集大軍應援反攻。秦即在航空署街私宅空地內，用公款兩萬元構築鐵筋水泥的防空洞，並設有直通南京的電話，好像要盡守土之責似的。二十八日，宋在武衣庫私宅以電話問秦：「張蓋忱（張自忠號）來了，你知道麼？」秦答：「我不知道，是委員長叫他來的麼？」宋答：「不是。」是日下午二時左右，秦先到宋宅，旋張自忠亦到。張向宋說：「只要委員長離開北平，我就有辦法維持。」宋聞言，面色刷白，沒再說話，即提筆委張代理冀察政務委員會委員長兼代北平市市長。張去後，宋與秦即離開北平，同去保定。到後秦即建議，馬上密電駐防天津的三十八師副師長李文田暫代師長，指揮所部進攻日軍，存心使張自忠為難。張因此為日軍所不信任，只當了三天的委員長兼市長，於八月一日傍晚避居東交民巷[11]，不久即化裝潛來天津家中。

張自忠來津後，輿論極為不滿，家人亦交相責難，愧悔萬分。九月上旬，張乘英商輪船盛京號離津往濟南，船未開行，有乘船南下的學生多人聞張在船上，要求見張。張不敢見，由其陪行的同鄉聶湘溪（前山東省議會議員）出面，詭稱張沒在船上，才勉強渡過難關。張以青島市長沈鴻烈非西北軍系統，不敢在青島下船，由煙臺轉道往濟南。這時馮玉祥因津浦線上軍隊係其舊部，以第六戰區司令長官身分到津浦線督師抗戰。韓復榘拒不見面，蕭振瀛又大肆進行拒絕馮玉祥、罷免張自忠、推倒宋哲元、擁護馮治安的活

11 張自忠於八月二日脫軍籍，日軍八月四日開進北平，張八月六日通電辭冀察政務委員會委員長等三職。

動。馮玉祥知事無可為，一怒而去河南道口，宋哲元則先退到泰安。秦恐二十九軍分裂，聞張自忠到濟，即由前方趕來。張見秦，痛哭流淚，無地自容地說：「對不起長官，對不起朋友，無面目見人。」秦安慰他說：「君子之過也，如日月之食焉。過也人皆見之；及其更也，人皆仰之。報國之日方長，過去的事就算過去了，不必介意。」秦即陪其到泰安見宋。九月間，馮玉祥派石敬亭為代表，韓復榘派山東省府委員張鉞為代表，宋哲元派秦為代表，護送張自忠到南京見蔣請罪。秦等坐在頭等車內，張自忠則同他們的隨從人員匿居三等車中。浦口下車時，張恐被扣押，神色極為不安，從身上取出一個包著存款摺的小包暗自遞交秦妻代為保存。到南京後，秦立即以電話與侍從室主任錢大鈞約定翌日下午見蔣。屆時秦等三人陪同張自忠前往。行前張問秦：「應該說什麼？」秦逐句教之，邊行邊誦。及見蔣，張說：「職當兵出身，是個老粗，不學無術，愚而自用，原來想著和平解決華北局面，結果貽害國家，貽害地方，後悔無及，請委員長給以嚴厲處分，任何處分都是教育我改過學好，有生之日即是報德之年。」蔣說：「我是長官，你是我的部下，你的錯誤，就是我的責任，既往不咎，由我擔當。」秦緊接著問蔣：「對張自忠如何安置？」蔣說：「你看現在這個情況，他到哪裡能夠安全呢？先在這裡待些日子再說吧。」蔣又對秦說：「你接三十八師行麼？」秦答：「不是自己的隊伍，個人的得失事小，恐貽誤戎機，不敢當此重任。三十八師是張師長一手訓練的部隊，統率已經多年，現由副師長李文田暫代，還是張回任好。」秦在南京五日，即同石敬亭北返，秦恐蔣對張態度中途變化，在火車上親擬電稿，用宋名義電蔣介石。電文說：「職部師長張自忠，為人所愚，應變乖方，經面請嚴處，已蒙鈞座寬宥，該師長仰體高厚，誓報涓埃。茲值鈞座統師抗戰之際，正將士用命之秋，可否令其軍前效力，借贖前愆之處，恭請鈞裁。」秦到泰安，將電稿給宋閱後即行拍發。不久張來泰安，復任三十八師師長[12]。……

（選自《文史資料選輯》第五十二輯，文史資料出版社一九六四年版，第二四一——二四三頁。後合訂版中，該文雖在目錄中，但全文內容被刪）

張自忠的安排問題

——李世軍

張自忠在漢奸慫恿撥弄下，逼走了宋哲元，當上的「冀察政務委員會」的「委員長」。正在夢想著仿效宋哲元當年與日本的「合作」以造成自己的局面，而其部下三十八師官兵卻不聽他的停火命令，仍在天津繼續作戰，包圍敵軍，斬獲甚眾。日寇利用張自忠的企圖失敗了，便把他一腳踢開。張自忠的幻想變為一場噩夢，他只好化裝逃到濟南，經韓復榘向蔣說情後，於十月初來到南京。當時南京學生成群結隊地到二十九軍駐京辦事處，聲言要打死漢奸張自忠。我把他安頓在汽車房的小閣樓上隱藏起來，才算了事。

張自忠到南京後的安排問題，蔣介石宋哲元之間也有過一段爾詐我虞的微妙經過。這裡需要插敘一下。宋哲元得悉張自忠也是被迫離開北平來到南京，也隨之從前方來京，表示要向蔣介石替張自忠說情，但宋與張在南京始終沒有見面。

12 事實上張自忠在十月份在南京被蔣介石扣押，未去泰安。

張自忠向來以二十九軍「二頭兒」自居，冀察政務委員會成立後，張對各師補充兵員及地盤分配問題上，對宋早懷不滿，宋對張亦有戒心。宋、張之間的矛盾，蔣是知道的。張在漢奸慫恿下逼走了宋哲元，他卻又被日本趕走來到南京，在蔣介石看來，張自忠還有很多用處。張在應蔣召見時，自度凶多吉少，臨上汽車時，神色倉皇，把隨身攜帶的幾萬元銀行存摺托秦德純轉交他的妻子。蔣介石看見張自忠，第一句話是：「噢，噢，你能夠回來就很好！」

在講了一通「以死衛國，是軍人光榮天職」的官話之外，囑他暫時休養休養，並順手給他一部「總理遺教」，叫他好好閱讀。張向蔣請罪後，提出願回「軍前效力」，立功贖罪。蔣說：「你先到軍政部報到（發表張為軍政部部副），有機會，我再派你去。」以上這些是蔣介石侍從室人員對我談的。

張自忠見蔣介石在前，宋哲元見蔣介石在後。宋偕秦德純見蔣時，曾以請求准許張自忠仍回部隊的話，刺探蔣對張的態度。宋的用意，當然玩不過奸滑的蔣介石。蔣對宋故作嚴肅地說：「張自忠再不能讓他回部隊去！」宋、秦曾將蔣對張的態度，對二十九軍許多同事一再談及。宋回前防（方），張留南京。十二月初，日寇逼近南京，宋派他的專用列車，來接二十九軍在京人員，我們和張自忠同車到了鄭州。宋派鄧哲熙由道口到鄭州，向張自忠表示慰問之意。其時，張的部屬三十八師軍官聯名向宋請願，要求張回部隊。宋據此一面電蔣請示，一面約張來前防會晤。宋的請示，蔣介石馬上通知第一戰區司令長官程潛，覆電照准，並令張自忠以三十八師師長原職兼代五十九軍軍長。隨即調往臨沂一帶參加台、棗會戰。在台兒莊戰役後不久，蔣介石認為張自忠「軍前立功」，便下令將第一集團軍分割開來，交由張自忠、馮治安、劉汝明分別統率。從此，宋哲元便成為光杆將軍。

宋哲元被迫簽訂《經濟協定》

——李世軍（時任第二十九軍駐南京辦事處處長）

「經濟協定」與「準備作戰」

冀察政委會成立不久，日本首先對宋哲元施加政治壓力，指使漢奸張璧、潘毓桂、陳覺生仿照漢奸殷汝耕「冀東反共自治政府」的辦法，寫了一份所謂「冀察自治方案」和「自治政府組織法」以及旗號等等，送宋哲元決定。宋閱後，當面燒毀了。政治壓力沒有得逞，便進一步從經濟控制上繼續施加壓力。以「經濟提攜」為名，要求宋哲元答應日本修築津石鐵路（天津到石家莊），開採龍煙鐵礦，修改中日進出口海關稅率，開闢中、日、滿航線，低價壟斷收購蘆鹽、收購華北棉花等等。此事在宋未向國民政府請示報告之前，蔣介石早知道日本的決心，曾囑咐我告知宋哲元注意少到天津去，避免和日本軍方應酬來往。一九三七年三月十七日，日本華北駐屯軍司令田代浣一（田代皖一郎），果然在天津日軍司令部以請客方式，突然拿出「經濟提攜」繕本，逼宋哲元簽字。宋事後心情極為懊喪沉重，決定藉口進行調查研究等等延宕辦法往下拖。蔣介石對此極為震怒，在給宋哲元的覆電中，嚴厲地要求宋拒絕執行，特別是絕對不能容許日方修築津石鐵路。……

盧溝橋事件前後

……

盧溝橋事變前夕，在執行「經濟協定」問題上，宋哲元被日寇逼迫，拖不下去了，曾派秘書長戈定遠到南京請示同意後，先答應蘆鹽出口，收購棉花（為了抵制日本低價收購棉花，冀察政委會曾採取銀行預向農民放棉貸辦法），並派張允榮籌備成立通惠航空公司以資緩和，但日方仍死盯著要立刻築路開礦。宋哲元感到無法應付，一面指定冀察政務委員會委員齊燮元（漢奸分子，是宋哲元委任的未經南京政府同意）與日方鬼混。一方面於五月中旬，跑回山東樂陵原籍「養病」。一時京滬又盛傳宋被迫投降，及二十九軍內部發生分化，這時華北局勢的確陷於最混亂嚴重的階段。……

參考文獻

相關報紙及史料

《香港華字日報》，一九三七年四月。
《國聞週報》
《大公報》
《世界日報》，一九三七年六月—九月。
《申報》，一九三三年三月—五月，一九三七年四月—八月。
《益世報》，一九三三年三月，一九三七年六月—八月。
《泰晤士報》（英國），一九三七年七月—八月。
《中央日報》
《解放日報》
《生活畫報》，鄒韜奮主編，一九三三年版。
《大美晚報》
《二十九軍長城血戰記》，中國藝術公司編，北京：中國藝術公司出版，一九三三年版。
《長城血戰記》，北京：京城出版社，一九三三年版。
《宋哲元血戰殺敵記——二十九軍戰史》，逸廬、潘術編，華北戰時新聞社，一九三三年版。
《察哈爾省通志》，察哈爾省政府印，一九三三年版。

《宋委員長言論集》，余天休主編，北京：正風雜誌社，一九三六年版。
《從「九一八事變」到「盧溝橋事變」》，中央陸軍軍官學校第三分校編印，一九三七年版。
《盧溝橋事變後北京治安紀要》，潘毓桂著，一九三七年版。
《北平突圍血腥錄》，劉汝珍述、胡應信記，陸軍獨立第二十七旅司令部編印，一九三九年版。
《中國戰場全貌：從七七事變起到平津受降止》，王克編，經濟書局，一九四六年版。
《張上將軍自忠紀念集》，張上將自忠傳記編纂委員會（實際上是張自明編輯），張上將自忠紀念委員會編印，一九四八年版。
《宋哲元先生文集》，中國國民黨黨史委員會編輯，臺灣：中央委員會黨史委員會編印，一九八五年版。
《張上將自忠年譜簡編》，北京：中國傳媒大學出版社，二〇一一年版。
《華北危局紀實》，蕭振瀛著，北京：中國國際廣播出版社，一九八九年版。
《蕭振瀛先生紀念文集》，蕭振瀛先生紀念文集編輯委員會編，臺北：世界書局，一九九〇年版。
《佩劍將軍張克俠軍中日記》，張克俠著，北京：解放軍出版社，一九八八年版。
《李宗仁回憶錄》，李宗仁口述、唐德剛撰寫，南寧：廣西人民出版社，一九八〇年版。
《白崇禧口述自傳》（上），白崇禧口述，北京：中國大百科全書出版社，二〇〇九年版。
《盧溝橋事變秘史》，史民著，香港：時代出版社，一九六二年版。
《民國檔案》，一九八七年第二期，南京第二歷史檔案館。
《民國檔案》，一九八七年第三期，南京第二歷史檔案館。
《「七七事變」前後成都抗日救亡運動檔案史料選編一九三六—一九四〇年》，成都市第一檔案館編，成都市第一檔案館刊印，一九八四年版。

《盧溝橋事變和平津抗戰資料選編》，中共中央黨校中共黨史資料室，中共中央黨校科研辦公室編印，一九八六年版。
《「七・七」事變前後北京地區抗日活動》，北京：北京燕山出版社，一九八七年版。
《七七事變親歷記》，全國政協文史和學習委員會編，北京：中國文史出版社，二〇一五年版。
《在草籃子監獄裡》，劉昭著，北京：中國文史出版社，一九八七年版。
《抗日戰爭正面戰場》，中國第二歷史檔案館編，南京：江蘇古籍出版社，一九八七年版。
《全國文史資料選輯》第一輯、第十四輯、第五十二輯、第五十四輯，中國政協文史資料出版社
《中國近代工業史資料》第二輯，北京：三聯書店，一九五八年版。

臺灣地區史料

《宋故上將哲元將軍遺集》，臺北：傳記文學出版社，一九八五年版。
《宋哲元與七七抗戰》，李雲漢著，臺北：傳記文學雜誌社，一九七八年版。
《盧溝橋事變》，李雲漢著，臺北：東大圖書公司，一九八七年版。
《盧溝橋事變史料》，秦孝儀主編，臺北：中央文物供應社，一九八六年版。
《秦德純回憶錄》，秦德純著，臺北：傳記文學出版社，一九八一年版。
《中華民國重要史料初稿》，秦孝儀主編，臺北：裕台公司中華印刷廠，一九八一年版。
《劉汝明回憶錄》，劉汝明著，臺北：傳記文學出版社，一九六六年版。
《蔣總統秘錄》，日本產經新聞連載、中央日報譯，臺北：中央日報社，一九七四年版。
《郝伯村解讀蔣公八年抗戰日記：一九三七—一九四五》，郝伯村著，臺北：遠見天下文化出版股份有限公司，二〇一三年版。

《紀念七七抗戰四十周年特輯》，《傳記文學》第三十一卷第一期，臺北：傳記文學雜誌社，一九七七年版。

《日本離間宋哲元與張自忠的陰謀》，《傳記文學》第六十七卷第一期，臺北：傳記文學雜誌社，一九九五年版。

《近代中國外諜與內奸史料彙編（一八七一年—一九四七年）》，臺北：國史館編印，一九八六年版。

《應變圖存問題之研究》，劉繼開著，臺北：國史館印行，一九九五年版。

《中國抗日戰爭眞相》，王文燮主編，臺北：中華戰略學會，二〇一五年版。

《盧溝風雲——宋哲元傳》，張放著，臺北：近代中國出版社，一九八二年版。

文史資料

〈何基灃將軍在遠安〉，《遠安文史資料》第四輯，遠安縣政協文史資料委員會編，一九八九年版。

〈「七七」事變紀實〉，何基灃、鄧哲熙、戈定遠、王式九、吳錫祺著，《全國文史資料選輯》第一輯，全國政協文史資料委員會編，一九六〇年版。

人物傳記

《宋哲元》，呂偉俊主編，濟南：山東大學出版社，一九八九年版。

《宋哲元研究》，陳世松主編，成都：四川省社會科學院出版社，一九八七年版。

《宋哲元傳》，陳世松主編，長春：吉林文史出版社，一九九二年版。

《張自忠傳》，林治波著，桂林：廣西師範大學出版社，一九九三年版。

《馮治安傳》，尹丕傑著，河北省政協、衡水地區政協工委、故城縣政協合編，一九九五年版。
〈將軍忠勇震瀛寰〉，《山東文史資料選輯》第三十八輯，山東省政協文史資料委員會編，一九九〇年版。
《蕭振瀛傳》，王昭全、張蘊著，香港：中國國際文化出版社，二〇〇七年版。
《佟麟閣將軍》，熊先煜、張承鈞主編，北京：北京出版社，一九九〇年版。
《趙登禹將軍》，趙學芬、張承鈞主編，北京：北京出版社，一九九二年出版。
《大刀將軍趙登禹》，孫豐華主編，濟南：山東友誼出版社，二〇〇七年版。
《何應欽晚年》，熊宗仁著，合肥：安徽人民出版社，一九九五年版。
《習仲勳傳》，賈巨川執筆，北京：中央文獻出版社，二〇一二年版。
《父輩的抗戰》，張鐵柱、曹智、陶德言編，武漢：長江文藝出版社，二〇一五年版。

現代論著

《蔣介石與日本》，黃自進著，臺北：中央研究院近代史研究所，二〇一二年版。
《細說西北軍》，陳森南著，臺北：德華出版社，一九七七年版。
《西北軍將領》，馬先陣主編，鄭州：河南人民出版社，一九八九年版。
《西北軍將領錄》，楊保森、任方明著，北京：中國廣播電視出版社，二〇〇四年版。
《國共兩黨與西北軍》，吳恒長著，北京：解放軍出版社，二〇一二年版。
《西北軍人物志》，楊保森主編，北京：文史出版社，二〇一五年版。
《盧溝橋事變與華北抗戰》，馬仲廉編著，北京：北京燕山出版社，一九八七年版。

年版。

《盧溝橋事變與八年抗戰》，張春祥主編，北京：北京出版社，一九九〇年版。
《七七事變的前前後後》，李惠蘭、明道廣主編，天津：天津人民出版社，一九九七年版。
《日本帝國主義在天津的殖民統治》，中共天津市委黨史研究室編，天津：天津人民出版社，一九九八年版。
《七七事變前的日本對華政策》，臧運祜著，北京：社會科學文獻出版社，二〇〇〇年版。
《七七事變前後》，李惠蘭、明道廣、潘榮主編，北京：中國檔案出版社，二〇〇七年版。
《七七事變探秘》，李惠蘭、王勇、明道廣主編，北京：中共中央黨校出版社，二〇一三年版。
《近代日本在中國的殖民統治》，張洪祥主編，天津：天津人民出版社，一九九六年版。
《中國抗日戰爭正面戰場作戰記》，郭汝槐、黃玉章主編，南京：江蘇人民出版社，二〇〇〇年版。
《抗日戰爭研究述評》，劉德軍主編，濟南：齊魯書社，二〇〇五年版。
《天津現代學生運動史》，于健著，天津：天津古籍出版社，二〇〇七年版。
《中國共產黨天津歷史》，中共天津市委黨史研究室著，北京：中共黨史出版社，二〇〇五年版。
《不能忘卻的歷史——侵華日軍在遷徙的暴行民間調查》，中共遷西縣委黨史研究室編，北京：中央文獻出版社，二〇〇九年版。
《日本侵略華北問題探討》，姚洪卓著，天津：天津人民出版社，二〇一二年版。
《中日戰爭的幕後間諜——潛伏在中國》，萬魯建、周醉天著，北京：團結出版社，二〇一五年版。

日本史料

《今井武夫回憶錄》，今井武夫著，上海：譯文出版社，一九七八年版。
《盧溝橋事件》，寺平忠輔著，日本讀賣新聞出版，一九七〇年版。
《中國事變陸軍作戰史》第一卷第一分冊，日本防衛廳防衛研究所戰史室著、田琪之譯，北京：中華書局，一九七九年版。
《土肥原賢二秘錄》，土肥原賢二刊行會編，北京：中華書局，一九八〇年版。
《誘和——日本對華諜報工作》，藤井志津枝著，臺北：文英堂出版社，一九九七年版。
《謙廬隨筆》，矢原謙吉著，南京：譯林出版社，二〇一五年版。

國家圖書館出版品預行編目資料

七七事變真相揭秘：歷史並不如煙 / 李惠蘭著.
– 臺北市：傳記文學出版社股份有限公司, 2021.10
面； 公分

ISBN 978-957-8506-92-3 (平裝)
1. 中日戰爭 2. 七七事變
628.5 110015653

七七事變眞相揭秘

歷史並不如煙

著者：李惠蘭

出 版 者：傳記文學出版社股份有限公司
社　　長：成嘉玲
責任編輯：傳記文學編輯委員會
特約文編：王靖雅
封面設計：項苑喬

地　　址：台北市文山區羅斯福路六段85號7樓
電　　話：02-8935-1983
傳　　真：02-2935-1993
E-mail：nice.book@msa.hinet.net；biogra-phies@umail.hinet.net
郵政劃撥：00036910・傳記文學出版社股份有限公司
登 記 證：局版臺業字第〇七一九號
印　　刷：全凱數位資訊有限公司

定　　價：380元
I S B N：978-957-8506-92-3
出版日期：2021年10月